소액 투자로 건물주 되는
GPL 경매 LPL

소액 투자로 건물주 되는 GPL 경매 NPL

초판 발행일 1쇄 · 2020년 6월 15일
          36쇄 · 2022년 12월 7일
개정 발행일 37쇄 · 2023년 8월 3일

• **지은이** 이상준 • **펴낸이** 김순일 • **펴낸곳** 미래문화사 • **신고번호** 제2014-000151호
• **신고일자** 1976년 10월 19일 • **주소** 경기도 고양시 덕양구 삼송로 222, 현대헤리엇 업무시설동(101동) 301호
• **전화** 02-715-4507 • **팩스** 02-713-4805 • **이메일** mirae715@hanmail.net
• **홈페이지** www.miraepub.co.kr • **블로그** blog.naver.com/miraepub • **ISBN** 978-89-7299-556-2 (03320)

개정 증보판

소액 투자로
건물주 되는
GPL 경매 NPL

이상준(해피Banker) 지음

미래문화사
MIRAE

NPL과 GPL투자의 전도사가 되더니 이제 새로운 책을 펴내 서울 부자들의 비밀금고를 엿보는 새로운 재테크에 도전하라는 희망의 메시지를 전달하고 있다. 이상준 박사는 이 책을 통해 흙수저로 태어난 평범한 사람도 부자가 될 수 있다는 용기를 주고 있다. 저자의 진심이 책 전체에 녹아 있는데, 성공적인 투자를 통해 시간적·경제적 자유를 얻은 성공한 사람들을 만나볼 수 있을 것이다.

-《1% 금리시대 수익형 부동산으로 승부하라》저자 최현일 교수

NPL, GPL 투자로 신흥 부자가 되는 사람들의 비밀노트를 담고 있는 이 책은 대한민국 재테크 시장을 평정하게 될 것이다. 저자는 편안하고 안전한 노후와 미래를 설계할 재테크 방법을 소개함으로써 꿈, 비전, 희망의 메시지를 전하고 있다. 이 책은 재테크 100세 시대, 방황하는 많은 사람들에게 꼭 필요하고 유용한 투자 안내서임이 분명하다.

-디케이AMC대부(주) 대표 박대규

NPL에 이어 GPL 투자 재테크 전도사인 이 책의 저자인 이상준 박사의 수고에 아낌없는 박수를 보낸다. 저자는 부실채권에 관한 여러 권의 책을 발간하면서 새로운 재테크 도전과 부실채권투자 카페 및 아카데미로 정통 전수자로 많은 사람들에게 소문나 있다. 이 책도 실전사례를 바탕으로 본인 또는 수강생들의 다양한 성공사례를 담고 있다. 새로운 분야의 재테크에서 신비한 마력으로 독자를 흡입하는 힘을 가진 책이다.

-《NPL의 정석》저자, 한국부실채권협회 회장 이영준 교수

이상준 박사님을 생각하면 가장 먼저 '열정', '실천', '결과'란 단어가 떠오릅니다. 식지 않는 열정으로 삶에 숨결을 불어넣으며 또 다른 결과를 내기 위해 오늘도 노력하는 모습이 눈앞에 선합니다.

문득 '왜 이 사람은 재테크에 이렇게 관심이 많은 걸까?'라는 생각이 들었습니다. 그러다가 이 책을 통해 그 답을 얻었습니다. 모두에게 걱정 없는 노후를 만들어 주기 위해 성공한 사람들을 인터뷰하고 각 분야의 새로운 재테크 강의를 듣고 다니는 모습에서 그의 진솔한 마음을 읽었습니다. 이 책을 통해 우리 모두가 꿈꾸는 행복한 미래를 준비하시기를 기원합니다.

-《신의 한 수 금맥 경매》저자 김양수 교수

산이 거기에 있듯,
새로운 재테크 수단이 우리 앞에 있다

　우연한 기회에 우리나라 재테크 카페 1번지인 '행복재테크' 카
페지기 송 사무장을 만났다. 그는 나에게 '해피Banker'라는 닉네임
까지 지어 주었고, 필자는 그 만남을 계기로 강의를 시작하게 되었
다. 전국 방방곡곡으로 강의를 다니며 자투리 시간을 활용해 공부
에 매진했고, 한국외국어대학교에서 국제금융MBA 과정을 졸업하
고 박사학위까지 받았다.

　"비전은 자신이 가고자 하는 목표 지점에서 또 다른 목표를 바라
보는 것이다. 시간이 많다고 많은 것을 이루는 것은 아니다. 시간이
부족해도 간절한 꿈을 꾸고 자투리 시간을 쪼개 원하는 목표를 향
해 정진한다면 놀랍게도 우리 몸의 DNA는 기적처럼 움직이기 시
작한다"는 사실을 나는 누구보다 잘 알고 있다.

　NPL(부실채권) 관련 특강을 하러 갈 때마다 금융기관의 현직 지점
장으로서 만나던 대출과 예금 고객과는 사뭇 다른 고객들을 만나
게 된다. 그리고 젊고 멋지고 예쁜 사람들이 새로운 도전을 하면서
성취하고 성공해 나가는 모습을 보며 감동을 받곤 한다.

　최근 한 경매학원으로 강의를 하러 갔을 때의 일이다. 20대 청년

이 다가오더니 시간을 한번 내달라고 부탁했다. 따로 만나 서로의 꿈을 공유했는데, 이 젊은이는 필자에게 이런 제안을 했다. "박사님의 꿈을 사고 싶습니다. 그리고 앞으로 저의 청사진과 미래를 보여드리겠습니다." 이 젊은이와 필자의 꿈은 현재진행형으로 계속되고 있다.

주변 친구들은 필자를 '직장인의 돌연변이'라고 말한다. 나쁜 어감으로 다가올지도 모르지만 개인적으로 이 말을 좋아한다. 나 또한 예전에는 평범한 샐러리맨들처럼 집과 직장을 반복하며 운동도 하고 퇴근 후 동료들과 어울리기도 하며 시간을 보냈다. 그렇게 20여 년을 살다 퇴직 후의 미래가 불안해져 사회복지사 자격증을 취득하였다. 그 뒤에도 공부를 계속하였고, 나의 삶은 시간적, 경제적 자유인이 되어 완전히 바뀌었다.

친구들은 나를 만나면 "내 주변에서 네가 제일 큰 성공자야"라고 말한다. 하지만 나는 속으로 이렇게 말한다. '지금 현재 내 위치는 삶의 가장 낮은 자리에 있는 거다. 친구들아! 더 지켜봐라. 퇴직 후에는 날개 달고 하늘을 훨훨 날아 더 높은 곳으로 갈 테니….'

꿈이 큰 사람을 만나면 나의 꿈이 큰 그림으로 다시 그려지고, 그 꿈과 비전은 현실이 된다. 직장이라는 영역을 벗어나 샐러리맨의 돌연변이로 살아온 지 어느새 10년, 그때는 생각지도 못했던 큰 꿈을 이루었고 꿈이 있는 사람들에게 롤모델이 되고 있다. 그리고 필자는 지금 이 순간에도 사람들을 만나며 꿈을 키우고 더 큰 그림을 그리고 있다.

나의 특강을 들은 몇 분이 아카데미 정규과정을 개설해 달라고 요청했을 때, 필자는 많이 망설였다. 하지만 지금은 그분들의 요청으로 새롭게 도전해 지금에 이를 수 있었다는 것에 감사한다. "NPL 아카데미를 왜 개최하세요?" 하고 누군가 질문하면 필자는 이렇게 답할 것이다. "새로운 재테크 수단으로 거대한 쓰나미처럼 NPL(부실채권), GPL(정상채권-아파트 담보대출)이 우리 앞에 있기 때문입니다"라고.

이 책을 읽는 독자들에게 하고 싶은 말은, 시작이 미흡하더라도 한 걸음부터 내딛다 보면 언젠가는 모두가 원하는 목표점에 닿을 수 있을 거라는 것이다.

에베레스트 산을 처음으로 정복한 에드먼드 힐러리에게 기자들이 물었다. "어떻게 세계 최고봉을 최초로 정복하게 되었습니까?" 그는 당황해서 엉겁결에 이렇게 대답했다. "산이 거기에 있기 때문에 오른 것뿐입니다." 이 말은 어록으로 남아 지금까지 회자되고 있다. 그렇다. 지금 새로운 재테크 수단이 우리 앞에 있는 것이다.

"천리지행 시어족하(千里之行始於足下, 千里之行始于足下)"라고 하듯이 천릿길도 발아래에서 시작된다. 모든 일은 기본적인 것부터 시작해야 한다. 그리고 한 걸음 한 걸음 내딛다 보면 언젠가는 모두가 원하는 목표점에 닿을 수 있을 것이다.

지은이 이상준(해피Banker)

Contents

인생 100세 시대, NPL에 대해 알아보자!

NPL 시장은 성장하고 또 진보한다

한국은행 기준 금리가 경기 안정화를 위해 금리 동결을 반복하고 있지만, 미국 대통령 선거에서 트럼프가 당선된 후 부동산 개발에 대한 선거공약을 지키기 위해 부동산이 호재를 맞게 되면서 국내 금리가 오르고 한국 금리도 당연히 따라 오르게 될 것으로 전망된다. 금리를 올리지 않을 경우 국내에 투자한 외국 투자자들이 더 높은 금리 국가로 투자처를 찾아 떠나게 되면 제2의 IMF사태가 발생할 수 있기 때문이다.

문제는 대출 금리가 오르면 빚을 제대로 갚지 못한 개인과 기업들이 이자를 감당하지 못하게 되고, NPL 시장에 저당 잡힌 경매 물건들이 나오게 되면서 호황을 맞게 될 것이라는 데 있다.

1990년대 외환위기 이후 잠잠했던 NPL은 2009년 이후 증가세에 있다. 경매 물건 중 6.5%에 불과했던 NPL 물건이 2011년에는 11%에 이르고 있다. 2000년대 중반 부동산 호황기 때 집행됐던 대출이 2008년 금융위기 이후 부실화되면서 NPL 및 GPL 시장은 계속 성장세를 보이고 있다.

주요 은행들이 2009년 유암코(UAMCO, 연합자산관리)를 만든 것도 NPL 시장에서 수익이 나기 때문이며, 최근에는 저축은행과 지방은행에서도 여의도에 신성장사업팀을 만들어 NPL 질권대출[01]과

NPL 대위변제대출[02]을 전담하는 등 1년에 500억 원 이상의 NPL 대출을 팔고 있다. 2010년까지만 해도 NPL 시장은 유암코와 우리 금융 자회사인 우리F&I가 시장을 독점했다. 하지만 최근(2023년 상반기)에는 JB캐피탈, 안양저축은행, 모아저축은행, 보험사, 증권회사, 신세이뱅크 등 일본계 자본과 국내 보험사 · 자산운용사 · 사모펀드까지 뛰어들어 물량 확보 경쟁을 벌이고 있다.

경기가 나빠질 때 늘어나는 NPL의 특성상 시장은 계속 성장할 것으로 보인다. "NPL 및 GPL이 돈이 된다"는 이야기가 확산되면서 금융회사들이 잇따라 이 시장에 뛰어들고 있다.

개인의 NPL 투자도 크게 늘고 있다. 그러나 개정 대부업법(2016. 7. 25.) 이후 론세일 방식[03]은 개인에게 금지되었다. 단, 돈이 되는 대위변제 물건을 찾아 투자하는 개미투자자는 투자금의 보호를 위해 2순위 질권설정을 하거나 투자협약서에 의해 계약을 체결하고 확정일자와 공증을 받아 배당금으로 사후정산한다.

이와 같이 NPL 및 GPL 투자에 관심이 쏟아 지자 NPL 경매 강의가 인기를 끌고 지지옥션 · 부동산 태인, 굿옥션 등 전문 업체에서 개인을 대상으로 한 NPL 정보제공 서비스를 시작하고 있다. 문제는 최근 대부업체 · 신용정보업체의 참여도 덩달아 많아지면서

---

01 NPL 질권대출이란 금융기관이 담보로 설정된 근저당권을 NPL로 매입을 해서 투자를 하게 되는데 담보로 설정된 그 근저당권을 질권 담보로 대출을 받는 것을 의미한다. 질권이란 질물을 점유하고 대출이 나가고 나중에 대출을 안 갚으면 해당 질물을 처분하게 된다.

02 주 채무자가 아닌 다른 사람이 주 채무자의 채무를 변제를 하는 것을 말한다. 일반적으로 보증인관계의 이해관계인이 하는 법정대위와 이해관계가 없이 변제하는 임의변제를 의미한다. 법정대위자가 주 채무를 완제(대위변제)하고 순위상승하게 되는데 이때 변제된 대위변제금(채권최고액 범위 내) 대출을 통상적으로 80~90% 대출을 일으킬 수 있다(NPL 대위변제 대출). 대위변제자는 채권자의 지위가 되어 변제의사가 없거나 능력이 없다고 판단되는 주 채무자의 대출금을 변제하고 훗날 변제금을 근저당권 범위 내 청구를 하게 된다.

03 론세일(채권양수도계약) 투자는 금융기관의 근저당권(채권최고액)을 NPL로 매입하여 낙찰금액에서 배당 받아 투자하게 된다.

불법 추심 우려가 커지고 있다는 데 있다. 이를 제지하고 정당한 세금 추징을 하기 위해 대부업법 개정으로 유자격 법인이 아니면 투자를 제한하게 된 것이다.

인생 100세 시대, 재테크는 NPL이다

결혼을 하고 직장을 그만둔 가정주부 한 모 씨(38세)는 요즘 들어 100세 시대 노후에 대한 고민이 이만저만이 아니다. 그러던 중 재테크를 잘하는 친구로부터 NPL(GPL)에 대한 이야기를 들었다. 아이가 크면서 학원비 감당도 쉽지 않고 남편 월급만으로는 생활하기가 팍팍해지자 재테크 투자처를 찾고 있었다. 평소 경매에 관심이 많아 소액경매를 해봤기 때문에 "금융기관의 근저당권을 NPL(GPL)로 투자해 몇 개월 만에 수천 만 원의 수익을 냈다."는 친구의 얘기를 듣고 관심을 갖게 됐다.

보다 안전하고 확실한 투자 방법을 찾던 한 모 씨는 친구와 함께 이상준 박사의 NPL(GPL) 경매 아카데미 강의를 접하게 되었다.

"오늘 이 자리에 참석하신 분들은 재테크와 NPL(GPL)에 관심이 많은 것으로 알고 있습니다. 그렇다면 제대로 찾아 오셨습니다. 최근 정부가 분할상환으로 가계 부채를 줄이려고 주택담보대출을 조정하려는 움직임이 있는 만큼 경매 또는 NPL(GPL) 투자자들은 자신이 받을 수 있는 대출 한도를 꼼꼼히 확인한 뒤 부동산 경매 입찰에 나서야 합니다. 어렵게 낙찰을 받았는데 대출이 필요한 만큼 되지 않을 경우 낭패를 볼 수 있으므로 일단 유찰을 기다려 보는 게 좋습니다. 또한 저금리로 받았던 대출이 향후 미국발 금리 인상과 내년 이후 공급 과잉 등의 불안 요소로 인해 폭탄이 되어 돌아올 수 있습니다. 대출 금리가 오르게 되면 수익성이 떨어지고 오히려 급매와 큰 차이가 없어질 수 있으므로 감정가의 90% 선에서 낙찰 받을 생각이라면 차라리 급매를 알아보는 게 더 나은 선택이 될 수 있습니다. 이럴 때 NPL(GPL) 투자가 또 다른 투자처로 매력을 발산하고 있습니다."

강사는 확신에 찬 어조로 NPL(GPL) 투자에 자신감을 심어주었고, 강의는 계속 이어졌다.

"재테크로 활용 가능한 부동산 종목으로는 부동산 경매나 부동산 개발, 부동산 자산관리, 시행, 부동산 금융 등이 있습니다. 하지만 과거의 정보와 재테크 지식만을 활용해서는 더 이상 수익을 내기가 어렵습니다. 경매를 업으로 삼거나 경매로 수익을 내려는 재테크 투자자들의 경쟁이 너무 과열되고 일반화되어 낙찰가율은 점점 높아지고, 낙찰된다고 해도 급매물보다 더 비싸게 낙찰되는 경우가 대부분입니다. 이러한 이유로 대부분 경매를 접고 다른 재테크 투자처를 알아보는 사람들이 늘어나고 있습니다. 대부분의 샐러리맨들은 보통 3,000~5,000만 원의 소액투자를 통해 큰 수익을 올리고, 금전적 여유도 누리고 싶어 합니다. 그런 소액으로 투자가 가능한 투자처가 바로 NPL(GPL) 투자입니다."

'그래. 내가 찾던 소액투자 재테크인데, 어떻게 하란 거야. 빨리 수익을 내는 방법을 말해줘.' 평범한 샐러리맨인 남편의 어깨를 조금이라도 가볍게 해주고픈 한 모 씨의 마음은 급하기만 했다.

"저는 NPL(GPL) 투자연구소에서 다양한 투자방식과 사례를 통해 수익 기법과 성공사례들을 연구해 왔습니다. 또한 NPL(GPL) 투자의 함정 및 리스크를 줄이는 방법도 찾아냈습니다. 실제로 저의 지인은 1억 5,000만 원을 투자해 15억 원의 자산을 형성하기도 했습니다. 낙찰 예상가를 제대로 산정하고 배당표 작성연습 및 임장과 당해세를 연구하면서 실전 사례를 바탕으로 새로운 투자법을 발굴해내고 있습니다. NPL(GPL) 속에서 우량한 채권을 찾아내고 론세일에 의한 배당투자가 주목적인 론세일 투자 또는 NPL(GPL) 매입금액보다 법원경매 가격이 더 낮아지면 유입(직접낙찰)으로 방어입찰하여 소유권을 이전 받아 재매각 차익을 내거나 매입한 NPL(GPL)에 대해서는 채무자를 설득하여 할인변제, 자진변제로 수익을 내고 있습니다. NPL(GPL)이 무엇이고, 어떤 투자방법이 있으며, 어떤 물건을 발굴해야 하는지 그 기법들을 찾아 공부하고 연구하는 자세가 필요합니다. 제 지인 중에 NPL(GPL)을 제대로 배우고 투자하라는 조언을 듣지 않고 경매로 입찰한 분이 있었습니다. 결과는 13억 2,100만 원을 써서 2등이었는데, 1등 최고가 입찰자는 17억 5,000만 원으로 NPL(GPL)로 매입한 유동화 전문회사의 채권을 13억 2,100만 원에 매입한 투자자였습니다. 우리나라에서 풍수가 가장 좋다는 현대백화점과 남산을 뒤로 하고 한강을 앞으로 둔 배산임수의 최고 입지 조건을 갖춘 재건축 요역지를 사례로 NPL 투자자 앞에 무릎을 꿇은 일반 경매 투자자의 예를 들어보겠습니다."

|사례분석|

서울특별시 강남구 압구정동 481-1. 482 현대 92동 1층 *04호
유동화전문회사에 매각된 NPL 물건
토지 55.13m^2, 건물 163.67m^2
감정가 20억 원

근저당권 최고액 17억 5,800만 원

급매가 15억 원

낙찰가 17억 5,000만 원(19명 입찰 참가. 2등 입찰가 13억 2,100만 원)

NPL(GPL) 매입가 13억 2,100만 원

"누군가 부실채권 매입금액(13억 2,100만 원)보다 높게 입찰금액(17억 5,000만 원)을 적어내면 매입한 금액과 낙찰금액 차이(4억 2,900만 원)만큼 배당으로 수익을 낼 수 있으며, 입지가 좋은 지역 또는 이 물건처럼 재개발이 예상될 경우, NPL(GPL) 유입으로 접근해서 근저당권 최고액 17억 5,800만 원으로 입찰가를 적어내 1등으로 낙찰 받고 양도세 절감(17억 5,800만 원 낙찰 받고 몇 년 후 17억 5,800만 원에 매매해도 양도차익 4억 3,700만 원, 이는 NPL 매입 13억 2,100만 원과 실제 낙찰대금 17억 5,800만 원 차이)이 발생해도 양도차익이 없어 더 큰 수익을 낼 수도 있습니다. 현재 시세는 20억 원이 넘습니다."

'오호~ 이것이 그 말로만 듣던 NPL(GPL) 투자라는 거구나.'

한 모 씨는 더욱 흥미를 느끼게 되었다. 한 모 씨는 본격적으로 아카데미 5주 과정을 들어보기로 하고 강의를 신청했다.

지금이 기회, NPL(GPL) 제대로 알고 도전하라!

요즘은 마음만 먹는다면 유튜브와 각종 서적들을 통해 경매와 NPL(GPL)에 대해 체계적으로 배울 수 있는 곳이 많다. 이론부터 임장활동(현장답사), 낙찰예상가 산정법, 당해세(국세, 지방세) 등 세금에 관한 내용과 특수물건(유치권, 법정지상권 등) 권리분석에 대한 이론과 다양한 투자사례를 살펴보고 경매 법정과 NPL(GPL)매각 금융기관과 협약을 맺은 후 매각리스트 분석을 통해 여러 번 배당과 유입의 입찰 경험을 하다 보면 처음 운전대를 잡았을 때와 달리 몇 년 후 한 손으로 콧노래를 부르며 운전대를 잡는 기분을 알게 된다.

올 하반기 경매 물량 급등에 맞춰 지금부터 NPL(GPL) 경매 공부를 시작해 보라고 권하고 싶다. 가장 안정적이고 수익을 내기 쉬운 NPL(GPL) 경매시장이 우리 앞에 기다리고 있다. 기회는 올 것이며 준비된 사람만이 잡을 것이다.

경매는 경락가를 낮출 수만 있다면 정말 매력적인 투자처임에 분명하지만, NPL(GPL)은 경락가가 높을수록 더 많은 배당을 받을 수 있다는 점이 다르다. 게다가 더 안정적이기까지 하다. 금융권 및 주요 언론 기사를 살펴보면 올해 말은 금리를 동결시켰지만 내년 초 금리 인상은 확실해 보인다.

지금 역대 최저 수준을 기록하고 있는 가계부채 연체율도 금리 인상에 따라 자연스럽게 상승할 것으로 보인다. 그러면 덩달아 경매 물건도 늘어나고 부실채권도 늘어날 것이다.

필자의 금융기관 분석에 의하면 연체율과 경매물건 진행 건수 간의 상관관계가 높다. 연체율이 증가한다면 부실채권으로 나오는 물량도 증가하게 된다. 물건이 증가한다면 경쟁률 및 낙찰가율도 자연스럽게 하락할 것이고 NPL(GPL)로 매입할 수 있는 확률도 높아진다. 일부에서는 부동산 경기 하락을 우려하지만 하락세보다 경매 물건의 저감률 폭이 더 클 가능성이 높다.

따라서 권리분석만 잘 한다면 안정적인 수익이 가능하다. 즉, 안정성과 환금성, 효율성, 성장성 등 NPL(GPL)은 다양한 장점이 있다. 매매할 때 수수료도 낙찰가격에 포함되는 만큼 비용 절감과 함께 양도세 포괄손익 효과도 볼 수 있다.

NPL 투자로
더 많은 기회를
만들어 낼 수
있다

NPL 투자의 이해

썩은 사과가 더 맛있다

부동산 경매를 하는 사람이라면 NPL(Non Performing Loan, 부실채권)에 대해 들어보았을 것이다. NPL을 알기 위해서는 먼저 금융기관의 여신에 대해 알아야 한다.

금융기관의 여신은 정상, 요주의, 고정, 회수의문, 추정손실의 5단계로 나뉜다. '정상'이란 신용 상태가 양호한 거래처에 대한 대출금으로 연체 기간이 1개월 미만인 경우다.

'요주의'는 연체 기간이 3개월 미만으로 현재는 원리금 회수에 문제가 없으나 앞으로 신용 상태가 악화될 가능성이 있어 세심한

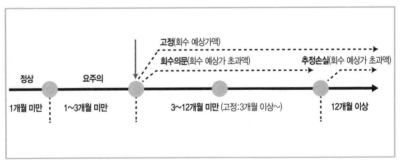

〈출처: 부동산 태인〉

주의나 사후 관리가 필요한 대출금을 가리킨다.

'고정'은 연체 기간이 3개월 이상으로 대출처의 신용 상태가 이미 악화되어 채권 회수에 상당한 위험이 발생한 것으로 판단되는 대출금과 다음 회수의문 또는 추정손실 대출금 중 회수할 수 있는 예상금액을 말한다.

'회수의문'은 연체 기간이 3개월 이상 1년 미만이면서 대출처의 채무 상환능력이 현저하게 악화되어 채권 회수에 심각한 위험이 발생한 대출금 중 회수 예상금액을 초과하는 대출금을 가리킨다.

'추정손실'은 연체 기간 1년 이상으로 대출처의 상환능력이 심각하게 나빠져 손실처리가 불가피한 대출금 중 회수 예상금액을 초과하는 부분을 말한다. 이 중 '고정 여신 이하의 부실 여신' 즉 고정, 회수의문, 추정손실(연체 1년 이상)을 NPL이라 한다.

NPL은 말 그대로 금융기관이 개인 가계자금과 법인 및 개인 사업자 등에 부동산을 담보로 대출을 지원하였으나 채무자가 이를 제때 갚지 않아서 채권 추심을 통해 강제 회수해야 하는 상황에 이른 채권이다. 부동산 등을 담보로 발생한 채권을 담보부 NPL이라 하고, 신용대출 등 무담보로 발생한 채권을 무담보 NPL이라 한다. 무담보 NPL은 신용대출을 비롯해 카드할부 채권, 개인회생 채권, 정수기 렌탈 채권, 자동차 리스 채권까지 다양하다.

NPL은 몇 십만 원대 통신요금 채권에서부터 수십억 원짜리 부동산 담보부 부실채권까지 그 금액과 내용이 무척 다양한데, 흔히 이를 썩은 사과에 비유하곤 한다. 하지만 개인 투자자에게 NPL이란 은행에서 담보로 취득한 부동산을 할인받아 싸게 사올 수 있는 재테크 수단이다.

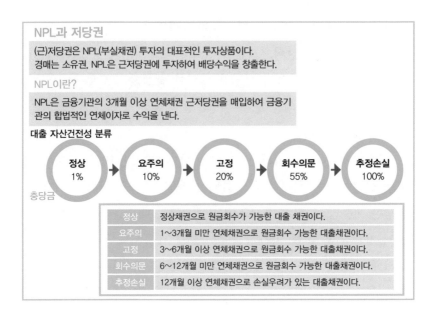

NPL과 저당권

(근)저당권은 NPL(부실채권) 투자의 대표적인 투자상품이다.
경매는 소유권, NPL은 근저당권에 투자하여 배당수익을 창출한다.

NPL이란?

NPL은 금융기관의 3개월 이상 연체채권 근저당권을 매입하여 금융기관의 합법적인 연체이자로 수익을 낸다.

대출 자산건전성 분류

| 정상 1% | 요주의 10% | 고정 20% | 회수의문 55% | 추정손실 100% |

충당금

정상	정상채권으로 원금회수가 가능한 대출 채권이다.
요주의	1~3개월 미만 연체채권으로 원금회수 가능한 대출채권이다.
고정	3~6개월 이상 연체채권으로 원금회수 가능한 대출채권이다.
회수의문	6~12개월 미만 연체채권으로 원금회수 가능한 대출채권이다.
추정손실	12개월 이상 연체채권으로 손실우려가 있는 대출채권이다.

NPL은 어떻게 태어났을까?

부실채권 시장은 2011년부터 모든 상장기업이 2007년 말 제정된 한국채택국제회계기준(Korean International Financial Reporting Standards, K-IFRS)을 의무적으로 적용해야 하는 외부적인 변화에 따라 은행 부실채권이 증가하면서 활성화되었다.

특히 우리나라에 NPL의 활로가 개척되고 본격화된 것은 한국채택국제회계기준에서 국제회계기준으로 변경되어 BIS 비율[04]을 강화했기 때문이다. 또한 자산 유동화에 관한 법률(1998. 9. 16.)이 제정되고, 급증한 부실채권을 조기 정리해야 하는 작업도 필요했다. 당시 정부의 공적자금 투입과 특별법 형태의 법률로 다른 국가들보

---

04 국제결제은행 BIS(Bank for International Settlement)에서 은행에 권고하는 자기자본 비율을 의미한다. 우리나라 은행의 BIS=부실여신비율추이, BIS 비율=BIS 기준 자기자본/위험가중자산×100, BIS 비율은 은행의 자기자본이 얼마인지를 나타내는 지표로, 위험까지 감안한 국제결제은행방식으로 계산하여 8%는 넘어야 손실대처능력이 높다고 판단한다.

다 비교적 신속하게 부실채권을 정리하면서 금융 위기를 탈출할 수 있었다.

그 과정에서 부동산 폐쇄형 전문 헤지펀드 회사였던 론스타가 핫이슈로 떠올랐다. 론스타는 부실채권을 인수하여 매매 차익으로 4조 6,000억 원의 이익을 얻었다. 이렇게 외환은행을 헐값에 매수하여 막대한 수익을 남기는 과정에서 NPL이 주목받게 된 것이다.

우리나라 금융그룹의 부실채권 정리를 전담할 목적으로 2009년 자본금 1조 5,000억 원의 시중 은행들이 공동출자한 유암코가 출현하면서 입찰에 참여해 전체 물량의 43%를 매입하면서 풍부한 자본력을 바탕으로 AMC[05]와 함께 부실채권 시장을 형성하였다. 그리고 2001년 11월 우리나라의 은행들이 100% 출자한 SPC(Special Purpose Company, 특수목적법인)[06]가 설립되었다.

SPC는 ABS[07] 증권을 발행하여 펀드를 조성하고 이 자금으로 NPL을 매입한다. 자산관리회사는 폐쇄성과 일회성을 감안하여 유한회사로 설립하는 경우가 많으며, 일회성의 사업을 수행하기 위해 회계방식을 편리하게 해놓아 설립이 늘고 있다.

---

[05] 자산관리회사(Asset Management Company) 및 업무위탁회사. 회사의 부실채권이나 부동산을 맡아 관리하면서 출자전환, 신규자금 지원 등으로 살려낸 뒤 매각하는 일을 전문으로 한다. 동시에 부동산 개발, 채권추심, 신용조사 등의 업무도 하는 유동화 전문회사이다. 개미투자자도 개인사업자를 내거나 법인 사업자를 쉽게 내서 부실채권 매입 투자로 수익을 실현할 수 있다.

[06] 금융기관에서 발생한 부실채권을 매각하기 위해 일시적으로 설립되는 특수목적(Special Purpose)회사. 채권 매각과 원리금 상환이 끝나면 자동으로 없어지는 일종의 페이퍼 컴퍼니다. SPC는 금융기관 거래 기업이 부실하게 돼 대출금 등 여신을 회수할 수 없게 되면 이 부실채권을 인수해 국내외의 적당한 투자자들을 물색해 팔아넘기는 중개기관 역할을 하게 된다. 이를 위해 외부평가기관을 동원, 부실채권을 현재가치로 환산하고 이에 해당하는 자산 담보부채권(ABS)을 발행하는 등 다양한 방법을 동원한다. SPC가 발행한 ABS는 주간사와 인수사를 거쳐 기관과 일반 투자자들에게 판매된다. 투자자들은 만기 때까지 채권에 표시된 금리만큼의 이자를 받고 만기에 원금을 돌려받는다. 자산 관리와 자산 매각 등을 통해 투자원리금을 상환하기 위한 자금을 마련하는 작업이 끝나면 SPC는 자동 해산된다.

[07] Asset Backed Secrities의 약자를 일컫는다. 좀 더 쉽게 번역하자면 우리말로는 자산유동화증권이라 부른다. 바로 현금화가 불가한 자산을 채권으로 만들어 사고판다는 의미이다. 유동화를 가능하게 하는 증권이다.

일명 '페이퍼 컴퍼니' 혹은 '유령회사'로 불리는 이 법인은, 세금 탈루 목적으로 세금이 적용되지 않는 버뮤다 지역에 대규모 펀드 자금으로 설립하곤 한다. 즉, 일정한 목적을 가지고 설립되었다가 그 프로젝트가 끝나면 없어지는 형태의 유한회사이다.

그런데 유암코가 출현하면서 부실채권의 매각 입찰가가 높아지기 시작했다. 결국 유동화회사는 부실채권의 거래 가격이 높아지는 상황에 직면하게 되고, 더 많은 부실채권이 시장에 풀림으로써 부실채권 매입과 매각 전반에 걸쳐 경쟁이 더욱 가속화되었다.

특히 부동산 경매시장은 2002년 7월 민사집행법이 제정·시행되면서 대중화의 영향으로 과열되기 시작해 낙찰가는 점점 높아지고 수익률은 급감하는 상황에서 많은 물량의 부실채권 매각이 인근 지역의 경매 물건 낙찰가 하락을 이끌게 된 것이다.

변화하는 NPL 시장

지난 8월 말 SH은행은 600억 원 규모의 NPL 매각에 나섰다가 곤혹스러운 상황에 처했다. 공개 매각에 붙였지만 입찰액이 최저입찰가(MRP)를 밑돌았기 때문이다. SH은행은 결국 유찰을 결정했다. 유암코, 우리F&I 등 NPL 전문투자 1, 2위 업체들이 모두 입찰에 참가했지만 유찰된 경우는 상당히 이례적인 일이었다.

당시 이 유찰을 전후로 두세 건의 NPL 공개 매각이 수포로 돌아갔는데, 이는 NPL 시장이 수요자 시장(Buyer's Market)으로 급격하게 바뀌는 신호탄인 셈이었다.

NPL 매각이 연달아 유찰되자 은행들이 매각가에 대한 눈높이를

낮추기 시작했다. 금융권에 따르면 NPL 시장이 올해 최대 10조 원
(원금 기준)에 달할 정도로 규모가 커지고 있지만, 수요자의 한정으로
수급 불균형이 심해지고 있다고 한다.

경기 침체로 부실채권이 늘어나자 금융당국은 은행들을 대상
으로 강력하게 부실채권 비율을 낮추라고 압박하고 있다. 금융감
독원은 여신담당 부행장들을 소집해 연말까지 부실채권 비율을
1.3~1.5%에 맞출 것을 강력히 요구했다. 은행들은 매각 외에 뚜렷
한 대안이 없는 상황이었다. 대손상각처리[08]를 하려면 담보회수가
종결됐거나 추정손실 상태가 오래된 것이어야 하기 때문이다.

은행들은 약 4조 5,000억 원 규모의 NPL을 연말까지 털어냈다.
최근에는 KDB산업은행이 5,500억 원 규모의 NPL을 시장에 내놓
는 등 물량이 쏟아지고 있다. 지난해 7조 5,000억 원 규모(일부 수의
계약 등은 제외)였던 NPL 시장이 올해는 8조~10조 원 규모로 커질 거
라 업계는 예상하고 있다.

반면 수요 측은 매우 제한되어 있다. 외환위기 이후 론스타 등
외국계 자본이 독식하고 있었다. 그러나 2009년 10월 농협, 신한은
행, 우리은행, 하나은행, 기업은행, 국민은행 등이 출자한 유암코가
설립되면서 큰 전환기를 맞았다. 유암코는 불과 3년 만에 자산 4조
원 규모의 대규모 NPL 전문기업으로 성장했다. 지난해 영업이익
은 1,091억 원에 달했고 국내 은행계 NPL의 45%가량을 소화하고
있다.

그동안 NPL 인수를 선호하던 저축은행은 이 시장에서 존재감

---

08 대손상각이란 회수가 불가능한 채권을 손비로 처리하는 것 대손이란 거두어들일 가능성이 적은 채권
을 의미한다. 대손상각은 기업이 가진 채권 중 거두지 못한 채권을 미리 결정한 대손충당금과 소멸하
여 손비로 마무리를 짓는 것처럼 회수 불가능한 채권을 손비로 떨어 내는 것을 의미한다.

이 사라졌고 이를 대체할 회사도 등장하지 않고 있다. 그만큼 수요층은 얇아지고 있다. 부동산 시장이 침체기에 있는 한 수요 부족은 지속될 전망이다. 사정이 이렇다 보니 NPL 가격도 덩달아 하락하고 있다.

NPL은 수시로 꽃을 피우고 열매를 맺는다

은행에서 가지고 있는 NPL을 다 팔아버리면 바닥이 드러나거나 한계에 도달해 더 이상 부실채권이 없어지지 않을까? 하는 걱정이 될 수도 있겠다. 실제로 정부는 경기침체를 극복하기 위한 노력으로 LTV(담보 인정비율)를 상향시키고 DTI(총부채 상환비율)를 완화시키는 등 다양한 정책들을 시도하고 있지만, 여전히 경기는 불안하고 가계부채는 계속 증가하여 NPL은 지속적으로 양성되고 있다.

은행에서는 BIS(자기자본 비율)를 맞추기 위해서 연체 대출금을 조기에 매각해야 한다. 경매로 연체 채권을 회수하려고 하지만 최소 6개월에서 1년 이상 걸리는 경매 종결로 원금과 이자 그리고 충당금을 회수하기 위해서는 많은 시간이 걸린다.

그러나 NPL 매각 시 3~6개월 이내에 원금과 이자수입, 충당금이 환입되므로 당해 연도 당기손익에 귀속된다. 따라서 금융기관으로서는 NPL 매각 시기와 처리 방법이 놓칠 수 없는 기회일 수밖에 없다.

금융기관이 돈을 빌려주면서 취득한 담보나 신용대출로 인해 언제든지 NPL이 발생할 수 있고, 연체 대출금은 BIS 비율과 밀접한 관계가 있으므로 부실채권을 빨리 팔 수밖에 없다.

은행에서는 위험가중치[09]인 연체 대출금을 줄여야 BIS 비율을 맞출 수 있으므로 NPL의 미래는 여전히 밝다. 지금까지 경·공매가 투자의 꽃이었다면 NPL은 수시로 꽃을 피우고 열매를 맺어 경매보다 더 나은 수익을 발생시키는 꽃 중의 꽃이라 할 수 있다.

다시 강조하지만 한국은행의 기준금리 인하와 저금리로 경매시장 열기는 점점 뜨거워지고 실수요자마저 경매에 참여해 낙찰가는 점점 높아지는 추세이다. 결국 경매로 낙찰 받았을 때 실제 비용을 제하면 수익금이 얼마 안 남게 된다. 그런 이유로 부동산 투자자들에게 NPL 투자는 향후 매력 있는 재테크 수단이 될 것이다.

NPL 투자의 10가지 매력

하나, 일반경매는 입찰기일이 잡히고 낙찰되어 배당 받은 뒤 채권을 회수할 때까지 1년 이상이 걸린다. 그러나 NPL을 통해 배당 받거나 일반인에게 매각하여 현금화하는 작업은 짧게는 3개월, 길게는 1년 미만의 기간이 소요된다. 그동안 일반적으로 13.5~24%까지 고액의 연체이자를 챙길 수 있다.

둘, 수협, 신협, 임협, 새마을금고, 저축은행에서는 일반투자자(유자격법인)에게 매각을 하기 때문에 배당 목적으로 투자하는 경우가 아니라면 직접 매입하는 것도 좋은 방법이다. 공개입찰을 통하지 않고 저가로 매입하여 채권최고액과 잔존 원금 그리고 예상낙찰가 일정금액의 비율로 입찰하면 입찰경쟁에서 우위를 점할 수 있다.

---

09 BIS 기준 자기자본비율 규제방식은 단순자기자본비율(총자산대비 자기자본비율) 규제방식과는 달리 은행의 자산을 신용도에 따라 분류하고 위험이 높을수록 높은 위험가중치를 적용한 위험가중자산 (Riskweighted Assets)을 산출하며 위험가중치는 거래 상대방에 따라 크게 중앙정부 및 중앙은행은 0%, 국내 공공기관 10%, 은행 20%, 주택담보 대출 50%, 기타 100%로 구분한다.

셋, NPL 경매시장에서 채권양수인은 공급자가 되어 컨설팅 수수료(매입가 3~5%)를 챙기기도 한다. 공급자나 수요자 어느 한쪽에 위치해서 유리한 쪽에서 수익창출이 가능하므로 매력적이다.

넷, NPL을 매입하고 경매에서 물건을 직접 유입할 경우, 자산 매각에 따른 수익을 기대할 수 있고 양도소득세 절감 효과도 얻을 수 있다. 경매에서 NPL로 낙찰 받으면 채권 상계한 금액만큼 낙찰 가를 높게 제시할 수 있어 낙찰될 확률도 높아진다. 낙찰가를 높게 책정했을 경우 양도 시에 양도차액이 줄어드는 효과가 있다. 또한 양도소득세는 채권에 대해서는 부과하지 않아 NPL 채권을 상계할 경우 양도세 부담이 없다. 따라서 실질적인 양도세 절감효과를 얻을 수 있다.

다섯, NPL 투자는 부동산 자체가 아닌 배당금(낙찰가율이 높을수록 배당금이 높음)을 노린다는 점에서 경매(낙찰가율이 높아 수익이 많지 않음)와는 성격이 다르다. 다만 투자금을 회수하려면 경매 절차를 꼭 거쳐야 하므로 경매에 관한 기초지식이 있어야 한다.

여섯, 경매개시 후 3~5회의 유찰된 물건 중 경쟁력 있는 물건을 선택하므로 투자의 효율성을 높일 수 있으며 자금의 1회전 소요기간을 단축할 수 있다.

일곱, 채권금액을 할인하여 매수하지만 권리채권금액 전부를 승계하므로 경매 참여 시 높은 수익을 기대할 수 있다.

여덟, 경매 입찰금액에 채권최고액을 제시할 수 있으므로 경쟁에서 우위를 점유할 수 있다.

아홉, 부실채권 인수이기 때문에 세금이 없다. 'NPL 투자를 전문적으로 하지 않는 개인에게 NPL 투자 수익은 이자소득 및 사업소득으로 볼 수 없다'는 판례를 근거로 하는 면세이므로 감히 투자기법으로는 최고라 할 수 있다.

열, 채권서류를 금융기관으로부터 인수받아 선순위 대항력권자의 위장임차권확인(무상거주확인서와 인감증명서를 통해)과 선순위가등기의 진위여부 그리고 특수물건, 유치권 배제가 가능한 유치권 배제확인서 등 채권보전 목적으로 대출 취급 당시 금융기관에서 채권서류에 편철해둔 입증서류 확인이 가능하므로 다른 일반 경매입찰자보다 유리한 경매입찰이 가능하다.

2

NPL 정말 안전한 것일까?

NPL로 세 마리 토끼를 잡다

NPL은 메이저급 AMC가 은행으로부터 매입한 부실채권을 제2차 도매시장에 재매각하고, 제3차 도매시장인 AMC가 홈페이지를 통하거나 투자자에게 일정한 수수료를 받고 재매각하는 구조이다.

NPL 유통 과정이 금융기관(제1금융기관) → 제1차 메이저급 AMC 기관 → 제2차 도매시장 → 투자자 순이라면 과연 수익이 날까 의심이 들 것이다. 하지만 실제 NPL은 메이저급 기관들이 몇 천억 원에서 몇 조 원 단위의 풀(Pool) 방식으로 대량구매협약을 맺어 매입해온다. 그중 빌라나 단독주택을 분리해 투자자에게 매각하게 되는데, 이런 작은 물건들은 약간의 이익만 남기고 팔기 때문에 충분히 이익을 얻을 수 있다. 투자자가 경매에서 하듯이 권리분석을 해보고 수입이 어느 정도인지 판단해서 투자하면 된다.

수협, 농협, 새마을금고, 신협, 저축은행 등, 금융기관(제2금융기관) → 중소형AMC(자산관리회사) → 개미투자자들은 채권매입한 근저당 채권을 채권추심과 채무독촉의 방법으로 채무자와 협상하여 채무를 일부 감면한 뒤, 최저예정가격 범위 내에서 종결하거나 부동산 경매를 통하여 자금을 회수한다. 이때 배당수익이나 낙찰을 받아 일반 매각으로 시세차익을 챙기게 된다.

금융기관은 BIS 비율을 맞추기 위한 최적치가 분모에 해당하는 위험가중치이기 때문에 NPL을 매각할 수밖에 없다. 금융기관이 부실채권을 조기 매각하는 것은 충당금 환입과 연결되어 있어 금융기관의 순이익에 매우 중요한 역할을 한다.

정부의 부동산 완화 정책에도 경기 변동을 따라가기가 쉽지 않은 관계로 일반 경·공매 대비 NPL 매각과 매수는 공급자와 수요자 사이에서 양자 이득을 주는 역할을 하고 있다. 한마디로 NPL은 안정성, 수익성, 환금성이라는 세 마리 토끼를 다 잡을 수 있는 투자라고 할 수 있다.

물론 NPL의 위험성도 있다. 주거용이 아닌 임야 혹은 장기공실의 근린상가에 잘못된 투자로 자금이 장기간 묶이기도 한다. 때로는 대단위 근린오픈상가를 매입하여 경매기각으로 고액의 이자만을 내야 하는 경우도 가끔 주변에서 보고 있다. 따라서 개인 투자자들은 초기에 아파트, 다세대주택, 주거용 오피스텔 등 1~2차에 낙찰되어 확실한 배당수익을 볼 수 있는 물건에 투자하면 실수를 줄일 수 있다.

손실금이 있어도 수익이 난다

나궁금 씨는 수유동 주거용 오피스텔 물건에 입찰을 했다. 결과는 1등 입찰가와 매우 큰 차이로 패찰이 되었다. 나궁금 씨는 1등이 어떤 이유로 높은 입찰가를 써서 낙찰을 받았는지 매우 궁금했다.

이 물건의 감정가는 1억 1,700만 원, 부동산 중개업소를 통해 파악한 시세는 1억 1,000만 원~1억 1,500만 원이었다. 나궁금 씨는 취·등록세 및 관리비 등의 부대비용을 고려해 1억 원을 적었으나 낙찰자는 감정가의 100% 수준으로 입찰한 것이다.

나궁금 씨가 조사한 바로는 특별한 개발 호재 등이 없어 큰 폭의 상승을 기대하기 어려울 것으로 판단했는데, 왜 낙찰자는 감정가에 가까운 금액으로 입찰한 것일까?

경매전문회사의 서류를 정리해보면 이 물건은 업무시설로 건물은 9.43평, 토지는 1.62평인 주거용 오피스텔이었다. 감정가 1억 1,700만 원이었고, 낙찰가는 1억 16,593,500원(99.66%)이었다.

상식적으로 수익 계산을 해보면 등기비용과 거래세, 취득세가 5,363,301원(낙찰가의 4.6%), 채권이 238,187원(낙찰가의 0.2%)으로 총 1억 22,194,988원(이사비 등 명도비는 제외)이 된다. 주변 시세가 1억 1,000만 원에서 1억 1,700만 원이라는 것을 감안하면, 예상 손실금만 12,194,988원에서 5,194,988원이니 누가 봐도 도무지 이해되지 않을 상황임에 틀림없다.

그러나 그 의문의 답은 바로 NPL에 있었다. 낙찰자가 이렇게 높은 가격을 쓰고도 자신 있게 낙찰 받을 수 있었던 요인이 다름 아닌 NPL이었던 것이다. 나궁금 씨의 권리분석 및 임장 활동, 낙찰가 산정방식은 정확했지만, NPL을 배우고 충분히 이해한 상태에서 입찰한 사람에게는 결코 이길 수 없는 구조였다.

이 사례는 NPL로 수익을 내는 방법 중 하나인 '배당방식'의 좋은 예이다. 이 사건은 AMC가 금융기관(경남은행)에서 매입한 NPL, 즉 근저당권 할인 채권이다. 이 NPL을 AMC가 개인(개정 대부업법 이전)에게 재매각하고, 매입한 개인이 낙찰 받은 물건이다.

이 경우 NPL 매입자는 채권자의 지위에 있어 다른 일반 경매 입찰자와는 경쟁 상대가 되지 않는 절대적 우위로 낙찰 받을 수 있다. 또, NPL 매입자가 낙찰 받은 물건을 일반매매로 매도(매매가 1억 1,700만 원)해도 양도소득세에서 절세 효과를 누릴 수 있다.

NPL 매입금액은 1억 3,000만 원(원금 1억 2,500만 원에 일부이자 4,623,287원을 더하면 1억 29,623,287원이다)이며, 채권최고액 1억 5,000만 원에 낙찰금액 1억 16,593,500원이다. 여기에서 낙찰자 배당수익은 13,406,500원(매입금액 1억 3,000만 원. 낙찰금액 1억 16,593,500원)이라는 것을 알 수 있다.

경우에 따라서는 청구금액 1억 5,000만 원에 낙찰금액 1억 16,593,500원의 차액 33,406,500원에 대해 대출 채무자를 상대로 추가 독촉과 여타 방법으로 채권추심이 가능하다. 그리고 NPL 질권대출 매입가 혹은 낙찰가의 90% 정도는 융자가 가능하기에 지렛대 역할인 레버리지(Leverage) 효과[10]로 실제 투자한 금액은 매입가의 10%(1,300만 원)와 일부 근저당권부기등기 등 이전비용(채권 최고액의 0.6% 정도)의 자금만 있으면 NPL 투자가 가능하다.

대출을 받지 않겠다면 법원에 NPL 매입금액 낙찰 잔금 대출 상계신청도 가능하므로 실제 투입된 금액은 낙찰가의 10% 안팎이다. 매입한 금액 이상은 본인이 낸 금액으로 받기 때문에 입찰금액을 높게 쓸 수 있어 1등으로 낙찰 받을 수 있다. 이런 상황이면 그 누구와도 경쟁이 안 된다. 나궁금 씨가 NPL에 대해 조금만 알았더

---

10 자기자본 이익률을 상승시키기 위해 은행 대출금 등의 부채를 이용함으로써 자기자본의 이익률이 상승하는 효과이다. 부채에 대한 확정지불이자보다도 자본의 운용에 의해 발생하는 이익이 크다면, 자기자본의 이익률은 상승한다. 그러나 레버리지 효과를 높이기 위해 대출금을 과도하게 들여온다면 불황이 닥쳤을 때 금리 부담이 커진다.

라면 처음부터 이기는 싸움을 했을 것이다.

낙찰이 안 돼도 수익이 난다

앞의 경우와 다른 방법으로도 수익을 낼 수 있다. 한배당 씨의 경우, 인천에 있는 매매가 3억 4,000만 원짜리 32평 아파트를 대출 3억 원에 NPL 매입으로 수익을 냈다.

매매시세는 3억 4,000만 원~3억 6,000만 원(대출 당시보다 감정가 하락), 대출금 3억 원, 채권최고액(설정액) 3억 6,000만 원, 감정가 3억 2,000만 원, NPL 매입가 3억 1,000만 원(NPL 대출금 90%까지 가능), 응찰가 3억 4,000만 원이었다.

이 경우 일반 응찰자는 한 번 유찰된 후 기존 낙찰률을 참고하여 감정가의 약 89%인 3억 4,000만 원 수준에서 입찰할 것이고, NPL 소유자 한배당 씨의 경우에는 감정가나 채권최고액에 근접한 3억 6,000만 원에 입찰할 수 있기 때문에 일반 응찰자는 NPL 채권 소유자와 경쟁이 되지 않는다.

만약 일반 응찰자가 NPL 매입금액(3억 6,000만 원) 이상으로 응찰하는 경우, 입찰에 떨어져도 NPL 소유자는 낙찰가가 3억 6,000만 원이므로 오히려 NPL 매입가 3억 1,000만 원을 차감하고도 차액으로 5,000만 원을 배당 받게 되어 큰 수익을 얻게 된다.

그래서 한배당 씨는 이 채권 매입 시 3개월 배당수익을 감안해 투자했고, NPL 매입금액 3억 1,000만 원에 낙찰가 3억 6,000만 원으로 3개월 단기간에 5,000만 원 정도의 수익이 발생했다. 이는 단기 수익률 16.13%로 연 수익으로 환산하면 64.52%가 된다.

만약 NPL을 매입할 때 레버리지를 활용해 NPL 매입금액 3억 1,000만 원에 대한 NPL 대출, 즉 질권대출 90%(2억 7,900만 원)를 받았다면 실투자금이 3,100만 원으로 3개월간 수익을 따져보면 161%에 달하며, 연 수익으로는 645%에 달한다.

NPL 투자자에게 경쟁 상대는 없다

이번에는 NPL을 활용해 경 · 공매 시장에 접근하는 방법을 찾아보자.

지난 7월 서울남부지방법원 법정에서 28평형의 아파트 물건이 한 건 진행되고 있었다. 감정가 5억 5,000만 원, 최저가 3억 8,500만 원, 대출 잔액 3억 8,500만 원, 시세 4억 3,000만 원, 낙찰 사례가 4억~4억 1,000만 원이었다.

대부분의 입찰자들은 4억 1,000만 원 정도면 충분히 낙찰될 것이라 예상했다. 그런데 결과는 18대 1의 높은 경쟁률로 낙찰가가 무려 5억 1,000만 원이었고, 2등의 입찰가는 4억 7,000만 원이었다.

많은 입찰자들은 낙찰자가 큰 실수를 했고, 가격을 잘못 산정했다고 생각했을 것이다. 결론은 아니었다. 이 낙찰자는 바로 NPL 매입자였다. 즉 낙찰자는 K저축은행 근저당권(채권최고액 4억 6,200만 원, 실 채권액 4억 7,000만 원)을 할인받아 NPL 채권(4억 1,000만 원)을 매입해서 입찰에 참여한 것이다. 경매에서 말하는 실수요자와 같은 개념이다.

이렇듯 입찰을 통해 자신의 집을 소유할 수 있는 것은 경매의 실수요자와 같지만, 가장 중요한 다른 점이 있다. 그건 바로 NPL 매입자는 자신이 낸 금액으로 매입금액의 차액을 돌려받을 수 있다는 점이다.

이 경우는 4억 6,200만 원짜리 1순위 근저당권을 할인(최고 15%) 받아 3억 9,000만 원에 매입하였다. 즉 1순위로 우선변제권을 행사할 수 있는 5억 1,000만 원에 낙찰을 받은 이후 채권상계(서)[11]를 통해 소유권을 취득한 것이다. 금융기관 부실채권을 할인받아 매입한 투자자는 부실채권을 우량채권으로 가치를 상승시켜 시세 차익을 얻는다. 그야말로 NPL의 매력이 아닐 수 없다.

---

11 채권상계신청서란 상대방에 대해 가진 채권, 채무를 대등액으로 상계하는 것을 신청하는 내용의 문서를 말한다. 채권상계신청서를 작성할 시에는 현재 부담하고 있는 채권 및 채무액을 정확히 기재하고, 이를 대등액으로 상계하겠다는 내용을 명시하도록 한다. 상계처리 이후 잔금이 남았을 때는 금액과 입금 예정 일자 등을 빠짐없이 기재하도록 한다.

담보부 부실채권, 무담보 부실채권, 특수채권 부실채권 등 부실채권의 종류는 다양하지만, 그 중에서도 아파트나 단독주택 등 단기간에 수익을 얻을 수 있는 담보부 부실채권이 가장 인기가 높은 이유는 안정성과 배당차익 때문이다.

금융기관은 대출금의 담보로 취득한 부동산 근저당권에 대하여 3~6개월 연체이자가 발생하면, 채무독촉과 경매 실행 예정통지서를 발송한다. 해결 방법이 없을 경우 최종적으로 부동산 임의경매를 신청하는데, 부실채권은 경매 신청 전에 매각하는 방법과 경매 개시 결정이 난 후 또는 입찰기일이 잡힌 상태에서 근저당권을 할인해 매각하는 방법이 있다.

경매 개시 결정 전 취득한 NPL은 더 저렴하게 구입이 가능하다. 그렇지만 NPL 질권대출을 받는다면 이자가 발생하므로 배당받을 때까지 미리 NPL 권리분석, 즉 예상배당표와 물건보고서를 작성하는 연습을 해야 한다.

NPL 투자의 함정

부실채권 투자방식이 재테크의 숨통을 열고 고수익까지 보장되는 건 분명한 사실이다. 그러나 기본적으로 부실채권 투자의 기초지식이 있고, 권리분석을 이해하며 수익구조의 다양한 사례분석과 투자기법에 대한 공부가 선행된 상태에서 투자를 해야 빛을 발할 수 있다.

배당투자의 경우 매입한 부실채권이 계속된 유찰로 경매가가 매입가보다 낮게 낙찰된다면 원금 손실이 불가피하고 자금이 장기적으로 묶일 수 있다. 높은 수익률만큼 높은 리스크가 존재한다는 사실을 인정해야 한다.

NPL 시장은 저금리시대 투자 상품으로 장점이 많아 좋은 물건을 고르면 수익성을 크게 높일 수 있는 게 특징이다. 하지만 근저당권 이전 부기등기附記登記[12] 비용 발생이나 기타 담보에 해당하는 담보에 대한 질권대출 금리가 고금리이고, 저축은행의 경우 대출수수료까지 받는 경우도 있어 주의를 요한다.

채무인수사후정산방식[13]이나 배당조건부사후정산[14]의 경우 눈에 보이지 않는 여러 함정들이 존재할 수 있기 때문에 계약서를 잘 읽고 올바른 이론과 정보를 습득할 필요가 있다. 매입한 부실채권의 가치를 높게 판단하여 예상 낙찰가를 잘못 산정한 경우, 특수물건이나 비주거용 부동산 또는 구분등기 없는 오픈상가의 부실채권을 매입한 경우엔 장기적으로 자금이 묶일 가능성이 있다.

입지(미래가치)가 좋지 않거나 사용가치가 없는 물건은 계속된 유찰로 투자대비 원금 손실도 있을 수 있으므로 초기 개인 투자자는 주거용 담보부 부실채권에 투자해야 손실을 만회할 수 있다.

한편 매입한 부실채권에 배당차익 또는 채권최고액의 범위 내에서 연체이자 수입을 목적으로 고가로 매입한 부실채권의 경우, 숨

---

12 등기의 방법에 따라 독립등기와 부기등기로 나눌 수 있다. 부기등기는 등기의 순서에 의한 독립의 번호가 붙여지지 않고 다른 기존의 특정의 등기의 번호가 붙여지는 등기이다. 부기등기의 순위는 주등기의 순위에 의하고, 부기등기 상호간의 순위는 그 전후에 의한다. 예를 들면 저당권의 이전등기는 부기등기에 의한다.
13 NPL 매입방식의 일종으로 채무인수 사후정산방식은 매입 부실채권 사후정산이라고도 한다. 캠코가 담보채권을 은행으로부터 넘겨받을 때 가격을 바로 결정짓지 않고 경매를 마친 후 나중에 정하는 방식이다.
14 배당조건부 사후정산부 방식은 유동화회사와 채권매각 계약 시 약정한 금액에 대하여 양수인이 채권매각과 관련한 대금을 정산하고 채권양도를 하는 방식이다.

겨진 선순위 조세채권[15]과 대항력 임차인[16]의 함정으로 다른 낙찰자가 인수하게 된다면 이 또한 투자자 손실로 직결될 수 있다.

저당권의 말소기준보다 앞선 권리자인 주택임대차보호법상 상가임대차보호법상의 소액보증금 임차인이 있거나 채무자가 법인인 경우 퇴직금과 밀린 임금채권, 조세채권의 함정 등이 있는지 철저한 권리분석과 사전조사가 필요하다. 이런 과정 없이 응찰한 경우 부실채권 투자의 위험성에 노출될 수 있다.

부실채권 투자는 경매의 파생상품으로도 불릴 만큼 경매 투자와 밀접한 관계가 있다. 부실채권 투자에서 성공하고 싶다면 먼저 경매 공부가 선행되어야 한다. 그중에서도 최소한 자신이 매입한 채권이 당해 경매절차에서 얼마나 배당받을 수 있는지 정도는 분석해 낼 수 있어야 한다.

부실채권이 유망한 재테크임은 분명하다. 그러나 장점만을 맹신하지 말고 꾸준한 공부와 실전 그리고 전문가의 조언을 얻어 신중하게 접근해야 한다. 부동산 가치보다 높게 채권을 매입한 경우 손실이 발생할 수 있다.

특히 신용회복채권, 개인회생채권, 오픈상가(경매가 각하되어 수리비와 수선비 등 리모델링 비용이 추가로 드는 경우가 많음)는 경매 진행이 잘 되지 않고, 부실채권 매입자가 이자를 떠안게 되는 경우가 종종 있다. 게다가 특수물건의 부실채권 매입과 신탁대출은 공고료, 게재료, 재산세, 유찰 시 재공고 수수료 등 추가 비용 지급이 발생할 수 있으므로 주의해야 한다.

---

15 국가나 지방 자치 단체가 조세를 징수하는 권리로 배당금에서 당해세(국세·지방세)가 먼저 배당된다.
16 민법상의 임대차 규정으로는 임차인을 보호하기에 불충분하여 임차인을 강력하게 보호하기 위해 최초의 근저당권보다 앞선 일자에 주택임대차 보호법과 상가임대차 보호법 대항력이 만들어졌다. 권리를 확보를 위해서는 주택의 인도(이사)+주민등록 전입+확정일자를 받으면 된다.

3
개정 대부업법의 이해

대부업법, 어떻게 개정되었나

무등록대부업자 등의 무리한 채권추심이 금지되고 전환무담보채권(배당 후 잔존채권)의 무리한 추심과 채무자의 민원이 발생되었다. 즉, 나의 채무는 ○○금융기관이었는데 대부업체로 채권이 양도되면서 무리한 채권 추심이 화를 키운 것이다.

무등록 대부업자를 제도권으로 편입하여 모든 채권거래를 제도권 내에서만 거래하도록 금융위에서 상시 권리 감독을 할 수 있도록 재정비하였다. 어찌 보면 그동안 이중장부로 탈세를 일삼은 대부업체에 대한 국세청의 세금추징(법인세)의 일환이기도 하다.

상황이 이렇다 보니 예전과 달리 어떠한 경우라도 수익이 생기면 반드시 그 수익에 대한 세금이 뒤따를 것이 예상된다. 그동안 못 걷은 세금도 아까워 죽을 판인 세무당국에서 법령까지 개정한 마당에 똑같은 실수(?)를 반복하지 않을 건 자명하다.

이번에 개정된 법령으로 이러쿵저러쿵 말도 많고 여기저기서 볼멘소리도 들린다. 대부분은 개정으로 인해 실제 투자자들의 NPL

매입에 있어서 부담이 예상되는 쪽의 반응이다. 그러나 이제는 돈과 수익에 눈이 멀어 실제 수익이 나지 않는 부실채권 매입채권을 개인에게 재양도하면서 수익이 나지 않는 물건도 무분별하게 되팔아 수익을 챙겼던 자산관리회사로부터 피해를 보전받을 수 있게 되었다.

일정한 자격을 갖춘 중소형 AMC사들로부터 개미투자자의 피해를 줄이고 안정적인 투자가 가능해졌다는 것이다. 그러나 개인 투자자들이 부실채권 투자의 권리분석과 이해를 못한 채 자산관리회사만 믿고 투자를 한다면 그 피해를 모두 보전 받지는 못할 것이다. 그렇기 때문에 제대로 된 NPL 투자법의 정석을 배워야 한다.

개정 대부업법의 핵심은 이것

개정 대부업법의 주 내용을 살펴보면 대부업법 등록기관 이분화. 자기자본(순자산)등 요건 신설. 방송광고 시간제한, 내부통제제도 및 대주주와 거래 제한, 손해배상 책임보장이다.

개정 대부업법의 NPL 관련 주요 내용은, 자본금 3억 원 이상일 것, 금융위에 등록한 법인일 것, 자기자본금의 10배까지 채권매입의 제한(법2조 2항. 제7조의 3. 제11조의 4. 위반 시 5년 이하의 징역 5,000만 원 이하 벌금, 매수인처벌 규정), 손해배상 책임보장 규정, 자기자본 요건 신설이다. 자기자본=자본금+자본잉여금+이익잉여금(전기오류수정 차감)으로 금융위 등록 3억 원(중개업 제외)+법인+겸업제한으로 지자체 등록 순자산 1,000만 원(개인), 자기자본 5,000만 원(법인)이다.

그리고 총자산 한도(금융위 등록)는 자기자본 10배 이내로 대차대조표상 총 자산≤자기자본 × 10배이며 전년도말 대차대조표 상자산기준으로 채권 매입가격 기준(O/OPB 기준 아님), 손해배상 책임보장으로 대부업 관련 위법행위와 손해배상 책임보장으로 지자체 등록 1,000만 원 금융위 등록 5,000만 원으로 협회에 보증금 예탁, 보험 또는 공제에 가입하여 갈음할 수 있다.

또한, 겸업금지로 단란, 유흥주점업 및 다단계 판매업을 영위하는 자는 겸업이 금지되며, 고정사업장이 존재하여야 한다. 단독공동주택 및 숙박시설은 제외되며 6개월 이상 사용권 확보, 기존업체는 등록 갱신 시 적용된다.

알고 보면 어렵지 않은 대부업법인 설립

첫째, 대부업협회에서 진행하는 교육을 하루 8시간(비용 10만 원) 받고 이수해야 한다. 대부업 교육 시 업무영역은 선택(대부업, 대부중개업, 채권 매입 및 추심업)으로 3개 모두 신청 시 30만원이다.

둘째, 자본금 3억 원 이상 신규업체(잔액증명서), 기존업체 3억 원에 맞춰 자본증자 및 정관변경으로 금융위에 등록하고 주식회사, 유한회사, 합자회사, 합명회사 중 하나를 선택하여 설립한다. 법인 설립 비용은 서울 약 460~490만원이며, 지방은 더 저렴하다. 법무사에 위임하면 된다. 필자의 주변에서는 대개 유한회사로 설립한다. 회계의 간편성과 더불어 주식회사보다는 법인이 유리한 부분이 많기 때문이다.

셋째, 보증보험가입 또는 5,000만 원을 예탁해야 한다(서울보증보험 등 - 비용 98만 원 정도).

넷째, 금융위에 등록 신청을 완료하면 기존에는 보통 15~20일 정도 소요되었으나 최근 등록업체가 많아지면서 30일 이상 소요된다.

대부업 등록에 필요한 서류 발급절차는 다음과 같다.

개인사업자의 경우

사업자 등록 관할 세무서에 방문해서 '대부업' 사업자 신청 → 관할 시청에 방문 → 대부업등록 신청 → 관할 구청 세무과에 방문 대부업 등록세 → 납부하고 납부 영수증을 관할 시청 제출 대부업 등록증 발급 → 세무서를 방문하여 대부 사업자등록증 수령(지자체에 따라 대부업등록증 발급 확인하여야만 대부 사업자등록증을 발급해 주는 세무서도 있음) → 대부업 창업에 필요한 서류 발급완료.

법인사업자로 등록하는 경우

개인사업자와 처리 순서는 동일하나 법인의 경우 세무서에 법인설립 신고 및 법인 등기가 완료된 후 관할 시청에 방문해야 하므로 개인사업자 신청 시 보다 4~7일 정도 시간이 더 소요된다. 법인설립을 처음 하는 경우에는 법무사 사무소에 법인설립절차를 위임하는 것이 좋다.

법인의 경우 향후 채권 회수 및 서류 작성과 관련하여 긴밀한 관계를 맺어야 하는 경우가 많으므로 처음부터 사업장 인근의 법무사 중에 신뢰할 수 있는 법무사를 추천받아 업무 관계를 맺어 두는 것이 좋다.

Part
02

NPL 투자
제대로
이해하기

1
NPL 투자, 먼저 수익구조에 눈뜨자

NPL 한 번 거른 물건을 사다

NPL은 금융기관에서 판매하기도 하지만 제1금융기관에서는 자산
유동화법률에 의해 개인에게는 매각하지 않고, 유암코와 KB지주,
마이에셋, 지지옥션 자산운영 등 메이저급 AMC에 매각한다.

　대부업법 개정 이후 개인은 배당수익이 주 목적인 론세일 채권
투자는 금지되었다. 그러나 투자의 환금성, 수익성, 안정성이 있는
NPL 물건을 뒤에서 자세히 설명할 대위변제[17], 채무인수방식, 계
약인수방식, 입찰참가(이행)방식, PREO 방식(프리세일+레오매입)으로는
투자가 가능하다. 이런 방식은 론세일 방식이 아니기 때문이다.

　유자격 법인은 제2금융기관에서 부실채권을 매입하여 배당투자
또는 유입 공동투자, 지분투자방식, 사후정산방식, 입찰참가방식,
PREO 방식으로 매각하는 곳도 있다.

　NPL을 매입하려면 농협자산관리공사 중소형 AMC 홈페이지 또
는 지지옥션 자산운영이 금융기관에게서 매입한 NPL를 재매각하

---

17 이해관계가 있는 법정대위를 말한다. 대신 갚아주고 근저당권 설정금액만큼 합법적인 연체이자를 채
　워 받게 된다.

면 된다. 지지옥션 홈페이지에 들어가면 상단 메뉴 중 'NPL 거래'
가 있다. 이곳을 클릭하면 매각 물건과 함께 매각 담당자와 연락처
가 기재되어 있다.

시중은행에서는 개인뿐만 아니라 자기자본 5억 원 법인에게도
매각하지 않는다. 유동화 자산 법률에 법무법인, 회계법인, 감정
평가법인의 자격을 갖춘(유암코, 대신 F&I, 우리자산관리, 지지옥션 등) 기관
에 POOL 방식[18]과 BULK 매각[19]으로 매각한다. 이들 유동화자산은
SPC 특수목적회사로 펀드 자금을 모아 대량으로 매입한 NPL을
개별로 매각한다.

제2금융기관 중 농협은 자체 자산관리회사를 설립하여 전국 농
협중앙회와 단위조합 채권을 Pool Ling으로 매각한다. 그런가 하면
새마을금고에서는 50억 원 자기자본 설립 법인에게만 매각하라는
상위 부서의 지침에 따라 누구나 참여할 수 없는 실정이다. 그러다
보니 지역 새마을금고에서는 불만이 쇄도하고 있다. 자기자본 50
억 원의 유자격자가 많지 않으므로 자칫 잘못하다가는 독점으로
이어져 더 저렴하게 매각할 수 있게 되기 때문이다.

신협과 수협 단위조합에서는 여전히 금융위원회 유자격 법인에
게 매각을 하고 있다. 자기 자본 5억 원 유자격 법인은 ○○수협 각
지점에서 채권대출 매각심사위원회(리스크관리위원회)를 거쳐 의결이
난 NPL을 매각하고 있다. 이처럼 농협, 신협, 새마을금고, 저축은
행 등 다양한 곳에서 매각을 하고 있다.

금융기관에서는 대부업법 개정 이전에도 개인에게는 NPL 매각

---

18 부실채권(1차)시장 금융기관 등이 발행한 부실채권들을 하나의 Pool로 묶어서 국제입찰방식에 의하여
매각하거나 자산유동화법에 의한 자산유동화증권을 발생하여 유동화전문유한회사에 매각한다.
19 부실채권을 일정규모로 집합하여 매각(Bulk Sale)하거나 특정기업의 채권을 개별적으로 매각(Individual
Sale)한다.

을 하지 않았다. 개인의 NPL 매입을 허락할 경우 금융기관을 방문해 채권을 매입하려는 사람들로 업무에 혼란이 오고 소란스러워질 것을 염려했기 때문이다. 주로 금융기관 관계자의 지인이나 협약기관에 공고하여 매각하는 방식을 취하고 있으므로 금융기관 담당직원과 친해지면 좋다.

더 쉬운 방법으로는 대법원, 온비드, 지지옥션, 굿옥션 등의 홈페이지에 올라온 매각물건을 매입하는 것이다. 경매와 같이 매각되는 물건 중 좋은 NPL 물건을 찾아 매입해 배당수익이나 유입낙찰을 받으면 된다. NPL은 일반 경매보다 더 안정적이다. 그 이유는 이미 메이저급 기관들이 NPL을 인수해올 때 물건분석과 예상배당표 작성을 한 번 거쳐 권리분석이 되어 있기 때문이다.

물론 메이저급 AMC가 이미 채권에 대한 배당수익이나 낙찰가 등을 다 산정했다 하더라도 투자자가 NPL을 구매할 때는 일반 경매와 같이 권리분석을 따로 해야 한다. 낙찰이 되어야 배당이나 시세차익을 생각할 수 있기 때문이다. 다만 낙찰 예상가와 권리분석을 한 번 거친 물건이기 때문에 쉽게 접근해도 된다는 뜻이다.

NPL 투자를 장기적으로 염두에 두고 있다면 법인 AMC를 설립하면 된다. 법인을 설립할 경우 일반 사업자등록을 내는 방법과 같다. 잔액증명서는 3억 원, 법원에 등기를 낸 후 등기서류를 세무서에 제출해 신청하면 된다. 그 다음 8시간 대부업 교육을 이수한 수료증과 함께 사업자등록증을 가지고 금융위원회에 가서 등록하고, 각 금융기관과 협약을 하면 NPL 매각이 있을 때마다 연락이 오거나 메일 혹은 공고를 통해 NPL 매입이 가능해진다. 실무적으로는 대부업협회에서 8시간 대부업 교육을 먼저 받고 사업자등록을 내고 있다.

유자격 대부업등록 또는 사업자등록을 내지 않은 투자자는 일반 경매처럼 NPL 경매물건에 입찰하면 된다. 그러나 이미 게임이 끝난, 즉 NPL이 매각된 상황을 모른 채 시간과 비용을 지불하는 사례가 일어날 수 있다. 이런 이유로 NPL 투자를 제대로 배우고 이해해야 한다고 강조하는 것이다.

일반경매와 NPL의 수익 비교해보기

경매는 부동산의 일반 매매와 달리 입찰자가 권리분석을 해서 매매가를 산정한다. 경우에 따라 낮은 가격에 취득해 재매각하는 것으로 시세 차익을 얻을 수 있다. 이에 비해 NPL은 3개월 이상 대출금과 이자가 연체된 부실채권으로 금융기관을 통해 채권을 매입하는 형태이다.

경매투자자가 NPL 투자까지 하게 된다면 더 안전하고 높은 수익을 낼 수 있다. 물론 경매에 필요한 정보와 지식 그리고 권리분석 능력을 갖춰야 이 두 가지를 혼합하는 기법을 사용할 수 있다.

일반경매와 NPL의 차이점을 예로 들어보자.

감정가 10억 원, 대출금 잔액 5억 원, 근저당권의 채권최고액 7억 원, 권리행사금액은 6억 원, 낙찰예상가 5억 원, 재매각 기간이 1년일 경우, 일반경매로 5억 원에 낙찰되어 1년 후 6억 원에 매각했다면 양도소득세는 4,000만 원이 된다. 반면 NPL로 투자했다면 6억 원에 유입 취득해 1년 후 6억 원에 재매각해도 양도차익이 없기 때문에 양도소득세가 없다. 6억 원의 입찰가를 써도 1억 원은

NPL 채권 매입자에게 환입되고, 상계[20] 신청(민사집행법 제143조 2항)도 가능하다.

배당투자와 경매투자의 차이

구 분	배당투자	경매투자
투자목표	경매 배당에 참여	경매 낙찰
투자수익	배당금 - 투자금 = 수익(배당투자 수익) 일반적으로 배당금액이 투자액보다 높아 배당투자 수익이 발생된다.	매각대금 - 투자금 = 수익(매매차익) 일반적으로 평균보다 낮은 가격으로 낙찰 받게 되어 매각 시 매매차익을 얻을 수 있다.
투자성향	안정성 수익률보다 안정성이 우선이다. 안정을 추구하는 투자자에게 적합하다.	수익성 높은 수익을 우선으로 한다. 수익을 추구하는 투자자에게 적합하다.
공통사항	투자에 대한 최종 판단과 책임은 투자자에게 있다.	

NPL 투자는 크게 두 가지 방법을 생각할 수 있다. 부실채권을 인수해서 배당차익을 얻는 경우(배당투자)와 경매에 입찰해 낙찰 받은 후 매매차익(경매투자)을 얻는 경우이다. 배당투자와 경매투자의 가장 큰 차이점은 배당투자 수익을 얻느냐 매매차익을 얻느냐이다. 수익률과 안정성을 동시에 노리는 것이 배당투자라면 경매투자는

---

20 채권자가 매수인인 경우에는 자신이 배당받아야 할 금액을 제외한 나머지 대금만 배당기일에 낼 수 있는데 이를 상계(차액지급)라고 한다.

수익성을 우선으로 한다.

투자자는 조세채권을 확인하고 당해세와 최우선변제권 등 선순위배당과 예상배당표 분석방법을 배우고 투자기법을 학습하는 자세가 필요하다. 충분한 준비 없이 투자할 경우 실패 확률만 높일 뿐이다. 다양한 분석이 가능한 전문가에게 투자를 의뢰하거나 전문가의 조언을 받는 것도 좋은 방법이다.

NPL의 다양한 매입방식

NPL 매입방식

론세일 방식: 채권양도양수방식이다. 채권할인 매입방법으로 할인 매입하여 낙찰금액에서 배당금으로 수익을 내는 대표적인 방법이다. 개정 대부업법으로 자기자본 3억 원 법인 외에 개인 투자는 금지되었다.

채무인수방식: NPL 투자방법 중 가장 일반적인 매입방식이다. 유동화전문회사, 대신F&I, 농협자산관리회사, 채무인수방식으로 부실채권을 인수할 수 있다. 꼭 갖고 싶은 물건이 있을 때 채무인수방식으로 물건을 유입낙찰 받아 직영을 하거나 재매각 차익을 내기도 한다.

계약인수방식: 기존 채무자의 대출금을 신채무자가 인수하는 방식이다. 새마을금고에서는 신탁대출 취급 후 공매 진행이 잘 이루어지지 않을 때 이자 감면 후 계약인수방식으로 부실채권을 인수하는 방식이다.

유입(직접 낙찰)방식: 최종 매각단계에서 아무도 매입하지 않는 악성 NPL을 매입하는 방식이다. 방어입찰로 사용되기도 한다.

NPL 수익창출방법

배당금 수령법: 법원 경매물건 낙찰 후 그 대금에서 배당받는 방법으로 초보 투자자가 주로 사용한다. 론세일 방식에서 수익을 내는 방식이다.

재매각법: 매입한 무담보부 부실채권을 제3자에게 다시 매각하는 방법이다. 유입으로 인도명령과 명도소송 후 인테리어를 깔끔하게 정리 후 재매각 차익을 내는 방법이다.

직접낙찰법: 부동산(채권)을 유입하는 방법이다. 원하는 물건이 있을 때 매입한 부실채권을 직접 낙찰 받거나 컨설팅 수수료를 주고 전문가를 통해 낙찰물건을 직영하여 수익을 내기도 한다.

혼합투자법: '배당금 수령법'과 '직접낙찰법'을 목적으로 혼합하여 투자하는 방법이다.

대위변제투자법: 개정 대부업법 이후 개인이 투자를 할 수 없게 되자 1·2순위 또는 실익 없는 3순위를 할인변제, 자진변제 유도로 합법적인 연체이자를 받는 방식이다.

NPL 투자법 Plus TIP

배당 투자기법: 배당금 수령법이다. 즉, NPL 매입채권에서 낙찰가의 차액을 배당기일에 배당받는 투자기법이다.

유입 투자기법: 매입채권을 최고가로 하고 경매에 참여하여 낙찰받는 방법이다.

자진변제 투자기법: 매입채권의 채권서류를 인수받아 채무자를 독촉하여 자진 변제시켜 연체이자로 수익을 창출하는 방법이다.

재매각 투자기법: 매입한 부실채권을 제3자에게 재매각하여 수익을 창출하는 방법으로 주로 무담보채권의 투자기법으로 많이 쓰인다. 초보 투자자는 아파트, 단독주택, 다세대, 다가구주택, 주거용 오피스텔 등 담보부 부실채권을 매입하여 재매각하는 경우가 많다.

권리분석 실패 시 방어입찰 투자기법: 배당금을 수령하려고 투자하였으나 권리분석 실패로 매입가보다 입찰가가 떨어졌을 때 경매에 참여하여 유입취득 후 낙찰 받아 수익을 창출하는 방법이다.

차순위권자에게 재매각하는 기법: 방어입찰로 유입취득한 물건 혹은 낙찰 받은 물건 중 우량물건에 꼭 낙찰 받고자 하는 차순위신고 경매 참여자나 권리관계자에게 매입을 유도하거나 가족들에게 재매각하여 수익을 창출하는 방법이다.

무담보 채권 투자기법: 개인회생채권, 프리워크아웃채권, 카드할부금채권, 정수기렌탈채권 등 무담보채권의 경우 OPB(원금 기준)의 30~40%에 매입한 후 재매각하여 수익을 창출하는 방법이다. 초보 자는 이 기법을 되도록 쓰지 않는 것이 좋다. 이 기법은 대부분 고도의 전문 지식인을 자칭하는 회계 법인이나 신용정보회사에서 채권수익 창출기법으로 활용하기 때문이다.

NPL 세금문제 어떻게 해결할까?

과세대상소득의 범위를 정하고 있는 실정법(세법)의 기본 입장에서 볼 때 실정법이 과세대상소득을 구체적으로 명시해 규정하고 있는 경우에는 열거주의 과세방식, 즉 경제생활 또는 회계학적 측면에서 소득으로 인식되고 파악될 수 있다.

이는 과세대상소득으로 모두 규정하고 있는 경우에는 포괄적 과세방식을 채택하고 있다고 하겠다. 현행법이 어떠한 과세방식을 기본입장으로 취하고 있는가는 그 법의 전체 내용을 보고 판단해야 하며, 일부 규정만으로 판단하기는 어렵다.

종합과세제도의 이상적인 방향은 포괄주의 과세방식을 채택하는 것이겠지만, 국민의 납세의식 수준, 소득계산 기술, 정부(과세권자) 징세기술상의 문제, 국민과 정부와의 조세마찰 등의 여러 문제를 고려해 현행 우리나라 소득세법은 열거주의 과세방식을 채택하고 있다.

그래서 소득세법에 과세대상소득으로 규정(열거)한 소득에 대해서만 과세할 수 있으며, 규정(열거)되어 있지 않은 것은 소득으로 인식되더라도 과세할 수 없다. 그러므로 우리나라의 부실채권 투자에 따른 배당수익에 대해서는 아직까지 세금부과 대상이 아니다.

소득세법상 비영업대금으로서의 이자소득으로 본 부과 처분은 위법이기 때문이다. 즉, 부동산저당채권을 유동화전문회사로부터 매수하여 그 부동산에 관한 경매절차에서 매매대금을 초과하여 지급받은 배당금의 본질은 유동화자산에 대한 투자수익 또는 매매차익이라 봄으로써 소득세법 제16조 제1항 제12호 소정의 비영업대금으로서 이자소득에 대항된다고 볼 수 없으므로 부과 처분은 위법하다고 주문 판결한 사례를 근거로 들 수 있겠다. (98타경 143112)

구 분	유동화 자산(SPC)		기타금융 (수협, 농협, 신협, 새마을, 저축은행 등)	
양도소득세 (조합소득세)	NPL유입취득 (배당이익)	NPL + 경매유입	NPL유입취득 (배당이익)	NPL + 경매유입
양도소득세 (조합소득세)	×	×	×	×
이자소득세	×	×	○	○

다만 지금까지 현장 실무에서는 부실채권을 개인에게 컨설팅비만 받고 매매한 것처럼 이중장부를 작성해 절세에 이용하기도 했지만, 개정 대부업법에서는 이같은 세금 탈루를 방지하기 위해 제도적으로 보완하고 있다. 반면 경매 입찰로 부동산을 매입했다면 부동산 경기에 따라 투자금 회수에 상당한 시간이 필요하다. 이는 세금 문제와 긴밀하게 연결되어 있다.

1년 이내 단기 매매에는 양도차익 50%, 2년 이내 단기 매매에는 양도차익 40%가 부과되기 때문에 대부분의 경매 투자자들은 2년

이 경과하기를 기다린다. 그러나 문제는 2년 후 부동산 가격의 흐름을 아무리 족집게 무당이라도 예측하기가 어렵다는 데 있다.

|사례분석|

개정 대부업법 이후 세금 탈루를 방지하기 위해 제도적으로 보완했다. 그러나 여전히 세금절세 방법을 활용하고 있다. 경매입찰로 부동산 매입을 업으로 하는 서울 여의도 ○○AMC는 영종에 미분양 아파트 10채를 매입해 수익을 낸 후 10건의 10% 법인세와 차익의 10%를 세금으로 냈다. 그러나 공인중개사 겸 AMC 대표인 G씨는 영종에 미분양 아파트 10채를 매입하고 모두 6개월 이내 분양한 후 양도차익을 얻었다. 양도차익 10%를 세금으로 납입하고, 5월 31일 종합소득세 신고 후 2억 원의 법인이익이 발생했다.

이때 확정세율에 대한 국세 20%(세무서 납부), 지방세 2%(구청세무과 납부)의 세금이 발생했는데, 세금을 줄이기 위해 과표세율 구간을 줄여 인건비 및 등기 등 세율을 조정해 1억 8,000만 원으로 신고한 후 18%+1.8%=19.8% 세금을 납입했다.

첫째, 실무에서는 대부분 손실도 장부항목에 추가하여 세금을 거의 납입하지 않고 있으며, 세금추징이 예상될 경우 사업자 폐업 신고를 하고 다른 명의로 부실채권 매매업을 하고 있다.

둘째, 법인사업자가 컨설팅 수수료만 받고 개인에게 넘기는 식으로 이중장부를 작성하기도 하고, 새로 법인사업자를 내서 소멸시킨 후 세금을 절세하기도 한다.

셋째, 법인명을 신규로 바꿔 세금을 회피하고 있다.

개인사업자에게는 사업소득세 25%, 주민세 2.5%를 포함해 27.5%를 부과하지만 법인사업자는 인건비와 경비 처리 등으로 세금을 절약하여 10% 정도 절세가 가능하다.

2

NPL 매입 요령, 공부해야 성공한다

NPL 유통구조를 파악하라

NPL을 저렴하게 매입하고 고가에 매각하는 방법은 주식과 같다고 할 수 있다. 기업 가치의 평가지표로 보는 주식의 수익률과 비슷하다고 보면 된다. NPL을 처음 접하는 사람이라면 용어부터 생소하게 느껴질 것이다. 하지만 NPL의 매입과 배당절차도 몇 번 하다보면 금세 익숙해질 것이다.

필자가 근무하는 금융기관의 매각명세서를 보면 맨 오른쪽 공란에 '매수의향가'가 있다. 이곳에 원하는 금액을 적어 메일로 담당자에게 발송한다. 이것이 실제 매수의향가는 아니다. 단지 이 정도금액으로 매입할 의향이 있다는 표시이다.

매수희망가를 적어 낸 AMC는 매각금융기관을 방문하여 채권서류 일체를 보고 다시 한 번 협상을 해 높은 금액을 제시한 AMC에 매각한다. 희망가를 확인해보면 참 재미있다. 원금의 50%만 써내는 AMC가 있는가 하면, 다른 AMC보다 5,000만 원 이상을 적어낸 업체도 있다.

이미 금융기관에서는 매각 개별리스트에 대해 MRP(최저매각예상가격) 산정을 해놓은 상태에서 각 채권마다 그 금액 이상이면 매각을 할 것이다. 그러나 그보다도 3,000만 원~1억 원 이상의 금액을 적어내는 업체도 있다. 심지어 단독으로 매수의향가를 냈는데도 말이다.

이런 이유 때문에 매각 금융기관의 MRP 산정법을 배워야 한다. 이 방법은 뒤에서 자세히 다루기로 하자. 원금, 경매비용(가지급금), 매입일까지 이자를 주면 수의계약[21]으로 경쟁 없이 매입이 가능하다. 필자의 금융기관에서는 개정 대부업법 이후 NPL 매각 리스트를 자기자본 3억 원의 유자격 법인과 금융위원회에 등록된 자격을 갖춘 AMC에 제공한다.

메일로 매각 리스트가 도착하면 원하는 물건의 임장활동을 한다. 현장에 찾아가 인근 공인중개사를 방문해 급매가격과 당해세, 선순위 임차금 등 NPL 권리분석을 제대로 한 후 매수의향가에 가격을 적어내고 채권서류를 마지막으로 확인 후 계약서에 날인하면 된다.

경쟁 AMC는 낙찰예상가를 기준으로 배당받을 때까지 추가로 지출될 비용 등을 계산해 매수의향가에 가격을 적어 메일로 보낸다. 대체로 '매입금액+가지급금(경매비용)-당해세 및 선순위 임차인'이란 공식으로 적어내는 경우가 많다. 즉, 선순위는 인수하지 않겠다는 뜻이다. 결국 최고가를 쓴 AMC와 계약을 체결하고 최고가 매수인에게 낙찰이 되면 채권최고액, 즉 근저당권 설정금액 내에서 배당을 받아 수익을 낼 수 있다.

---

21 경쟁이나 입찰의 방법을 쓰지 않고 임의적으로 상대방을 골라서 체결하는 계약이다. 즉, NPL, 매입금 원금(대출잔액), 가지급금(경매비용), 정상(연체)이자일 때 임의적으로 당사자에게 매각하는 방식이다.

NPL에서 고수익을 낼 수 있는 비법은 바로 매입(각)에 대한 유통망을 확보하는 것이다. 투자자들이 NPL을 매입할 때는 대부분 소규모 AMC 또는 컨설팅회사를 통해서 매입하게 되는데, 은행에 직접 찾아가 부실채권을 싸게 매입하려고 해도 자산유동화법 때문에 쉽지 않기 때문이다. NPL을 매입한 중소형 AMC 혹은 컨설팅회사는 영업조직망을 구성해 투자자를 모집하고, 1억 원짜리 근저당권을 8,500만 원에 채권 매입한 뒤 9,000~9,500만 원에 재매각하여 마진을 챙기고 있다.

즉, 여러 단계의 매입과정을 생략하고 은행과의 단독 협상을 통해 불필요한 마진을 없애 수익의 최대화를 실현함으로써 고수익을 내는 방법은 부동산경매 컨설팅의 노하우에 달려 있다. 따라서 정확한 권리분석을 통해 개인 투자자에게 투자금에 대한 안전성을 100% 보장하며, 최대의 수익을 실현해야 한다.

부실채권 매입절차는 아래 도표로 이해하면 쉬울 듯하다.

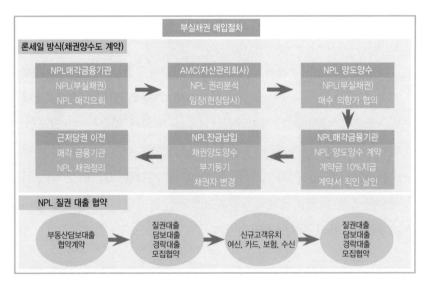

부실채권 투자에서 NPL 질권대출의 활용도 중요하다. 여유자금의 확보가 원활하지 않은 경우 대출가능 은행과 협약을 맺고 질권대출을 받으면서 대출모집인 협약으로 대출금의 0.2%~0.35%의 수수료를 받기도 한다. 이때 금융기관에서 카드 및 보험 등을 가입해주기 때문에 융자지원금융기관과 협약계약 금융기관 양자가 이익을 도모하기도 한다.

이와 같이 은행은 자산유동화법 때문에 개인에게는 직접 채권을 매각하지 않고 AMC에 대량으로 매각한다. 현재 채권 매각 시 주로 거래하고 있는 민간 중소형 AMC의 경우에도 개정 대부업법 시행령에 따라 채권을 매입할 수 있는 자의 자격요건을 갖추지 못하면 향후 거래가 불가하다.

NPL 투자자가 제1금융권의 은행과 단독 협상하여 수익을 최대화하기가 쉽지 않으므로 부실채권을 싸게 매입하기 위해서는 단위농협, 수협, 새마을금고, 신협, 저축은행 등에서 매입하여 투자해야 한다. 그렇지 못한 개인 투자자들은 AMC를 찾아가 부동산경매 컨설팅처럼 예상수익분석표를 보고 원하는 물건에 이면계약과 투자금 차액을 '사후정산'한다는 공증을 받아 투자하면 된다.

자산유동화법에서는 유동화전문회사, 신탁법에 의한 신탁회사(신탁업무를 겸영하는 은행 포함) 및 자산유동화 업무를 전업으로 하는 외국 금융기관은 SPC 등이라 규정하고, 이들을 통한 자산의 유동화만을 자산유동화로 인정하고 있다.

SPC는 금융기관에서 발생한 부실채권을 매각하기 위해 일시적으로 설립되는 특수목적회사로 채권매각과 원리금상환이 끝나면 자동으로 없어지는 일종의 페이퍼 컴퍼니이며, 자산을 유동화하기 위한 매개체 또는 수단으로 이용되는 회사 또는 법인을 말한다.

SPC는 자산보유자의 파산 위험으로부터 완전히 분리된 자산유동화만을 소유하도록 함으로써 자산보유자 또는 국가 신용등급보다 높은 신용등급을 얻기 위해 설립된다. 또한 자산보유자로부터 자산을 매입하여 이를 토대로 ABS(자산담보부증권)를 발행하는 당사자이다.

개인이 NPL을 매입(채무인수, 입찰참가조건부 사후정산 방식)

NPL 매각기관인 은행은 협약을 맺은 유동화전문회사에 NPL을 매각하고 그것을 매입한 유동화전문회사는 1차 투자자(기관투자자, 저축은행, 증권사, 기타 AMC)를 모아 매각한다. 1차 투자자는 일정한 수익을 남기고 2차 투자자에게 재매각하면, 2차 투자자도 3차 투자자에게 일정한 수익을 남기고 재매각하며, 최종적으로 3차 투자자는 개인에게 재매각하는 구조이다.

조금 다른 구조도 있다. SPC를 설립하여 자금을 확보한 메이저

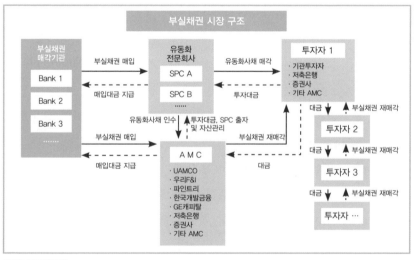

〈출처:금융위원회〉

급 AMC(유암코, 우리F&I, 파인트리, 한국개발금융, GE캐피탈, 저축은행, 증권사, 기타 AMC 등)가 은행으로부터 NPL을 매입하여 1, 2, 3차 투자자에게 매각 또는 재매각하게 한 후 최종적으로 투자자에게 매각하는 구조가 이에 해당한다.

자산유동화법률이 선진화된 국가에서는 은행창구에서 NPL을 사고팔 수 있지만, 아직까지 우리나라는 개인에게 부실채권을 매각하는 곳이 한정되어 있다. 신협이나 저축은행, 새마을금고, 단위수협, 단위농협 등에서 본점 채권관리전담부서에서 이사회 의결을 거쳐 매각채권을 결정한 후 투자자에게 매각하고 있다. NH농협은행의 경우 농협자산관리회사, 수협은행은 중앙회 상호금융부서에서 Pool 방식으로 매각하고 있다. 한편 제1금융권 은행의 NPL 매각 입찰에 참여하는 방법에는 적격 입찰자를 매각주관 회계법인으로 한정하는 경우와 AMC에서 매입한 걸 재매각할 때 매입하는 방법이 있다.

제1금융권에서는 유암코와 연합자산관리공사에 부실채권을 매각하여 2차 도매상 규모의 자금이 있는 AMC에 매각을 하지만, 대부분의 제2금융기관에서는 법인 AMC에 매각한다. 그러므로 NPL 유자격자 투자자가 부실채권 투자를 하려면 농협자산관리공사, AMC, 지지옥션, 온비드, 캠코, 유암코 등의 홈페이지에서 개별적으로 구매하여 투자해야 한다.

다시 정리하면 은행에서는 평가기관에 가치평가를 직접 의뢰한 후 경매를 통해 종금사와 협약하고, 메이저급 AMC는 또 다른 금융기관과 협약하여 채권자와 수의계약을 맺어 매입한다. 이를 다시 제3차 투자자와 소액NPL 투자자에게 물건보고로 유인해 매각하고 있으며, 자산관리공사 혹은 F&I 같은 전문기관에 매각 의뢰를 하는 구조라고 보면 되겠다.

개인이 NPL을 매입하는 방법은 다음과 같다.

첫째, 금융기관이 캠코, 유암코, 저당권 거래소 및 자산유동화 전문회사, 중소형 AMC를 상대로 매각할 때 일정한 자격을 갖춘 AMC에게 컨설팅비를 주고 지급위임장과 공증으로 이면계약 체결 후 입찰이나 수의계약 방법으로 매입한다.

둘째, 투자자를 모집하는 자산전문기관 혹은 자산관리사, 펀드매니저가 추진하는 NPL에 공동투자한다.

셋째, 경매개시가 결정된 경매물건을 선정해 믿을 만한 AMC에게 위임하여 일정한 수수료를 지급하고, 자산관리사 책임 하에 부실채권을 매입하게 한 후 사후정산하는 방식으로 투자한다.

넷째, 중소형 AMC 사업자등록 낸 후 제2금융기관인 수협, 신협, 새마을금고, 저축은행 등과 협약하여 원하는 물건을 매입한다.

필자가 근무하는 금융기관과 협약하고 있는 AMC의 일부는, 유암코 홈페이지, 캠코 홈페이지, 농협자산관리, 저당권거래소, 지지옥션, 신협, 새마을금고, 신협, 저축은행등 각 금융기관 협약 거래, AMC 홈페이지 등이다.

다양한 NPL의 매입방법이 있지만 크게 다음과 같이 구분할 수 있다.

첫째, 론세일의 채권양도방식이다. 론세일은 배당수익을 주목적으로 투자한다.

둘째, 채무인수방식으로 NPL 투자방법 중 가장 일반적인 매입방식이다.

셋째, 유입방식은 최종 매각단계에서 아무도 매입하지 않는 악성 불건전 NPL을 매입하는 방식이다.

넷째, 사후정산방식이다.

다섯째, 근저당권 일부 이전 방식이다.

이 중 부실채권 할인매입으로 배당수익이 주목적인 론세일 방식과 채무인수방식이 대표적인 방법이다. 론세일 방식은 근저당권이 붙어 있는 대출채권의 원리금 전액을 근저당권과 같이 양수인에게 이전하는 방식이다. 채권자 교체를 통해 부실채권을 현금으로 회수한다(론세일 방식 → 부기등기 → 저당권부 질권대출).

채무인수(투자자 낙찰약정)방식은 일시적으로 자금이 많이 들어가는 론세일 방식과 달리 약정된 매각대금의 10%만 유동화전문회사에 입금하고, 입찰기일에 입찰보증금을 준비하면 되므로 비교적 접근이 용이한 NPL 매입방법이다.

부동산 일반매매에서 매수인이 매도인의 근저당권부 대출채무를 채무인수(승계)로 떠안고 나머지 잔금만을 지급한 후 소유권을 이전받는 방식과 유사하다. 경매에서 낙찰자가 1순위 근저당권부 대출채무를 떠안고 낙찰 받는 방법이다. 이 방식은 이자소득세(세금)가 없다. 개인이 민법상(제143조) 채권양도방식으로 부실채권을 매입했다가 매각되었기 때문이다.

NPL 매입 시 위험은 대부분 예상배당표 작성방법과 권리분석, 특수물건분석 및 배당과 관련된 내용들이다. 특히 조세채권과 연결된 겉으로 드러나지 않는 선순위배당을 조심해야 한다. 그런 차원에서 AMC 혹은 매각자산을 보유한 유동화전문회사 직원AM의 말을 그대로 믿어서는 곤란하지만 평소 은행직원, 지지옥션 자산운용담당자, 혹은 AMC 담당직원들과 인사를 나누는 정도의 관계를 만들어놓는 건 좋다.

초보 투자자에게는 AMC를 통해 NPL을 매입하는 방식이 안정적일 수 있다. 매입과 동시에 채권서류를 직접 확인할 수 있으며, 권리분석으로 배당표와 물건보고서를 작성해 총수익과 총투자 비용을 한눈에 파악함으로써 투자 수익과 수익률을 분석할 수 있기 때문이다.

개인 투자자들은 개정 대부업법 이후 다음과 같은 방식으로 투자할 수 있다.

첫째, 채무자변제(자진변제, 할인변제 등)이다.

유자격법인과 공동투자로 채무자가 자진해서 전액변제하거나 채무자와의 협상을 통해 일부 탕감하는 방식으로 가능하다.

둘째, 경매낙찰 약정방식이다.

입찰이행(참가)방식으로 자격을 갖춘 5억 원 법인 AMC 또는 유암코, 농협자산관리공사와 계약을 체결하는 방식이다.

셋째, 유입 후 부동산 매각방식이다.
유입 후 부동산방식과 프리세일 방식으로 진행한다.

넷째, NPL 채권 매각방식이다.
론세일 방식, 채무인수방식, 사후정산방식, 입찰참가 및 채권일부양수도방식, 벌크세일 방식 가운데 론세일 방식을 제외한 다른 방식으로는 가능하다.

자기자본 5억 원 법인과 금융위원회 등록 등 일정한 자격을 갖춘 법인은 AMC 홈페이지를 통해 매입계약을 체결해 고정수익이 될 물건의 예상배당표를 받아보고 투자를 하면 된다. 만약 예상투자금액의 고정수익보다 수익이 적게 날 경우 AMC가 유입취득하거나 책임을 져주기 때문에 투자자들은 고정수익이 나는 투자담보물 부실채권에 투자하면 안전하다.

위험을 피하기 위해서는 일반 경매의 권리분석과 같이 관심 있는 NPL 물건의 고급정보와 선순위 권리사항 등 문제해결을 위한 사전조사와 공부가 필요하다. 그리고 안정성도 중요하지만 때로는 과감하게 실행할 줄도 알아야 한다. 좋은 물건에는 경쟁자가 많다. 매입 시기를 놓치면 좋은 물건을 잡을 수 없기 때문에 권리분석을 꼼꼼히 한 후 판단이 서면 매입가격을 신속하게 결정하는 게 중요하다.

일반 경매는 권리분석만 하면 되지만 NPL 투자는 투자기간이 짧은 만큼 배당받을 때까지 기간 대비 시세차익을 가늠할 줄 알아야 수익을 많이 낼 수 있다. 따라서 채권최고액 범위 내에서 연체이자를 받기 위한 경매기일 변경전략 및 방어입찰까지를 고려해 매입가격을 판단해야 한다.

NPL은 안정성, 수익성, 환금성, 비과세(양도소득세), 선순위 권리, 조세채권을 이해한 다음 금융기관 담당자 및 법인 자산관리공사 직원과 사전 가격 조율 후 채권매입의향서를 제출해야 한다.

NPL 매입 시 예정가격 산정은 아래 과정을 거친다.

① 물건의 시세조사
② 예상 낙찰가율 등 조사
③ 각종 선순위 배당채권 조사
④ 예상배당표 작성 및 예상배당액 산정
⑤ 대출이자 차감
⑥ 저당권 이전비용 차감
⑦ 인수되는 공용부분 체납관리비 차감
⑧ 적정 이윤 차감
⑨ 채권 매매가격 협상
⑩ 종합

실전 경험이 많은 부동산경매 투자자라면 유치권이나 공장, 토지 등 특수물건 NPL에 대한 투자를 고려해볼 만하다. 경매와 마찬가지로 NPL도 남들이 쉽게 접근하지 못하는 특수물건, 즉 권리관계가 복잡한 물건을 다루면 더 높은 수익률을 기대할 수 있기 때문이다.

NPL 매입 후에 발생하는 위험은 대부분 저가낙찰 또는 매입 진행과정에서 발생하는 자금상의 위험이다. 특히 경락잔금대출이 뜻대로 되지 않는 경우와 유동화채권에 제3자가 이의를 제기하는 경우 등이다.

한눈에 배우는 NPL 매각하는 법

NPL 매각은 부실채권에 대해 매각 계약을 체결하여 채권에 대한 일체의 권리를 양도함으로써 채권관리의 효율성 및 자산건전성을 제고하는 일련의 업무 절차를 말한다. NPL 매각방법은 다음 4가지로 나눌 수 있다.

첫째, 투자하는 사람에 따라 배당 혹은 유입 직영 등 다양하지만 초보자가 주로 사용하는 방법은 론세일 방식이다. 매각 금융기관으로부터 저렴하게 부실채권을 매입하여 낙찰대금에서 배당받는다.

배당금으로 수령하려는 투자자는 주로 주거용 부동산, 즉 1차 혹은 2차에 낙찰되는 아파트나 주거용 오피스텔을 낮은 가격에 부실채권을 매입한 후 매입가보다 높게 낙찰될 경우 그 차액을 배당받는 방식이다. 투자하는 사람에 따라 다양하지만 주로 초보 투자자가 사용하는 방법이다.

둘째, 재매각하는 방법이 있다. 이 방법은 무담보부 부실채권을 매각하는 방법이다. 무담보부 부실채권은 개인회생, 정수기렌탈,

카드할부금 등의 OPB(원금+가지급금)를 할인하여 매입 후 재매각하는 방법이다.

셋째, 매각물건을 직접 낙찰 받는 방법으로 부동산(채권)을 유입하여 직영 또는 재매각하는 방법이다.

넷째, 혼합 투자방법으로 배당금 수령법과 직접 낙찰법을 혼합해서 투자하는 방법이다. 이는 물건마다 직영과 배당채권을 구분할 필요가 있다.

채권 매각은 경·공매로 진행할 경우 장기간 소요되며, 법적절차에 의해 조기에 회수가 어렵다고 판단되는 다음 각 호의 하나에 해당하는 자산을 대상으로 한다.
① 자산 건전성이 고정 이하로 분류된 채권
② 채권관리 담당부서로 이관된 연체채권
③ 특수채권
④ 기타 매각이 타당하다고 인정되는 채권

매각한 채권은 추후 종합감사실의 감사 시 매각 목록을 제출하여 감사를 받도록 해야 한다.

매각 규모와 방식
① 채권 매각 규모를 정할 때 대상 채권의 규모를 통한 수익 도모를 위해 대량 일괄매각(타 조합과 공동매각 포함)을 추진하거나, 채권

건별로 개별 매각할 수 있다.

② 매각은 공개경쟁입찰을 원칙으로 하되, 아래 각 호의 사유에 해당할 경우에는 수의계약방식에 의한 매각을 할 수 있다.

- 경쟁입찰 절차를 통해 매각을 진행하였으나 낙찰자가 없는 경우로 예정가격 이상 매수가격을 제시하는 경우, 경쟁입찰 절차를 통해 낙찰자가 선정되었으나 매각관련 계약의 해제사유가 발생한 경우로 낙찰가격 이상으로 매수가격을 제시하는 경우

- 관공서, 지방자치단체, 정부투자기관, 정부 또는 금융기관이 납입자본금의 100분의 50 이상을 출자한 법인에 매각하는 경우

- 협약 등 금융기관 공동으로 매각을 진행하는 경우

- 매각절차의 긴급성이 요구되는 경우

- 개별채권의 법적비용을 포함한 대출원금 잔액을 100% 이상 구매희망업체에 매각하는 경우

- 매각대상자산에 대해 경쟁입찰을 진행할 수 없는 사유가 발생한 경우

매각주간사 선정 및 투자자 물색

① 채권매각 규모와 방식 등에 따라 필요 시 법무자문사 및 재무자문사 등(이하 '매각주간사'라 한다)을 선정할 수 있다.

② 매각주간사를 선정한 경우 매각주간사를 통해 매각대상채권의 개요 및 입찰등록 안내가 포함된 제안서를 입찰예상 투자자에게 발송해야 한다.

③ 매각주간사를 선정하지 않고 자체적으로 경쟁입찰을 진행하는 경우에는, 각 호의 어느 하나에 해당하지 않는 5명 이상의 입찰

예상 투자자에게 제안서를 내용증명 형식으로 우편발송하거나 인터넷 또는 일간지 게재 등으로 공고하여 경쟁입찰을 추진한다. 이 경우 입찰서는 입찰자가 직접 제출하거나 우편으로 제출할 수 있다.

부실채권 원인서류 인계 · 인수

① 매각대금 수령과 채권원인서류 인계 · 인수는 동시에 이행함을 원칙으로 한다.

② 채권원인서류(담보권 서류 포함) 원본은 양도인과 양수인이 합의한 장소에서 상호 입회 하에 인계 · 인수하고, 사본은 복사한 후에 별도 보관한다.

③ 채무자별 모든 채권원인서류 일체를 이관하여 매각 시 정확한 원리금 산정 및 채무 잔액 확인에 필요한 대출관계서류가 누락되지 않도록 유의한다. '부실채권매각 관련서류 인계 · 인수목록'을 작성하여 양도인 · 양수인 양측 모두 확인 날인 후 인계 · 인수한다.

④ 제2항의 사본은 채권 양도일로부터 10년간 보존한다.

채권양도 · 양수계약 체결

① 채권양수자와 채권양도 · 양수계약서를 작성하고 각자 기명 날인 후 1부씩 보관한다.

② 근저당담보채권일 경우 근저당권 이전계약서를 별도로 작성하여 양수인의 저당권 이전등기업무에 협조한다.

비용부담 및 대금정산

① 대출채권매각에 수반해 발생하는 제비용의 부담 및 정산방법은 채권양도 · 양수계약서에서 정하는 바에 따른다.

② 채권 양수인이 입찰 시 제시한 입찰가격 배분표상 개별계좌별 입찰금액(매각대금)으로 정산하며, 수의계약 시에도 동일하다.

③ 동일차주에 대한 수건의 대출은 매각대금 총액을 매각계좌별(여신성 가지급금 포함) 원금을 기준으로 안분하여 회계 처리한다.

④ 매각대상을 확정하는 날(매각대금 산정기준일)로부터 채권양도일(채권양도 · 양수계약 체결일 또는 양도처리일) 전일까지 경과이자 및 계약보증금 예치이자 등은 매각계좌별(여신성 가지급금 포함) 매각대금을 기준으로 안분하며, 입금된 금액은 비온라인 거래로 '기타영업외수익'으로 입금 처리한다.

NPL 매입방식의 이해

서류상 안정성이 확보되는 론세일 방식

론세일 방식은 법인명의 유입 시 취득세 중과규정 확인(수도권 과밀억제 권역)을 해야 한다. 5년 이상 법인으로 한정되어 있으므로 재매각 시 법인세를 납부해야 하기 때문이며 대부업 법인 대출 제한규정을 참고해야 한다. 제3자 명의로 유입 시 대부업법 채권 매입 후 제3자 명의 법인으로 유입해야 한다. 이때도 배당투자로 법인세를 납부해야 하므로 중과규정 확인 후 적자법인을 활용하면 절세가 가능하다.

개인투자 유입 시 대부업 법인에 채권 매입의뢰 후 개인이 낙찰 또는 일반법인 낙찰 시 의뢰 대부업 법인의 자본금 한도 검토와 법인세 문제가 발생에 대비하여야 한다. 물론 개인투자자는 양도세 절세 혜택이 있다.

법인 소유의 부동산을 매각할 때 주의사항은 부동산 재매각 시 법인세 납부와 별개로 부동산 매각 차익의 10%를 무조건 소득세로 징수한다. 이때도 적자법인을 통한 법인세(실제 양도세 절세방법) 절약방법을 활용해 보자.

개정 전에는 매입주체가 개인, 법인 대부업체 모두 가능 했지만 개정 후에는 개인은 론세일에 의하여 채권을 매입할 수 없다. 또한 세금혜택은 개정 전에 개인은 이자소득세(양도세) 감면 혜택이 있었고 법인은 법인세를 납부해야 했다.

특약으로는 수협, 농협, 새마을금고, 신협 등은 조합채권에 전환 무담보 추심제한 특약이 있었다. 유동화회사도 론세일 계약에 전환무담보채권 추심금지 특약이 들어갈 예정이며 제3자에게 채권양도 금지 제한특약과 개인에게 재매각 주체 제한이 된다.

대부법인에게 대출제한 규정(질권대출, 경락잔금대출)으로 금융기관별 내부 규정에 의하여 법인에 대한 대출한도 제한을 두고 금융기관의 대부업 법인에 대출총량제 제한 규정으로 NPL 대출한도는 대출자산의 15%까지만 가능하며 금전대부업 한도는 300억 원과 자산대비 5% 중 적은 금액이다.

대부업법 개정 전에는 금융기관 NPL → 법인 AMC → 개인으로 가능했지만 개인은 론세일이 금지되었고 법인에 의한 지분투자(주주) 또는 법인에 2순위 질권설정으로 개별투자만 가능하다.

개인 '업'이 아니면 세금을 면제해주었으나 대부업법 개정으로 법인세 납부 또는 개인에 배당 시 원천징수 후 배당 등 세금을 납부해야 하며 2,000만 원 이상 종합소득세 신고 시 납부하게 된다. 사업소득세(3%), 이자소득세(25%) 대부업자 이자소득세(14%)이며 주식배당세 또는 주식양도세(분류과세)로 납부해야 한다.

론세일 방식은 유동화회사에서 NPL을 거래하는 가장 보편적인 형태이다. 유동화회사 입장에서 보면 근저당권 전체를 매수자에게 이전하는 방식으로 다른 계약방식과는 달리 사후 관리가 필요 없어 간편하다고 볼 수 있다.

NPL 채권 매입자의 입장에서는 배당을 받을 수 있는 장점이 있지만, 부동산 물건에 대한 유입을 통해 소유권 획득이 목적이라면 다른 NPL 거래방식에 비해 초기 자금 부담이 따르고, 유동화회사와 NPL 협상 시 무조건 론세일 방식으로 거래하라는 법은 없기에 다른 방식으로 제안하여 매수자 입장에서 유리하게 계약 조건을 협상해 낼 수도 있다.

채권양수도 계약체결 → 매매대금 지급 → 근저당권 이전 → 채권양도 통지

이는 론세일-채권양수도 계약 절차를 간단하게 설명한 것이다. 론세일-채권양수도 계약은 금융권의 부실채권을 할인하여 채권을 매입하고, 근저당권을 이전 받는 방식이다. Loan(대출)을 Sale(판매)한다는 뜻이다. 저당권 권리를 이전하는 데 채무자의 여신거래약정 계약서상의 채권자지위(대출은행의 지위)를 동일한 조건으로 계약하여 승계 받는 것이다.

채권 매입 후 재매각할 수 있고, 경매에서 배당을 받을 수도 있으며, 유입하여 소유권을 획득할 수도 있다. 즉, NPL 매입을 통해 원 채권자인 대출은행의 여신거래 기본약정 계약서상의 조건을 그대로 승계 받아 할인된 채권차액, 연체이자, 유입의 경우 경매보다 더 유리한 가격 등의 이익을 부실채권 매수자가 취하는 것이다.

론세일 방식으로 거래가 이루어진 경우, 근저당권의 소유주가

변경되어(확정채권 양도에 의한 근저당권 이전) 등기부등본상에 기재되어 있음을 알 수 있을 것이다. 따라서 투자자 입장에서는 우선 서류상으로 투자의 안정성이 확보되어 있다고 볼 수 있다.

론세일을 이해하기 위해서는 론세일의 장ㆍ단점에 대해서 꼭 알아두어야 한다. 먼저, 론세일 방식의 장점에 대해 알아보자.

첫째, 근저당권 이전을 한다.

둘째, 근저당권부 질권설정을 하고 매입금액의 80~90%까지 대출을 받을 수 있다.

셋째, 매입한 채권을 재매각할 수 있다.

넷째, 배당을 받을 수 있다.

다섯째, 채권행사 권리금액만큼 유입을 할 수 있다.

여섯째, 잔존채권에 대하여 부기문을 받을 수 있다.

(잔존채권 추심 가능)

일곱째, 100% 낙찰 가능성이 있으며, 떨어지면 배당을 받는다.

여덟째, 낙찰 받을 경우 상계신청을 할 수 있다.

아홉째, 양도소득세를 절감할 수 있다.

장점이 있다면 당연히 단점도 있을 것이다. 수익이 있는 곳에 손실이 있듯이 말이다. 론세일 방식의 단점들은 다음과 같다.

첫째, 경매최저금액보다 채권매입가격이 높을 경우 반드시 방어 입찰을 해야 한다.

둘째, 방어 입찰 후 잔금 포기 및 납부 여부는 사항에 따라 판단한다.

셋째, 등기부등본에 등재된다(이 경우에는 좋을 수도 있지만, 근저당권 이전 비용, 대출관계로 불리 할 수도 있다).

넷째, 취·등록세 부담을 지고 가야 한다(유입 시).

다섯째, 대출 시 NPL 물건으로 노출되어 불리할 수도 있다.

여섯째, 개인회생, 신용회복채권 등으로 장기간 고율의 이자를 납입할 수도 있다.

일곱째, 권리분석 실패 시 손실이 발생할 수도 있다. 필자의 금융기관에서 병원장에게 병원 외 다른 담보물 요양병원으로 대출해주었고 경매로 매각되었으나 필자의 금융기관은 무배당되었다. 선순위 임금채권이 먼저 배당받아 갔기 때문이다.

여덟째, 대출을 일으키지 못하여 계약금을 날리는 경우도 발생할 수 있다.

아홉째, 매입채권이 오픈상가 등으로 기각이 된다면 추가비용이 발생할 수 있다.

열번째, NPL공장물건 매입 시 폐기물 및 쓰레기 처리비용이 1억 원을 넘는 경우도 발생할 수 있다.

대위변제 투자법, 실익을 계산하여 진행하자

대위변제란 대위변제의 등기 말소를 의미한다. 후순위 임차인이 선순위 근저당의 피담보 채무를 대위변제하는 경우에 대위변제를 한 사실만으로는 순위상승을 기대할 수 없다. 대위변제를 완료한 후 이를 이유로 대위변제한 피담보채무를 소멸시키고서 그 소멸을 원인으로 하여 선순위 근저당등기를 말소한 후 그 말소 사실을 경매 법원에 신고하여야만 그 후순위 채권자(임차인)는 순위 상승의 효력을 얻게 된다.

대위변제의 종류에는 세 가지가 있다.

1) 경매신청 채권의 대위변제

채무자 아닌 자가 경매절차 진행 중 경매신청 채권상의 청구금액과 절차비용을 변제 또는 변제공탁하고 경매의 취소를 구하는 것이다.

2) 선순위 가압류/담보물권의 대위변제를 통한 순위 상승

경매의 배당절차에서 소위 말소기준 권리가 되는 가압류의 피보전 채무/근저당 등 담보물권의 피담보 채무를 경매 목적 부동산의 이해관계에 있는 후순위 권리자가 대위변제하고 그 등기를 말소하여 순위 상승을 기대하기 위해 하는 변제이다.

3) 대위변제를 할 수 있는 시기

경매신청채권 - 대금지급기일에 낙찰자가 잔대금을 납부하기 전까지 가능하다.

선순위 가압류/근저당권 - 매각(낙찰)기일까지 변제 → 경매법원에 변제사실 소명 → 말소된 등기부등본 제출의 절차까지 완료해야 한다.

대위변제 가능성이 있는 물건의 특징

첫째, 임차인이 많은 경우

둘째, 채권을 합한 금액이 적은 경우

셋째, 말소기준 권리(등기) 바로 다음에 주택임차권이나 가등기, 가처분, 환매권 이 있는 경우

넷째, 최저 경매가가 공시지가 보다 낮은 경우

|임차인-대위변제 사례 ||

경매물건 : APT 부동산 시세 70,000,000원

근저당권 : 수협은행 30,000,000원

       세 입 자 30,000,000원

       신한카드 20,000,000원

"대위변제 시 실익을 계산하여 진행하는 것이 바람직하다."

세입자가 선순위 수협은행의 30,000,000원을 대위변제하여 1순위 근저당권자의 권리와 의무를 승계하여 1순위 60,000,000원의 권리자가 되었다(1순위 임차인 금액 60,000,000원).

임의경매가 진행되어 낙찰금액이 60,000,000원 이하인 경우에는 낙찰자에게 대항하여 60,000,000원을 모두 받을 수 있다.

경매물건의 시세와 대위변제를 통한 권리의 상승, 낙찰 시의 금액 등을 감안하여 대위변제를 해도 세입자는 실익이 있을 것으로 판단된다. 경매진행 시 배당 신청하지 않는 것이 유리할 것으로 판단된다.

경매 시 배당 신청하지 않는 것이 유리할 것으로 판단되는 경우

배당 신청 시 낙찰금액에서 세입자에게 배당해주고 남는 금액만 낙찰자가 인수하므로 1순위 전 금액을 보장받을 수 있는 경우 입

찰자 부담을 위해 배당신청하지 않는 경우도 있다.

|임차인–대위변제 사례 2|

대위변제란 채무자가 변제하여야 할 채무액을 채무자가 아닌 자가 대신 변제하는 것을 말한다. 즉, 제3자나 공동 채무를 지고 있는 보증인, 또는 연대보증인이 채무자를 대신하여 빚을 갚는 것을 말하며 변제한 사람은 나중에 채무자에게 그 금액만큼에 대하여 본인에게 갚아 달라고 요구할 수 있는 '구상권'을 갖게 된다.

경매에서 종종 세입자 임차주택이 경매가 진행되고 있을 때 집주인을 대신하여 선순위 근저당권 등을 대위변제하는 경우가 있다. 주로 선순위 근저당금액이 소액이고 후순위인 임차보증금이 고액일 때 생긴다. 즉, 세입자가 소액의 선순위근저당권 금액을 대신 갚아 이로 인해 선순위로 순위상승하게 되면 낙찰자에게 대항할 수 있어 자신의 임차보증금을 안전하게 확보할 수 있을 때 세입자의 대위변제가 이루어진다.

예를 들면 어떤 부동산에 권리관계가 다음과 같다고 가정해보자.

2010.01.20 근저당권	KB국민은행	910 만원
2016.11.08 주택임대차	임차인(이○○)	6,000 만원
2014.12.10 근저당권	수협(서초동)	7,000 만원
2015.04.09 가압류	○○캐피탈	1,550 만원
2016.11.30 임의경매	수협(서초동)	55,155,500원

이 부동산의 말소기준등기(권리)는 2010. 01. 20 1순위 근저당권자인 KB국민은행이다. 후순위 임차인 이○○은 대항력이 없다. 잘

못하면 앉아서 고스란히 임차보증금 6,000만 원을 날리게 될 수 있다. 그런데 임차인 이○○의 입장에서 보면 1순위 근저당권만 없다면 자신이 순위상승으로 1순위권자가 되어 보증금 전액을 건질수 있다는 생각이 들었다. 그래서 임차인 이○○은 선순위 KB국민은행 근저당권 910만 원을 채무자를 대신하여 갚아 주고 최선순위임차인의 지위를 갖는 것이다.

이때 세입자가 국민은행의 근저당권 금액을 대신 갚아주는 것을 대위변제라고 한다. 그리고 세입자가 국민은행에 갚아준 채무액을 나중에 집주인에게 상환요청 청구하는 것을 구상권이라고 한다. 이렇게 되면 대신 갚아준 세입자는 자신의 임차보증금 6,000만원을 건질 수 있다. 만약 세입자가 아무런 조치도 취하지 않았다면 6,000만 원 중 일부는 날리게 되었을 것이다. 만약 NPL로 합법적인 연체이자를 받으려면 근저당권의 채권최고액까지 채워서 연체이자를 경매 종료 후 배당도 가능하다.

이처럼 선순위 근저당금액이 소액일 때 세입자의 대위변제 가능성은 얼마든지 있다. 그렇게 되면 낙찰(매각)이 되었다 하더라도 아무 소용없이 무위로 돌아가게 된다. 그러므로 닭 쫓던 개 지붕 쳐다보는 격이 되지 않도록 경매에 입찰하려는 사람은 이런 물건을 요주의 대상으로 놓고 대위변제 가능성 여부를 면밀하게 검토하여 대위변제의 가능성이 아주 높다고 판단되면 아예 입찰을 하지 않는 것이 좋을 것이다. 또한 낙찰을 받았다고 하더라도 대위변체 여부를 계속적으로 점검해야 한다.

임차인 이○○은 경매 진행 중 KB국민은행 피 담보채권액을 대위변제하였을 때에는 반드시 국민은행의 선순위 근저당권 등기에 대하여 말소절차를 밟아야 한다. 왜냐하면 후순위 임차인이 선순위 근저당권의 피담보 채무를 대위변제하는 경우에 대위변제한 사실만으로는 순위 상승(대항력 취득)을 기대할 수 없기 때문이다.

선순위 근저당권이 말소되지 아니하면 여전히 유효로 존속하게 되고 만약 낙찰로 선순위 근저당이 소멸하면 후순위인 임차권도 당연히 소멸하기 때문이다. 그러므로 대위변제를 한 후 이를 이유로 피담보 채무를 소멸시키고자 그 소멸을 원인으로 하여 선순위 근저당권 등기의 말소를 한 후 그 말소사실을 경매법원에 신고하여야만 비로소 그 후순위 임차인은 순위상승의 효력(대항력 취득)을 얻게 된다.

1순위 근저당권의 채권을 모두 상환하면 세입자가 대항력권자가 된다. 그렇게 되면 낙찰자는 세입자의 보증금을 모두 내 주어야 하므로 막대한 손실을 입게 된다. 만약 최고가 매수인(낙찰자)이 실수로 이 물건을 취득하였을 경우 법원에 이의를 제기하여 KB국민은행 근저당권을 세입자가 경매 중 완납하였으므로 경매를 진행할 수 없어 개시결정에 대한 이의 신청이 가능한 점을 주장하여 경매를 무효화하여 입찰보증금을 찾는 방법 밖에 없으며 본 건을 재경매하도록 해야 한다.

어제까지 죽었던 대항력이 살아있는 대위변제는 낙찰자가 소유권을 취득하는 시점인 대금 납부기일까지이다. 때문에 낙찰자는 대금 납부기일까지 긴장의 고삐를 늦추면 안 된다.

채무자를 대신하여 변제한 사람이 법원에 대해서 대위변제에 관한 아무런 조치를 취하지 않고 있다면, 그것은 경매에서 말하는 대위변제가 아니라 민법상의 대위변제로서 배당에서 그 채권자를 대신하여 배당을 받을 수 있을 뿐 후순위 임차인이 선순위 임차인으로 변하는 것은 아니다.

|사례분석|

경기도에 있는 한 아파트 물건이다. 감정가 6억 8,000만 원이며 주변 낙찰가를 봐도 6억 원 이상에 낙찰되는 물건으로 확인되었다.

1순위 근저당권을 4억 8,900만 원에 대위변제로 매입을 해왔다. 또한 그중 4억 4,000만 원을 질권대출 받아 투자금액을 최소화하고 수익률을 높였다. 개인 투자자금은 4,900만 원이 들어갔다. 10월에 낙찰되었는데 6명이 응찰해서 6억 원에 낙찰이 되었다.

임차인	점유부분	전입/확정/배당	보증금/차임	대항력	배당예상금액	기타
	주거용 전부	전 입 일: 2015.08.25 확 정: 2015.09.09 배당요구일: 2016.01.08	보20,000,000원 월300,000원	없음	소액임차인	
기타사항	ㅁ조사외 소유자 점유 ㅁ목적물에 대하여 현황조사차 방문하였으나 폐문부재로 소유자 및 점유자를 만나지 못하였으며, 이에 '안내문'을 부착하여 두					

• 등기부현황 (채권액합계 : 801,612,000원)

No	접수	권리종류	권리자	채권금액	비고	소멸여부
1(갑3)	2012.06.18	소유권이전(매매)			거래가액:806,700,998	
2(을1)	2012.06.18	근저당	1순위 근저당권 5억7천 만원 4억 8900만원 대위변제 4억4천 만원 대위변제 질권대출 개인 투자금 4900 만원	570,000,000원	말소기준등기	소멸
3(을2)	2012.06.18	근저당		231,612,000원		소멸
4(갑17)	2014.07.21	압류				소멸
5(갑18)	2014.11.28	압류				소멸
6(갑19)	2015.11.02	임의경매		청구금액: 489,634,183원		소멸

　　물건 명세서 등기부 현황을 보면 말소기준등기[22]는 1순위 근저당권이었다. 최우선변제로는 소액임차인의 보증금 및 당해세(200만 원 정도)를 제외하고 나머지는 1순위가 배당을 받는 것으로 확인된다. 채권최고액 5억 7,000만 원은 이자부분을 다 채워서 받았다. 그중 4억 4,000만 원은 질권대출로 빠져나가고 1억 3,000만 원이 남는다. 부대비용이나 질권대출 이자부분을 제외한다 해도 약 1억 원이상 순이익이 발생한 대위변제 사례이다. 이 물건을 진행하는 투자자는 1년에 약 20~30개 정도를 매입하는데 배당이 된 후에는 어마어마한 수익을 남겼다. 또한 많은 물건을 매입해 질권대출을 일으켜 최소의 비용으로 최대의 효과를 보고 있다.아파트 건은 비교적 권리분석도 쉽고 아주 간단해서 수익이 그다지 높은 편은 아

22 말소기준등기란? 매각 시 등기사항전부증명서에 있는 등기의 말소와 인수의 기준이 되는 등기를 말한다. 말소기준등기 이후에 설정된 등기는 종류를 불문하고 소멸된다. 경매를 통해 낙찰을 받으면 말소기준등기 이후에 설정된 등기는 종류를 불문하고 모두 소멸 된다. 말소기준등기보다 임차인의 전입일이 빠르면 매수인이 보증금을 인수해야 하고, 말소기준등기보다 늦으면 보증금이 얼마가 되든 매수인과는 무관하다. 말소기준등기의 종류는 저당권, 근저당권, 압류, 가압류, 담보가등기, 경매개시결정등기 중 설정일자가 가장 앞선 등기가 말소기준등기이며, 전세권은 조건부(전세권이 건물 전부에 설정된 상태에서 배당요구를 하였거나 경매신청을 한 경우) 말소기준등기가 된다.

니지만(가끔 이렇게 높은 수익이 발생하는 경우도 있다) 기본적으로 30% 이상은 수익이 나는 것으로 보면 된다. 특히 아파트 건은 거의 1년 안에 배당까지 끝나기 때문에 빠른 회전도 가능하다는 장점도 있다.

NPL 질권대출은 초창기 저축은행에서 연 7.5~8%였으나 현재 확정채권의 안전한 대출이라는 것이 검증되어 주거용 연 4% 후반 비주거용 5% 후반 대출을 취급하고 있다. 주거용은 90%, 비주거용은 70~90%, 대위변제 대출도 80~90% 선이다.

|대위변제 예정물건 사례|

대위변제는 제3자 또는 공동채무자의 1명이 채무자를 위하여 변제하면 그 변제자는 채무자 또는 다른 공동채무자에 대하여 구상권을 취득하게 되는데, 민법에서는 이 변제자의 구상권을 확실히 하기 위하여 변제자는 변제를 받은 채권자가 가지고 있는 권리를 대위하여 행사할 수 있다고 정하고 있는 바(민법 제480조·제481조), 이를 대위변제 또는 변제에 의한 대위라고 한다. 대위변제가 생기는 요건으로는 제3자 또는 공동채무자의 1명이 채무자를 위하여 변제를 하고, 그 결과로서 채무자 또는 다른 공동채무자에 대하여 구상권을 가지고 있는 것이 가장 기본적이다. 변제를 함에 있어서 정당한 이익을 가지고 있는 자, 예컨대 물상보증인·담보부동산의 제3취득자·보증인·연대채무자 등에 대하여는 위의 요건만으로 대위가 생긴다(민법 제481조). 이것을 법정대위라 한다. 그러나 그 밖의 자는 변제를 하고 동시에 채권자의 승낙을 얻지 않으면 대위의 효과가 생기지 않는데, 이를 임의대위任意代位라 한다(민법 제 480조1항).

1순위는 채권최고액 1억 10,400,000원으로, 원금 88,000,000

원, 질권대출 80,000,000원, 연체이자 3,700,000원, 경매비용 2,300,000원, 근저당권 이전 및 법무 비용 대략 800,000원, 1순위 근저당권 연체이자 연 17%(1년에 14,960천 원, 월 약 124만원), 1순위 근저당권부 질권대출이자 연 7.5%(월 50만 원, 1년 600만 원), 2순위 근저당권에서 발생하는 이자 연 24%(월 80만 원 정도), 1년 후 약 낙찰 예상금액 1억 2,000만 원~1억 2,500만 원이다. 아파트는 낙찰가율이 높기 때문에 1년이 더 지나면 1순위 채권최고액을 다 채워도 더 큰 수익이 가능하다.

|물건보고서 내역 파악|

2015년 12월 15일 대위변제자 김○○ 씨는 경매신청 취하서를 제출하고, 금융기관에 대위변제를 요청했다.

1순위 채권최고액 110,400,000원

원금 88,000,000원, 질권대출 80,000,000원, 연체이자 3,700,000원, 경매비용 2,300,000원, 근저당권 이전 및 법무비용 대략 865,012원이다.

1순위 근저당권 연체이자. 연 17%(1년에 1,4960만 원, 한 달에 약 1,155,068원)

1순위 근저당권부 질권 대출이자 연 7.5%(한 달에 509,589원, 1년에 600만 원)

2순위 근저당권 발생하는 이자 연 24%(월 80만 원 정도)

만약 연 24% 연체이자를 받고 질권대출이자 연 7.5%를 지급할 때 차액 받는 이자를 계산하면 스프레이드가 연 16.5%(연 24~7.5%)이다. 이자는 한 달에 1,547,112원이 이익이다. 만약 경매 취하 후 재경매로 8개월 차액보전을 생각한다면 12,376,898원이다.

만약 연 17%의 연체이자로 환산해 차액이자를 계산하면 연 9.5%(연 17~7.5%)이다. 한 달 이자는 890,761원, 8개월로 환산하면 7,126,093원의 수익이 발생한다.

전북은행 및 JB캐피탈 대위변제 질권대출은 아파트 연 4.8%이다.

그렇다면 연 12.2%(연 17~4.8%)로, 한 달 이자는 1,143,925원, 8개월이면 9,151,403원이다.

1년 후 약 낙찰예상금액은 120,000,000원~125,000,000원이다.

아파트로 낙찰가율이 높기 때문에 1년이 더 지나면 1순위 채권최고액을 다 채워도 더 큰 수익이 가능하다.

①현금 실 투자금 33,565,012원 = 대위 변제금액 110,400,000원 + 근저당권 이전 법무비용 865,012원 + 2,300,000원(경매비용) - 80,000,000원 질권대출(금리 연 4.8%)

②대위변제 연체이자 차액수익 5,986,391원 = 9,151,403원(8개월 기준) - 이전비용 865,012원 - 경매비용 2,300,000원이다.
②/① = 5,986,391원/33,565,012원 = 17.83%(수익률)이다.

|대위변제 등기 근저당권 이전|

근저당권 이전 등기절차 이행은 채무자 소유의 부동산에 대한 후순위 저당권자에게는 자신의 담보권을 보전하기 위하여 채무자의 선순위 저당권자에 대한 채무를 변제할 정당한 이익이 인정되고 있다.

한편 민법 제482조 제1항은 변제할 정당한 이익이 있는 자가 채무자를 위하여 채권을 대위변제한 경우에는 대위변제자는 자기의 권리에 기하여 구상할 수 있는 범위에서 채권자의 채권 및 담보에 관한 권리를 행사할 수 있다고 규정하고 있으므로 갑을 주 채무자로 하고 있으며, 을을 연대보증인으로 한 채무를 담보하기 위하여 갑과 을의 공동소유인 부동산 전부에 관하여 선순위의 저당권이 설정된 후 갑 소유의 지분에 대하여서만 후순위 저당권을 취득한 자가 자신의 담보권을 보전하기 위하여 선순위 저당권자에게 당해 피담보채무를 변제한 경우에는 종전의 채권자인 선순위 저당권자의 채권 및 그 담보는 모두 대위변제를 한 후순위 저당권자에게 이전된다.

따라서 선순위 저당권자는 대위변제자인 후순위 저당권자에게 갑과 을의 공동소유인 부동산 전체에 대하여 대위변제로 인한 저당권이전의 부기등기를 마쳐야 할 의무가 있다(대법원 1990. 12. 26. 선고 90다4686 판결 참조. 대법원 2002. 12. 06. 선고 001다2846 판결[근저당권이전등기절차이행]).

대위변제 후에는 근저당권이전 등기를 마쳐야 한다. 확정채권이전(확정채권)양도라고 등기부에 기재가 되어야 배당받는 데 아무 문제가 없다.

|대위변제 사례|

경기도에 있는 한 아파트 물건으로, 감정가 6억 8,000만 원이며 주변 낙찰가를 봐도 6억 원 이상은 낙찰되는 물건으로 확인되었다. 1순위 근저당권을 4억 8,900만 원에 대위변제로 매입을 해왔다. 또한 그중 4억 4,000만 원을 질권대출을 받아 투자금액을 최소화하고 수익률을 높였다.

여기에는 개인 투자자금 4,900만 원이 소요되었다. 10월에 낙찰되었는데 6명이 응찰해서 6억 원에 낙찰이 되었다.

물건 명세서 등기부 현황에 말소기준등기는 1순위 근저당권이었다. 최우선변제로는 소액임차인 보증금 및 당해세(200만 원 정도)를 제외하고 나머지는 1순위가 배당을 받는 것으로 확인된다. 채권최고액 5억 7,000만 원으로 이자부분을 다 채워서 받았다. 그중 질권대출로 4억 4,000만 원이 빠져나가 1억 3,000만 원이 남는다.

부대비용이나 질권대출의 이자부분을 제외한다 해도 약 1억 원 이상 순이익이 발생한 대위변제 사례이다. 확정채권의 대위변제용

순위번호	등 기 목 적	접 수	등 기 원 인	권 리 자 및 기 타 사 항
9-3	9번근저당권부 질권	2016년9월6일 제30913호	2016년9월6일 설정계약	채권액 금110,400,000원 채무자 ___ 전산시 예산로 93, 101동 202호 (모현동1가, 일산배산코오롱아파트) 채권자 케이비우리캐피탈주식회사 120111-0092784 전라북도 전주시 덕진구 백제대로 566, 14층 (금암동)
10	7번근저당권부 질권 이전소			

___는 안양저축은행의 금리 보다 저렴한 제비 캐피탈㈜의 근저당권 대위변제 질권대출 금리가 낮다는 것을 확인하고 임의경매를 취하 후 저렴한 금리로 갈아 탔다. 만약 후순위 근질권대출을 받고 싶다면 연13%로 대출이 가능하다.

순위번호	등 기 목 적	접 수	등 기 원 인	권 리 자 및 기 타 사 항
13	근저당권설정	2015년7월2일 제22242호	2015년7월2일 설정계약	채권최고액 금24,000,000원 채무자 ___ 전라북도 익산시 고봉로 109, 802동 601호(여양동, 익양주공8단지) 근저당권자 김형주 300228-******* 전라북도 익산시 예산로 93, 101동 202호(모현동1가, 일산배산코오롱아파트)
14				

소유자겸 채무자 ___진은 ___주와 채권 채무 관계로 근저당권을 설정했다. 그 이 유는 무엇일까?

대위변제 근저당권이전등기 **근저당권이전계약서**

* 근저당권이 설정된 부동산의 표시

1. 양도할 근저당권의 표시

아래 당사자간 다음과 같이 근저당권이전계약을 체결합니다.

제1조 양도인은 ___ 제시 위 표시와 같은 근저당권을 ___ 취득하고 있는바 대위변제로 인하여 위 근저당권을 채권과 함께 양수인에게 양도하기로 한 다.

제2조 채무자는 양수인에 대하여 양도전 원 계약에 따른 각 조항을 준수하고 채무를 이행해야 한다.

제3조 양도인은 위 계약에 의하여 담보제공자로부터 경료받은 위 근저당권에 대하여 근저당권을 양수인으로 하는 근저당권이전등기절차를 이행하여야한다.

제4조 이 계약에 관하여 별도의 규정이 없는 한 모두 양도전 원계약의 각 조항이 그대로 적용된다.

위와 같이 근저당권이전계약이 확실히 성립되었음을 증명하기 위하여 이 증서를 작성하고 다음과 같이 각자 기명날인한다.

2016년   월   일

양도인(구채권자)   (인)

양수인(신채권자)   (인)

근저당권이전(확정채권양도)

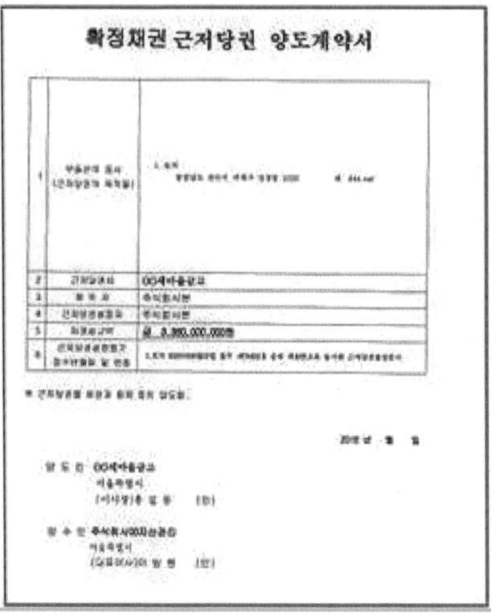

확정채권 근저당권 양도계약서
OO새마을금고
금 3,380,000,000원

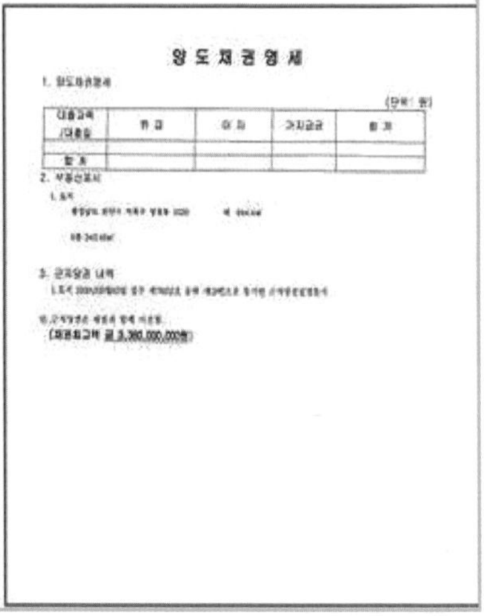

양 도 채 권 명 세
1. 양도채권명세
(단위: 원)
원금
이자
가지급금
합계
2. 부동산표시
3. 근저당권 내역
(채권최고액 금 3,380,000,000원)

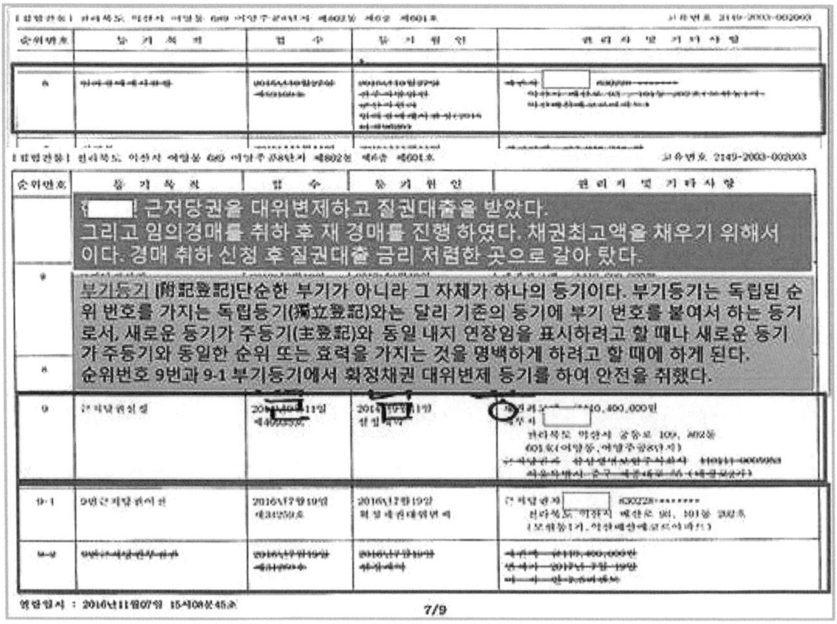

고유번호 2149-2003-002003
순위번호
등 기 목 적
접 수
등 기 원 인
권리자 및 기타사항
[redacted]! 근저당권을 대위변제하고 질권대출을 받았다.
그리고 임의경매를 취하 후 재 경매를 진행 하였다. 채권최고액을 채우기 위해서이다. 경매 취하 신청 후 질권대출 금리 저렴한 곳으로 갈아 탔다.
부기등기 [附記登記]단순한 부기가 아니라 그 자체가 하나의 등기이다. 부기등기는 독립된 순위 번호를 가지는 독립등기(獨立登記)와는 달리 기존의 등기에 부기 번호를 붙여서 하는 등기로서, 새로운 등기가 주등기(主登記)와 동일 내지 연장임을 표시하려고 할 때나 새로운 등기가 주등기와 동일한 순위 또는 효력을 가지는 것을 명백하게 하려고 할 때에 하게 된다.
순위번호 9번과 9-1 부기등기에서 확정채권 대위변제 등기를 하여 안전을 취했다.
9
근저당권설정
9-1
9번근저당권이전
2016년7월19일
확정채권대위변제
7/9

이전등기를 부기등기로 표시해야 나중에 더 안전하게 대위변제의 권리로 채권에 대한 배당을 받을 수 있다.

각 금융기관에서는 대위변제 증서에 직인날인을 해주는데, 대위변제 시 이 증서를 준비하여 작성해서 대위변제 후 근저당권이전 및 채권양도계약서(확정채권 대위변제용)로 등기부등본에 기재하면 안전한 배당이 가능하다. 일부 금융기관에서 대위변제를 인정하지 않고 소송으로 승소 판결을 요구하는 때도 있었기 때문이다.

이 대위변제 건은 필자와 잘 아는 ○○AMC(주)의 사례이다. 지인은 지점장으로 퇴직하고 후배와 NPL 법인을 설립해 부실채권투자를 하고 있다. 7년 넘게 NPL 투자를 하면서 한 건의 손실도 발생하지 않았다.

주거용 NPL 채권만 투자를 하며, 투자를 하고 배당받을 때까지 돈이 없으면 더 이상 욕심을 내지 않는다. "이 건은 어떻게 해서 이렇게 수익을 많이 냈나요?" 필자가 아카데미에서 사례로 소개하기 위해 자세히 물었다.

"네, ○○손해보험 회사에서 전화가 옵니다. 경매 진행 중인데, 대위변제로 가져갈 생각이 없냐고 말입니다. 저희는 나름대로 분석을 하고 충분히 낙찰예상가와 선순위 당해세 등을 파악한 후 실이 있으면 대위변제 합니다. 대위변제 대출도 ○○은행에서 많이 해줍니다." 감사하게도 친절히 답해주어 고맙다는 인사를 하고 전화를 끊었다.

감정가 6억 8,000만 원 ○○생명 ㈜에서 후순위 채권을 대위변제하고 1순위 근저당권 4억 8,900만 원에 대위변제로 매입을 해왔다. 또한 그중 4억 4,000만 원을 질권대출을 받았다. 당해세 200만

근저당권이전 및 채권양도 계약서
(확정채권대위변제용)

이전할 근저당권의 표시	근저당권의 목적물	별지목록 기재와 같음.	
	관할 법원 및 설정등기일	수원지방법원 안산지원 광명등기소 : 호로 등기한 근저당권.	
	채권최고액	금260,400,000원	
	설정계약일	2012년 10월 11일	
	채 무 자		
	근저당권설정자 (제3취득자)		
	근저당권자	주식회사	
양도할 채권	위 근저당권에 의하여 피담보된 확정채권으로서 양도인과 양수인 사이에 별도로 작성한 채권양도계약서에 기재된 채권.		

양도인과 양수인 사이에 위 근저당권 및 그 피담보채권을 양도하기로 하는 내용의 계약을 체결하였는 바, 동 계약의 내용에 따라 근저당권의 이전등기를 위하여 이 계약서를 작성하고 당사자가 다음에 각 기명날인한다.
단, 근저당권은 채권과 함께 이전함.

원을 제외하고 1순위 배당을 받았다. 채권최고액 5억 7,000만 원을 다 채워 받았다. 1억 3,000만 원이다. 기타 부대비용이나 질권대출 이자부분을 제외한다 해도 약 1억 원 이상 순이익이 발생한 대위변제 사례이다.

제3자 또는 공동채무자의 1명이 채무자를 위하여 변제하면 그 변제자는 채무자 또는 다른 공동채무자에 대하여 구상권[23]을 취득하게 되는데, 민법이 이 변제자의 구상권을 확실히 하기 위하여 변제자는 변제를 받은 채권자가 가지고 있는 권리를 대위하여 행사

---

23 다른 사람의 채무債務를 갚아준 사람이 그 사람에 대하여 갖는 반환청구의 권리이다.

할 수 있다고 정하고 있는 바(민법 제480조·제481조), 이를 대위변제 또는 변제에 의한 대위라고 한다.

대위변제가 생기는 요건으로는 제3자 또는 공동채무자 중 1명 이 채무자를 위하여 변제를 하고, 그 결과로서 채무자 또는 다른 공동채무자에 대하여 구상권을 가지고 있는 것이 가장 기본적이다.

변제를 함에 있어서 정당한 이익을 가지고 있는 자, 예컨대 물상 보증인·담보부동산의 제3취득자·보증인·연대채무자 등에 대 하여는 위의 요건만으로 대위가 생긴다(민법 제481조). 이것을 법정 대위라 한다. 그러나 그 밖의 자는 변제하고 동시에 채권자 승낙을 얻지 않으면 대위 효과가 생기지 않는데, 이를 임의대위任意代位라 한다(민법 제 480조1항). 그리고 변제자가 일부의 변제를 하면 일부의 대위가 생긴다.

예를 들면 갑甲의 을乙에 대한 10만 원의 채권을 병丙이 5만 원만 변제하였다면 갑甲은 잔액 5만 원의 채권을 가지고, 병丙은 5만 원 만의 대위를 하고, 병丙은 채권자(갑)와 함께 그 권리를 행사하게 된 다(민법 제483조1항). 또 이 경우에 민법은 채권 발생의 원인인 갑甲· 을乙간의 계약을 해지 또는 해제하는 권리는 갑甲만이 가진다고 규 정하고, 만약 갑甲이 해지 또는 해제한 때에는 갑甲은 병丙에 대하여 이미 수령한 5만 원과 이자상환해야 한다고 규정하고 있다(민법 제 483조2항).

대위의 이익을 받는 자가 여러 명 있는 때에는 상호간에 문제가 생긴다. 예를 들면 갑甲의 을乙에 대한 채권에 대해 병丙이 보증인이 되고 정丁이 물상보증인이 된 경우, 병丙이 변제하면 정丁의 부동산 의 저당권을 행사하여 손실을 면하고, 정丁이 변제하면 병丙의 재산에 대해 집행하여 손해를 면할 수 있다고 한다면 빨리 변제한 자가 이익을 얻는 불공평한 결과를 초래한다. 그래서 민법은 각자의 구상권에 관하여 보호할 필요에 따라 대위의 순위와 비율을 정하고 있다(민법 제482조2항).

대위변제의 투자방식을 이해해야 할 필요가 있다. 대위변제의 개념은 채권자가 가지고 있는 채권에 대한 권리로 채권 담보권으로 변제 후 변제자에 이전되는 것이다.

대위변제는 변제할 정당한 이익이 없는 자가 채권자의 승낙으로 대위 할 수 있는 임의대위와 변제할 정당한 이익이 있는 자(연대채무자, 보증인, 물상담보제공자, 제3취득자 후순위담보권자 등), 법정대위로 구분된다.

등기부등본에 '확정채권 대위변제'라 표시하여 혹시 못 받을 채권에 대비하여야 한다. 대위변제 후 채권양수도계약서를 받아야 한다. 금융기관에서 대위변제 증서만 주는 것이 원칙이고 은행직원들도 잘 몰라서 채권양도계약서에 직인 날인하여 주지 않으므로 계약서를 만들어서 직인날인을 받아야 한다.

대위변제는 구조상 채권 양도가 아니므로 개인도 투자가 가능하다. 법정대위를 위하여 제2순위 채권을 매입하는 것은 채권양도이다. 금융위에서도 대위변제 주체도 대부업 법인으로 제한 예정이다(특히 임의대위). 그동안 금융위 공청회에서도 대위변제에 대한 질문을 많이 하면서 금융위에서도 대위변제에 관심을 가지고 규정할 수 도 있으니 조심해야 한다.

대위변제로 여신거래약정서 연 18%, 재계약 시 11% 연체이자 조항이 있다. 각 금융기관마다 연체이자는 기간별로 구간 연체이자가 다르다. 현재는 연 18%로 채권계산서를 작성하여 배당신청하고 있다. 대위변제를 제대로 알고 있는 똑똑한 제2순위 채권자가 배당이의를 신청하면 11%만 받을 수 있다.

과거 저축은행은 현재 채권최고액을 120~130%까지 설정하였으나 현행은 120%로 변경 예정이다. 설정금액이 과다할 경우 금융기관에서 비용을 내야 하기 때문이다. 또한 연체이자도 연 21%에서 연 18~19%(신한저축은행)로 변경된다. 그러나 이전 대출에 대하여는 설정금액과 연체이자를 여신거래기본약정에 의하므로 대위변제 시 130% 설정 채권최고액 채권과 연 21% 채권을 매입하거나 대위변제하면 더 많은 수익을 낼 수 있을 것이다.

대위변제의 주체는 채무자의 동의를 얻는 임의변제로 질권대출 확인 후 매입을 해야 한다. 간혹 질권대출이 이루어지지 않을 때 여유자금 확보가 되지 않아 낭패를 보는 경우도 있다. 실무적으로 개인이나 법인은 임의변제는 쉽지 않은 상황이다.

법정대위는 후순위 채권을 이용하는 방법으로 개인과 법인 모두 가능하다. 이때 개인 대위변제자는 자금 여력이 없을 경우 반드시 질권대출이 가능한지 확인해야 한다. 법정 대위변제의 취지는 후순위 채권자의 권리보호이다.

구 분	임의대위변제		법정대위변제	
	대위변제	질권대출	대위변제	질권대출
개인투자자	△	△	○	○
법인투자자	△	○	○	○

대위변제를 목적으로 제2순위 대출을 업으로 하는 자의 권리를

보호할 필요가 있는지를 구체적으로 검토하면 더 좋을 듯하다.

그렇다면 요즘 핫한 대위변제 투자법 실전에서 어떻게 채무자를 설득하여 성공을 하였을까?

대위변제 동의서를 받는 일은 우선 자신을 이겨야 가능한 일이다. 그리고 채무자를 설득하는 싸움이고, 채권은행을 설득하는 싸움이다. 임의변제 또는 법정대위에서 채권자의 동의는 당연지사이다. 신한은행은 대위변제를 인정하지 않는다. 그래서 소송을 하여 승소를 해야 하기도 한다.

채무자로부터 대위변제 동의서를 받기 위해 설득하는 방법은 다양하다. 채무자가 경제적으로 힘든 상황이므로 이 문제를 조금이나마 해결해주는 것이 정답일 수 있다. 그러나 그 정답을 찾는 것은 쉽지 않다. 다양한 채무자들의 각자의 성격과 개별 상환이 다르므로 부딪히면서 설득하여 원하는 동의서를 받아 내야 한다. 300만 원 이상 비용을 들여 근저당권을 설정하여 법정대위를 만들어 내거나 돈을 빌려 준 것처럼 차용증을 만들어(관련 증빙 서류 자동이체 및 영수증 필수) 가압류로 대위변제하여 법정대위로 만들고 '확정채권의 대위변제' 등기부에 확정해야 안전하다.

채무자에게 생활비(사례비) 등 경제적 보상을 해주고 대위변제 동의서를 받는 방법도 있다. AMC는 보통 대위변제 금액 1~3% 정도를 채무자에게 금융비용 컨설팅비로 지급하고 대위변제 동의서를 받는다. 대위변제 동의서를 받기 위한 가장 단순하고 빈번하게 이루어지는 방법이다. 대부분의 채무자는 집이 경매를 당할 정도로 경제적으로 최악의 상태이기 때문이다.

대위변제 금액이 1억 원이면 1~3%는 100~300만 원이다. 돈을 준다고 해서 채무자가 처음부터 바로 설득되지는 않는다.

신용정보회사에서 주로 쓰는 방법은 채무자는 채권 금융기관으로부터 우편이나 전화로 직접 방문으로 대위변제를 유도하기도 한다. 그러나 직접 만나서 상황을 파악한 후 접근하는 방법이 제일 큰 효과가 있다. 설득하여 동의서 교부와 함께 사례비를 받으면 대부분의 채무자들은 고맙게 생각한다.

이와 같이 대위변제 투자법은 부동산 경매에서 유일하게 채무자에게 여러 가지 도움을 주는 상생의 재테크 방법이다. 위와 같이 대위변제 투자는 채무자에게 경제적 도움을 주는 투자법임을 설득하여야 한다. 설득이 되면 채무자는 감동을 받는다.

채무자로부터 대위변제 동의서를 받아 이를 1순위 근저당권 보유은행에 대위변제 신청서를 접수시킨다. 은행이 대위변제를 승낙하면 대위변제자에게 채권을 이전해주고 근저당권 이전등기를 해준다. 이후 발생되어 배당기일까지 누적되는 대출의 연체이자(12~19%)를 얻는 투자법으로 저금리시대 연체이자에 대한 투자라고 생각하여 각자 자신의 비법을 만들어 보길 기원한다.

하지만 대위변제 후 가끔 채무자의 신용회복신청이나 개인회생신청을 하는 경우가 있다. 이런 때는 확정판결이 날 때까지 경매진행과 소송이 정지되므로 이런 채무자를 잘 선별하는 능력을 갖추어야 한다. 또한 대위변제는 최우선순위 근저당 금액이 적으며 후순위에 따라오는 임차인의 보증금이 선순위 근저당에 비하여 금액이 월등히 높을 경우, 후순위 임차인은 자신의 권리를 보호하기 위해 대위변제할 가능성이 높다.

대위변제 대처법

대위변제의 함정에 대해서도 알아두어야 한다. 경매 중지명령 제도와 포괄적 금지명령 및 보전처분 제도는 회생절차 개시결정 전에 신청하는 제도이고, 회생절차 개시결정 이후에는 개시결정의 효력에 따라 강제경매 및 임의경매 절차가 중지되고 새로운 임의경매 신청 등이 금지된다. 개인회생 사건은 변제계획 인가 후에 중지된 임의경매 절차가 다시 속행된다. 그러나 일반회생(개인, 법인)은 담보권자의 회생계획안에 대한 동의로 회생계획안의 인가가 이루어지기 때문에 인가 후에는 원칙적으로 강제집행 등 임의경매 절차가 실효된다. 그리고 일반 회생계획안이 정상적으로 이행될 경우 원칙적으로 NPL 채권자는 10년 동안 임의경매 신청 등을 하지 못하게 된다.

대위변제 시점	낙찰자의 대처법
매각 허가결정 이전	매각에 대한 이의 신청 매각 불허가 신청
매각 허가 결정 이후 매각허가결정 확정 이전	즉시항고
대금납부 전	매각허가결정에 대한 취소 신청
대금 납부 후 배당기일 이전	배당절차 정지 신청 부당이득 반환 청구의 소

리스크가 적은 채무인수방식

개정 대부업법과 채무인수방식을 살펴보자.
매입주체는 개인, 법인 대부업체 모두 가능하다. 매각주체는 유동화전문회만 사용한다. 기타 금융기관은 론세일 방식만 사용하고 있으며 추후 채무인수방식 사용 여부는 아직 미지수다. 채무인수매각주조 법률 규정은 채권매각구조+채무감면구조의 절충형태로 채권 매각방식으로 응용된다.

즉, 채권매각 구조가 아니므로 개인투자도 가능하다는 이야기이다. 부동산 매입 후 채권자가 채무 감면해주는 구조이다. 민법상 사적 자치의 원리가 적용되어 채무인수방식은 민사집행법 제 143조 1항에 근거한다.

채무인수방식의 세금혜택은 개인은 이자소득세(양도소득세) 혜택이 있으며 법인은 법인세를 납부해야 한다. 법인은 유입한 부동산을 재매각 시 흑자 법인인 경우 채무 감면이익에 대한 법인세 납부 후 채무감면이익 부동산 보유 시에는 세금이 없고 매각시점에 세금이 부관된다.

채무인수의 장점은 첫째, 근저당권을 매수한 사람이 낙찰 받을 확률이 매우 높다는 것, 둘째, 수익률이 다른 NPL 물건에 비해 적을 수 있지만 연 수익률로 따지면 20%가 넘는다는 것, 셋째, 리스크가 적고 환금성과 안정성이라는 점에서 투자에 장점이 있다는 것이다.

채무인수의 단점은 첫째, 채무인수 조건 물건은 개인이 직접금융기관으로부터 구입하기 곤란하다는 단점이 있다. 둘째, 컨설팅회사나 전문가를 통해야 가능하다. 자산유동화 회사 입장에서는 대하기 편한 전문가그룹과 거래하는 것이 편하기 때문이다. 일반인들은 채무인수방식을 이해하고 있는 상태에서 컨설팅회사 등을 통한 우량물건 구입에 관심을 기울이는 것이 현명하다.

채무인수 조건은 수수료와 세금 등을 제외하면 6개월에 12%에서 40%의 수익을 올릴 수 있는 것이 일반적이다. 대부분 채무인수를 잘 권하지 않지만 초보자들에게는 금융기관과 유동화 전문회사에 접근하여 '채무인수 조건'의 NPL 투자에 관심을 가져볼 만하다.

금융기관이 NPL 구조를 어느 정도는 알고 있지만 모두 완벽하게 이해하고 있지는 않다. 취급 지점에서만 이해하기 때문이다. 채무인수방식은 경락잔금대출로 납부를 채권자인 유동화회사 채무를 승계하는 형태이다. 채무를 대환하기 위하여 채권자 이외의 제3자(금융기관)에게서 대출을 받는 구조이다.

대환대출금은 채권자인 유동화회사에 지급하고 근저당권자를 변경한다. 금융기관은 유동화회사에 대출금을 지급하므로 NPL 물건인지 알 수 없다. 대출신청이 들어오면 심사과정에서 채권 계약서를 제출, 요구하여야 한다. 과거에 채권매입금액보다 더 많은 대출을 해주게 되므로 자칫 잘못된 생각을 하는 채무인수 채권자로부터 낭패를 보는 경우가 많았다. 그러므로 이제는 금융기관에서 채무인수방식에 의한 대출을 해주지 않을 수도 있으므로 대출금액에 대한 여유자금을 마련하여야 한다.

경락잔금 대출액 낙찰가의 80%가 아니라 채권계약가의 80%를 해주고 있으므로 자금 부족분을 미리 확보해야 한다. 채무인수계약은 NPL의 여러 거래 형태 중에서 대상 물건을 유입하여 소유권을 취득하고자 하는 경우 매수자의 초기 자금 부담이 가장 가벼운 NPL 거래 형태이다.

채무인수계약, 즉 채무자 교체방식은 상환능력이 부족한 채무자를 능력이 있는 채무자로 교체시켜 채권을 회수하는 방식이다. 유동화 회사와 계약을 체결하면서 채권매입약정금액의 10% 정도의 계약금을 지불하고 직접 입찰에 참여하여 낙찰을 받는 방식이다. 계약 체결 시 입찰참가금액을 정하고 낙찰을 받는다(단, 계약 체결 시 채권자로부터 매수인 명의로 상계신청 동의서를 받는다).

낙찰 후 해당 경매계에 '상계신청동의서'를 제출한다. 대금지급 기한(잔금)과 동일한 날 배당을 받는다. 낙찰자는 촉탁 등기로 명의 변경을 하고, 채권자는 배당을 받는다. 낙찰자 명의로 등기가 된 후에도 저당권은 소멸되지 않는다.

배당 후에는 유동화 회사와 매수자 간에 약정한 계약서의 내용대로 정산을 한다. 채권자로부터 근저당권 말소 서류와 위임장을 받는다. 만약, 교체 채무자가 채무변제하지 아니하면 채권자인 유동화 회사는 다시 경매 신청을 하여 회수한다. 결국 낙찰자 입장에서는 채무자가 되는 것이다. 하지만 소유권 이전일로부터 통상 15일 전 후로 인수한 채무를 상환하는 조건이므로 일시적인 유예를 받는 것뿐이다.

|사례분석 1|

부천에 살고 있는 사업가 나채무 씨는 4억 2,000만 원 아파트 채권을 3억 8,000만 원에 A은행으로부터 매입했다. 약 6~8개월 정도면 배당이 되는데 아파트의 급매 시세가 4억 7,000만 원이므로 전액 배당이 확실하기 때문이다.

이렇게 되면 6개월 만에 5,000만 원의 수익을 올릴 수 있는데, 90% 융자를 받아 매입자금을 충당하면 자기 투자금은 3,800만 원이므로 수익률 5,000만 원/3,800만 원×100=131.5%이다.

대출을 받지 않는다면 5,000만 원/3억 8,000만 원의 수익률 13.1%이다.

채무인수 조건으로 매각한 이 부실채권은 근저당권 매입자가 원금과 정상이자 가지급금 수준에 입찰하여 낙찰 받는 조건이 붙는다. 만약 조건이 없을 경우, 누군가가 채권최고액 이내로 낙찰을 받게 되면 3억 8,000만 원에 팔 수 있는 물건을 3억 4,000만 원에 판 꼴이 되어서 손실을 입힌 결과가 되기 때문이다.

채무인수계약의 절차

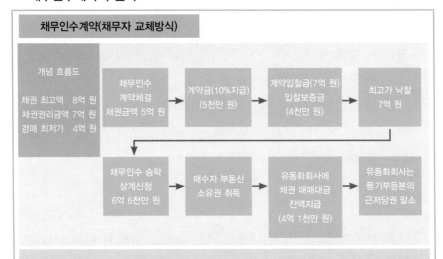

이 사례는 필자의 후배가 근무하는 AMC 회사가 인수한 부실채권 채무인수 조건 사례이다.

시세 20억 원 이상의 주유소로, 채무인수 금액 13억 5,000만 원 (1차 14억/2차 13억 8,000만 원/13억 6,000만 원/여러 번의 협의 끝에 가격협상)으로 채권 청구 금액이 22억 원인입찰가를 19억 원에 낙찰 받으려고 하였다.

조건에 맞춰 16억 2,000만 원에 입찰, 2등 입찰가는 15억 2,000만 원이다. 채무인수가 아니었다면 낙찰이 불가한 물건이다. 배당투자였다면 1억 7,000만 원의 배당 수익이다. 유치권 처리 후 재임대-보증금 1억 원/월세 1,000만 원, 담보대출과 임대보증금으로 투자원금 전액회수 및 잉여자금 재투자했다.

임차내역 보증금 8,000만 원/월세 800만 원 1년 임차금액 96,000,000원이다. 채무인수조건이 붙은 채권채고액 범위 내 입찰에 응할 수밖에 없다.

채권양도양수도 계약서를 쓴 금융기관 관계자가 입찰 시 입찰보증금을 가져오기 때문이다. 차 순위 입찰자 금액이 입찰금액보다 높다면 그 금액만큼 매수자는 금융기관에 지불한다. 금융기관 입장에서는 좀 더 비싼 금액으로 근저당권을 팔 수 있었던 기회를 이 채무인수 조건으로 2,000만 원까지 회수할 수 있는 것이다.

부동산 매매 계약서

매매목적물의 표시

매도인과 매수인 쌍방은 상기 목적물에 관하여 아래와 같이 매매계약을 체결한다.

- 아 래 -

제1조 (매매대금의 지급) 매수인은 상기 목적물의 매매대금을 아래와 같이 지불하기로 한다.

매매대금	일금 원정(₩)
계 약 금	일금 원정(₩)은 계약시 매도인에게 지불하고
중 도 금	일금 원정(₩)은 2016년 월 일까지 매도인에게 지불하고
잔 금	일금 원정(₩)은 2016년 월 일까지 지불하기로 한다. (만일 매매목적물이 그 이전,혹은 이후라도 매도인으로 등기부등본상 소유권이전 완료될 경우,그 소유권 이전된 날로부터 일주일 이내에 완납하기로 한다)

(*단, 매수자가 상기 잔금을 선납하더라도 선납에 따른 대금의 감액은 없음)

제2조 (지연손해금) 매수인이 제1조의 매매대금을 각 약정기일에 지급하지 아니할 때에는 그 약정기일의 다음날부터 실제로 지급하는 날까지 그 지연대금에 대하여 연 19%의 연체이자율을 적용하여 지연손해금을 가산하여 지급하기로 하되 총 지연일수는 30일을 초과할 수 없다. 이 경우 매수인은 제1조의 매매대금 지급기일의 최소 3영업일 이전에 매도대금의 전부 또는 일부의 지급연기 의사를 서면으로 표시하여야 한다.

제3조 (계약의 이행) 매도인은 매수인으로부터 매매대금의 잔금을 수령함과 동시에 매수인 또는 매수인이 지정하는 자에게 소유권이전등기 서류 일체를 교부한다.

제4조 (소유권이전비용) 계약의 체결 및 이행으로 인하여 매도인 또는 매수인에게 발생한 비용은 각자 부담한다.

제5조 (점유의 이전) 매도인은 잔금수령 후 매매목적물의 점유를 이 계약체결일 당시의 현상 그대로 매수인에게 이전한다.

제6조 (담보책임의 면제) 매수인은 매매목적물의 권리와 현상태 및 사용에 관한 제반사항에 관하여 상세히 조사검토 한 후 이 계약을 체결하는 것이며, 매도인은 매매부동산의 현황의 공부와 현황의 차이 등에 대하여 책임을 부담하지 않는다.

제7조 (위험부담의 이전) 이 계약체결일을 기준으로 (가)상기목적물과 관련하여 발생하였거나 발생할 수 있는 모든 공법상의 부담(공용징수, 도시계획, 건축제한, 도로 편입 등), (나)환경관련 부담 및 (다)상기목적물의 멸실,훼손,변형,변질 등을 포함한 상기목적물에 관한 위험부담은 그 이행여부를 불문하고 이 계약 체결일에 매도인으로부터 매수인에게 완전히 이전된다.

제8조 (각종부담금 등) ① 매매목적물에 관하여 발생하는 제세공과금 등의 부담은 위 부동산의 인도일을 기준으로 하되 그 전일까지의 것은 매도인에게, 그 이후의 것은 매수인에게 각 귀속한다. ② 매매목적물에 대하여 잔금지급기일 이전에 과세기준일이 지정되어 부과되는 지방세및 국세는 매도인이 부담한다.

제9조 (계약의 해제) ① 매도인 또는 매수인이 본 계약상의 의무를 단 하나라도 위반하는 경우에는 일방당사자는 계약을 위반한 상대방에 대하여 통지함으로써 본 계약을 해제할수 있다. ② 매도인의 위약으로 이계약이 해제될 경우에는 기 수령한 계약금 등은 매수인에게 반환하여야 한다. ③ 매수인의 위약으로 이 계약이 해제될 경우 매수인이 매도인에게 기 지급한 계약금 등은 위약금 및 손해배상금으로 매도인에게 기지급한 계약금 등의 위약금 및 손해배상금으로 매도인에게 귀속된다.

제10조 (권리양도의 금지) 매도인과 매수인은 이 계약상의 어떠한 권리 또는 의무도 상대방의 서면동의 없이는 직접 또는 간접으로 제3자에게 양도할 수 없다. 상대방의 서면동의 없이 이루어진 권리 또는 의무의 양도는 무효이며 일체의 효력이 없는 것으로 간주한다.

제11조 (특약사항) 당사자들은 이 계약에서 달리 정하지 아니한 사항들을 당사자들의 별도 합의에 따라 정할 수 있으며,이러한 특약사항은 이 계약의 일부를 구성한다.

제12조 (분쟁관할) 본 계약과 관련하여 분쟁이 발생하는 경우 서울중앙지방법원을 관할법원으로 한다.

> ※ 특약사항
> 1. 매도인은 위 매매목적물의 근저당권자 겸 경매신청채권자로서, 매매목적물에 대한 ○○ 지방법원 ○○지원 ○○○○○타경 부동산임의경매사건의 20 년 월 일 매각기일에 입찰 참가하여 낙찰을 받은 후 매매목적물을 매도인 명의로 소유권 이전등기를 완료한다.
> 2. 매도인은 ○○지방법원 ○○지원 ○○○○○○타경 ○○○○○○ 부동산임의경매사건의 20 년 월 일, 20 년 월 일, 입찰기일에 금 ○○○○○○ 원으로 한다.
> 3. 계약의 해제와 관련한 특약으로서 매매대금의 지급과 관련하여 잔금일로부터 30일까지의 기간 내에 본 제2조의 지연손해금을 가산한 잔금을 전액 납부하지 아니하는 경우 잔금지급일로부터 30일이 도과하는 날 해제의 통고 없이 본 계약은 당연히 해제된다.
> 4. 본 매매계약은 목적물의 현상태 그대로 매도하는 것으로서 명도는 매수인 책임이다.

20 년 월 일

	주 소		
매도인	회사명	대표자	(인)
매수인	주 소		
	회사명	대표자	(인)
매수인	주 소		
	회사명	대표자	(인)
중개인	주 소		
	회사명	대표자	(인)

<table>
<tr><th colspan="3" align="center">채무인수에 관한 승낙서</th></tr>
</table>

채무인수에 관한 승낙서

사　건　　: 20　타경　　호 (부동산 임의경매)
매 수 인　:
채 권 자　:
채 무 자　:

위 부동산 임의경매사건에 있어서 경매의 목적물을 매수인이 매각허가를 받고,
매수인이 그 매각대금으로 납부할 금○○○원의 한도 내에서 다음과 같이 채무
를 인수하여 매각대금 일부의 지급에 갈음할 것을 승낙합니다.

- 다　음 -

1.채권의 표시(단위 : 원)

대출과목	대출일자	대출원금잔액
합계		

2.채무인수 조건

가. 위 사건 경매목적물의 제1번 근저당권자에 대하여 채무자가 부담하는 동일
한 조건으로 채무인수 한다.
나. 위 사건의 배당절차에서 입찰보증금 등의 자원으로 채권자 ★유동화 전문
회사에 현금으로 지급되는 배당금 및 경매집행비용 등 일체의 금원은 채권자가
수령하여 위 채권의 변제에 충당한다.

　　　　　　　　　　　　　　　　　년　월　일

　　　　　　　　　　채권자(1번 근저당권자) ★유동화전문회사
　　　　　　　　　　　　　　　　　대표자　　　　　(인)
　　　　　　　　　　　　　　　　　매수인 ○○○ 귀하

〈첨부서류 : 법인인감증명서, 법인등기부 등본 각 1부〉

　　　　　　　　　　　○○ 지방법원 귀중

채무인수 신고서

사　건　　: 20　타경　(부동산임의경매)
채 권 자　:
채 무 자　:
소 유 자　:

매수인. 다음과 같이 관계채권자(근저당권자)의 승낙을 얻었으므로 동 채권자
에 대한 채무자의 채무를 금　　원 한도내에서 매각대금의 지급에 갈음하여 인
수하고(근저당권자의 근저당권배당액은 존속시키고), 그 배당액 상당의 매각대
금의 지급의무를 면제받기 위하여 민사집행법 제143조 1항의 규정에 따라 신고
합니다. 만일, 매수인이 인수한 채무에 대하여 이의가 제기된 때에는 매수인은
배당기일에 이에 해당하는 금액을 내겠습니다.

- 다　음 -

■ 근저당권자　　회사

첨부서류 1. 채무인수에 관한 승낙서 1부
　　　　　2. 관계채권자의 인감증명서 1부

　　　　　　　　　　　　　　　년　월　일

　　　　　　　　　　신 고 인(매수인) 주식회사 ♠
　　　　　　　　　　　　　　　대표이사
　　　　　　　　　　　　　　　전화번호

　　　　　　　　　　○○ 지방법원 귀중

완전 차액보전계약 VS 조건부 차액보전계약

완전 차액보전계약		조건부 차액보전 계약	
1) 430,000,000원에 채권 매매계약함. 2) 완전 차액보전 단서 있다.		1) 430,000,000원에 채권매매 계약함 2) 30,000,000원 조건부 차액보전 단서 있다.	
차순위 입찰가격	채권양수인이 유동화회사에 추가 지급 보전금액	차순위자 입찰가격	채권 양수인이 유동화 회상 추가 지급 보전금액
443,000,000	13,000,000	443,000,000	13,000,000
450,000,000	20,000,000	450,000,000	20,000,000
475,000,000	45,000,000	475,000,000	30,000,000
490,000,000	60,000,000	500,000,000	30,000,000

채권매각 3방식의 비교

구 분	채권 양도 형 태	채권대금 지 급 액	질권대출 지 급 액	등기부 변경	법원채권자 변 경 신 고	채권양도 통 지	잔금납부와 상계신청
론 세 일	채권자 지위변경	100%	○	○	○	○	○
채무인수	채무자 지위변경	100%	×	△	×	×	○
사후정산 방 식	채권자 지위변경	100%	×	×	×	△	×

유동화 회사와 채권 가격 정산

구 분		선순위 채권 양수인 부담	선순위 채권 양도인 부담
양수인 총 지급액 (취득세/부대비용 제외)	현금지급	116,200,000	116,200,000
	현금배당	–	–
		560,000,000	560,000,000
실제 채권 매입가격	채권매입가격	650,000,000	650,000,000
	선순위채권	30,000,000	0
	차액보전	10,000,000	10,000,000
유동화회사에 정산액 (1-2)		−13,800,000	+16,200,000
		부족 시 양수인 현금준비	초과지급 시 양수인에 반환
		실제매입가격 690,000,000	실제매입가격 660,000,000

개인 투자가 가능한 입찰참가방식

입찰참가방식은 단순 경매입찰 참가를 약속하는 계약이므로 채권
양도계약이 아니다. 그러므로 개인이 투자가 가능하다. 입찰일에
경매입찰 금액을 얼마 이상으로 입찰하기로 하는 약정이다. 계약
의 주체는 개인, 일반법인, 대부업법인 누구라도 가능하다. 입찰참
가방식의 절차를 알아보자.

입찰이행 계약서

갑: 유 OO 제 OO차 유동화 전문 유한회사(주)
을: 홍 길 동
법원 매각 대상 물건의 표시 : OO지방법원 OO 타경 OOOOO 부동산 임의경매

부동산 목록은 별지 참조
갑과 을은 쌍방은 법원 매각 대상 물건과 관련하여 아래와 같이 입찰이행 계약을 체결한
다.
-- 아   래 --
제1조 (이행보증금의 지급)
① 을은 갑에게 입찰 이행 보증금을 아래와 같이 지급하기로 한다.

이행보증금	일금 일억사천사백사십만팔천이백원정 (₩144,408,200)	지급기일	2017.01.31

제2조(계약의 이행 방법 등)
① 을은 상기 법원매각 대상 물건을 낙찰 받아 소유권을 취득하기 위하여 2017년 OO월
OO일의 입찰기일(입찰 최저가 일금 일억사천사백사십만팔천이백원정(₩144,408,200)
이상으로 입찰한다.
② 을이 동조 ①항의 입찰기일에 금 일십칠억이천만원(₩1,720,000,000원)이상으로 입
찰하지 아니하여 낙찰자가 되지 못할 경우 을이 갑에게 지급한 이행보증금은 위약금으로
갑에게 귀속한다.
③ 갑과 을은 동조 ①항의 입찰 기일에 상기 이행보증금을 을이 상기 매각물건의 입찰보
증금을 사용하기로 한다.
④ 갑은 ①항의 입찰 기일에 금 일십칠억이천만원(₩1,720,000,000원)이상의 제3의 낙찰
자가 있을 경우에는 이행보증금을 ①항의 입찰기일 일주일 이내에 을에게 반환한다.
제3조(하자담보책임의 면제) 을은 위 법원매각 대상물건을 낙찰 받음에 있어 그 법원 매
각대상물건의 현상대로 낙찰 받는다는 점과 같이 위 법원 매각물건에 대하여 어떠한 진
술 미 보장을 하지 아니한다는 점을 인정하고 갑이 명도책임을 지지 않는다는 점을 인정
한다.
제4조 (분쟁관할) 이 계약체결에 관련된 분쟁이 발생할 경우 관한 법원은 서울 중앙지방
법원으로 한다.
(특약사항) 갑은 본 경매사건의 매각기일에 을이 최고가 매수인이 될 수 있도록 최선의
노력을 한다.

(갑)	회 사 명	유 OO 제 OO차 유동화 전문 유한회사(주)	법인번호	110000-010000
	대표이사	OOO	전화번호	
	주 소	서울특별시 중구 OOO동 OO-O OO 빌딩 O 층		
(을)	회 사 명		법인번호	
	대표이사	OOO	전화번호	
	주 소	서울특별시 중구 OOO동 OO-O OO 빌딩 O 층		

가장 먼저, 경매입찰 기일 입찰 보증금을 유동화 회사에 위탁해 놓는다. 입찰기일에 유동화회사는 직원과 함께 경매 법원에 가서 위탁 보증금을 가지고 입찰에 약정금액 이상으로 입찰에 참여하면 된다. 입찰가격은 약정금액 이상에서 매수인이 결정한다. 마지막으로 입찰만 하면 유동화회사와는 모든 관계가 종료된다.

입찰참가방식의 세금혜택에 대해 알아두어야 할 것은 약정금액 이상을 적어도 반환되지 않는다(사후정산부와 다르다)는 것이다. 또한, 채권양도계약이 아니므로 양도세 혜택을 받을 수 없다. 경락잔금 대출은 부동산 매매계약이 아니라 경매 낙찰이므로 경락잔금 대출을 받을 수 있다.

계약 후 위험부담이 이전되는 PREO 방식

PREO는 프리세일(Pre-Sale)과 레오(REO) 매입의 혼합구조로, 부동산 매매구조형태이다. PREO는 유동화전문회사가 낙찰 받은 후 명도 및 인도명령으로 점유자와 이해관계인 문제를 완전히 해결한 후에 재매각하는 방식이다. 이 방식은 채권양도구조가 아니고 부동산 매매구조로 개인 투자가 가능하다.

프리세일 방식은 유동화회사가 낙찰 받은 후 개인에게 재매각하는 방식이다. 부동산 매매방식이므로 질권대출이 아니라 감정가/매매가 기준으로 담보 인정비율(LTV)로 대출이 가능하다. 프리세일 방식의 단점에 대해 알아두어야 한다. 이 방식은 취득세가 이중(유동화회사 낙찰시 1번, 개인 이전 시 1번)으로 부과된다. 계약 시 10% 유동화 회사 낙찰 수 20%, 명도 후 소유권 이전 시 70%로 잔금을 납입하게 된다.

유입부동산방식인 레오매입(Real Estate Owned, REO)에 대해서 알아보자. 레오매입은 유입부동산이라 하여 경매에 붙여졌다가 여러 번의 유찰로 인하여 원금손실이 예상되는 물건 또는 투자금 회수가 용이한 물건을 채권자가 직접 낙찰 받은 뒤 투자자에게 일반매매로 매각하여 투자자금을 회수하는 방법을 말한다.

경매에서 여러 번의 유찰로 사유가 법률상 문제에 있다고 판단되는 경우 일단 경매낙찰을 통하여 소유권을 확보하여 시간적 여유를 가지고 법적하자 사항을 해결한 뒤에 정상가격에 투자자에게 매각하여 원금손실을 줄이려는 부실채권의 정리 방식 중 하나에 속한다. 여러 차례 유찰된 50억 원 이상의 빌딩형 건물 또는 감정가가 높은 공장, 그리고 아파트, 다세대, 다가구주택 등 비교적 환금성이 양호한 대상인 경우가 많다.

유입부동산방식은 채권자(유동화전문 유한회사 등)가 경매시장에서 직접 낙찰 받아서 부동산 소유권이전등기를 한 뒤에 투자자에게 유입한 부동산을 매각하는 것으로 채권 매매계약이 아니라 부동산 매매계약이 된다.

경매에 들어간 부동산이 여러 번 유찰이 되어 원금손실이 예상되는 물건 또는 투자금 회수가 용이한 물건을 채권자가 직접 낙찰 받은 뒤에 투자자에게 채권 매매계약이 아니라 부동산 매매계약으로 매각하여 투자자금을 회수하는 방법이다.

PREO 대금지급방법

계약금: 매매대금의 10%, 유동화회사와 계약 시 10~20%를 지급한다.

중도금: 유동화회사가 경매낙찰(선택사항)로 입찰기일에 유동화 회사가 낙찰 후 지급한다.

잔금: 매매대금의 나머지로 매도인이 소유권 취득일 또는 매수인에게 이전 가능한 날로부터 7일 이내에 잔금일에 지급한다(최대 30일).

PREO 방식 절차

첫째, 부동산 매매대금 = 채권가격 + 유동화회사 유입에 따른 취득세

둘째, 유동화전문회사 유입 가격 협의(매도인, 매수인 협의)

셋째, 유동화전문회사 협의 된 가격으로 경매입찰 및 낙찰

넷째, 유동화전문회사 경매 잔금납부 및 유동화전문회사 앞으로 소유권 이전

다섯째, 매수인 잔금잡부(보통 7일 이내, 최대 30일) 부동산 매매계약은 낙찰 최고가 금액이 아니라 채권계약 가격으로 서류를 작성한다. 7일 이후부터는 지연이자 연 19%가 부과된다.

소유권 이전 서류 및 점유 이전 그리고 매매 목적물의 각종 제세공과금 부동산 인도일을 기준으로 부담한다.

매도인은 계약 시 기준으로 담보책임이 면제되고 위험부담이 이전된다. 또한 매도인은 명도책임이 없으며 따로 협의가 가능하며 권리는 양도금지(매수인은 매도인 협의 없이 권리양도 금지)된다.

NPL 실전
노하우

NPL 매입 전 체크리스트

NPL 매입 전 점검사항과 현장조사의 중요성

NPL을 매입하는 대출채권의 양수인은 권리행사를 위해 양도인에게 채권서류철 원본을 건네받아 보관해야 한다. 근저당권 매입 시 대출약관에 공정거래법 위반 계약이나 근저당권설정 대출약정거래에 하자가 있으면, 설정계약의 원인무효 등으로 양수인은 담보권을 상실한 무담보채권을 보유하게 되어 손해를 입을 수 있다. 간혹 채무자의 대출에 원인무효가 발생하는 경우가 있으므로 매수 전에 대출서류 진위 여부와 적정성 여부 등을 반드시 점검할 필요가 있다.

소멸시효 확인도 필수 점검사항이다. 상법 제3조에 의하면 그 거래 전체에 관한 소멸시효는 5년이며, 채무명의를 득한 경우는 10년이다. 신용협동조합의 일반인에 대한 대출금채권의 소멸시효 기간은 민법의 일반채권 소멸시효 기간인 10년이다. 부실채권을 개인이 매입하기 전에 해당 부동산의 가격조사, 현장조사(임장활동), 권리분석 및 배당분석 등을 철저히 해야 한다.

NPL을 매입하기 전 개인 투자자가 알아야 할 내용은 경매와 동일하다. 그중에서도 현장조사(임장활동)는 모든 리스크를 예방하기 위한 매우 중요한 절차이다. 현장조사 시 대상물건을 평가할 때는 토지에 대한 지적도와 토지대장, 건물에 대한 건축물 관리대장과 설계도면을 확인한다. 실제 건물의 소재지 지번, 지목, 면적의 상이 여부 등을 면밀히 조사해 실제 건물과 등기부상 표시의 동일성을 확인해야 한다.

현장조사의 목적은 감정평가의 타당성뿐만 아니라 담보물건의 물적, 법률적 하자 및 유치권, 법정지상권 등 질권대출을 받기 전에 조사해야 추후 배당액이 감소되거나 배당을 못 받는 위험에 처하지 않을 수 있으므로 이는 매우 중요한 절차이다. 부실채권 매입전에 반드시 현장조사하는 습관을 갖자.

현장조사를 할 때는 등기부의 표시와 실제 건물의 소재지 지번, 지목, 면적의 상이 여부를 조사해야 한다. 만약 실제 현황과 등기부상 표시의 차이가 중대하여 동일성 또는 유사성이 인정될 수 없는 경우라면 매입대상 근저당권 설정은 무효가 되므로 동일성 여부에 대해 철저히 조사하자(대법원 78다544).

또한, 부동산의 용도가 주거용인지 상업용인지 여부도 확인해야 한다. 왜냐하면 경매가 진행되어 임차인이 배당을 받을 경우, 주택임대차보호법 또는 상가건물임대차보호법에 따라 최우선 변제대상 소액보증금 액수가 달라질 수 있으며, 이로 인해 선순위 근저당권의 배당액도 달라지기 때문이다.

이외에도 방 쪼개기 등으로 공부상(건축물대장의 도면상에 나타난) 방 개수보다 현황상의 방 개수가 많아 최우선변제 보증금이 증가함으로 인해 근저당권 배당액 감소 여부, 담보물건의 파손으로 인한 근저당권 배당액 감소 여부, 유치권자의 유치권 행사 여부, 토지에만 설정된 근저당권을 매입할 경우 건물이 존재할 때 '법정지상권 성립여부' 등을 확인해야 한다. 그 밖에 위치 및 부근의 상황, 토지의 상황, 도시계획의 저촉 여부, 환지 유무, 그린벨트 해당 여부, 건물의 현황, 건축년도, 경과 연수, 용도와 구조, 임대관계, 위생상황 등을 확인한다.

NPL 매입은 타이밍이 중요하다

건축물 중 '제시 외 건물'의 경우 초보들은 꺼리지만 고수들이 선호하곤 하는데, 토지와 지상건축물이 일괄적으로 특별법에 적용되지 않아 취득되지 않거나 다른 사람에게 정상적인 가격을 받고 처분하기 어려운 상태라면 매입하지 말아야 한다.

물건의 관리 및 명도에 문제가 있고 집단 민원 발생의 여지가 있는 경우, 말소기준권리보다 앞선 대항력권임차인의 배제 가능성이 불투명한 경우, 행정상·공법상 규제 및 그 밖의 도서·벽지소재 부동산으로 매매가 어렵거나 값어치를 측정하기 어려운 경우, 최우선변제 채권 및 우선변제 보험료 등의 과다로 근저당권 매입 후 예상배당액이 현저히 감소될 우려가 있는 경우의 부동산 근저당권은 아주 저가로 매입하지 않는 한 가급적 매입하지 않는 게 바람직하다.

모든 재테크에서 가장 중요한 건 타이밍을 잘 맞추는 것이다. 주식투자로 돈을 벌기 위해서는 첫째, 종목을 잘 골라야 하고, 둘째, 매수·매도 타이밍을 잘 잡아야 한다. 그러나 종목을 잘 골라도 매매 타이밍을 놓치면 실패할 확률이 높고, 종목을 잘못 골라도 매매 타이밍을 잘 잡으면 성공할 확률이 높다. 결국 주식투자의 성공은 종목 선정보다는 매매 타이밍이 좌우한다.

NPL 매입도 타이밍이 중요하다. 경매기일이 잡힌 후 매입한 부실채권은 최저매각예상가 범위 내에서 부실채권 협약이 가능하며, 경매 개시 결정과 법사가(감정가)[24]가 결정된 이후 배당요구종기일 이후 NPL 매입이 안전하다. 그리고 'NPL질권대출 가능 여부'[25] 확인도 매우 중요하다. 또한 예상배당표 작성이 수월하고 낙찰예상가 등 권리분석이 수월하다. 그러나 경매기일이 잡히기 전 배당요구 종기일 이전에 매입한 예상물건은 NPL 대출을 받을 수 없는 경우가 많으므로 자금이 넉넉지 않은 투자자는 배당요구 종기일 전 부실채권 매입 시 주의해야 한다. 예상배당표와 물건보고서 작성에서 기준이 되는 날이 배당요구 종기일이므로 그 이후에 부실채권을 매입하는 것이 좋다.

NPL 매각 금융기관 접근 매뉴얼

먼저 NPL 매입의향서 작성에 대해 알아보자. NPL 매입의향서는 최저매각예정가격과 법원 교부열람서(당해세 파악)를 확인한 후 당해세와 최우선변제권 등 선순위 배당과 예상배당표를 분석할 줄 알고 작성하는 것이 중요하다. 이때 배당요구 종기일 전이라면 당해세 및 선순위 임차인 차감 별도, 배당요구 종기일 후라면 채권 매입 후 발생하는 당해세 및 선순위 임차인 제외라고 하면 유리하게

---

24 경매물건의 감정가(법사가: 금융기관 대출업무에서 관습적으로 쓰이는 말로, 경매를 목적으로 법률에 의해 감정평가사가 산정한 감정평가액을 말한다.)
25 NPL 질권대출(저당권을 담보로 한 대출)이 가능한지의 여부

채권 매입을 할 수 있다.

금융기관에서 작성한 최저매각 기준가격을 역으로 환산해 투자한 후 재매각에 대한 이익을 계산하는 것은 낙찰예상가, 예상배당표 혹은 물건보고서를 작성하는 방법과 같다.

NPL 매입의향서를 작성할 때는 물건의 정보, 정확한 수익예상금액, 수익률, 매입금액, 대금지급방법을 확인해야 한다. 부실채권을 매도한 금융기관이나 금융기관으로부터 매입하여 부실채권을 보유하고 있는 AMC 측에서 제공하는 물건보고서와 낙찰 예상배당표를 검토한 후 NPL 매입의향서에 세부적으로 필요한 서류까지 청구하면 된다. 담보부 부실채권은 투자에 있어 최저매각 예상가격 계산법을 연습하면 손실을 최소화하고 수익을 창출할 수 있다.

고수익 내는 NPL 물건보고서 및 낙찰예상가 작성법

1. 부동산을 알아야 한다.
2. 문건송달내역 – 채권자 변경 확인
3. 담보부 NPL 투자 – 경매 낙찰 예상가격
4. 채권청구액을 확인한다.
5. 채권최고액(근저당권 설정액)을 확인한다.
6. 경매낙찰 예상가격과 시세를 파악한다.
7. 인구유입, 접근성, 개발호재 등을 확인한다.

NPL 매각 금융기관 접근 매뉴얼

소 제 목	내 용
NPL 매각 금융기관 담당자	· ○○ AMC이며 금융위 대부업등록 업체라고 설명 · NPL 매각 금융기관 담당자와 약속일자를 잡는다.
해당일자에 금융기관을 방문한다	· 명함전달, 본인과 회사소개 및 파일전달
회사소개	· 회사소개서 파일(바인더) 전달 · 대표 및 임원 간단히 소개
매각리스트를 받는다	· 전달한 명함으로 매각리스트를 메일로 받는다. · 가끔 안부전화로 "좋은 물건 없냐"며 인사한다. · 인근에 볼일이 있으면 방문하여 친분을 쌓는다.
매각리스트	· 권리분석(임장활동 가격 분석 등) · 물건보고서 작성 낙찰 예상가 등 수익률 분석 · 매수의향가를 적어 낸다.
매수의향가	· 담당자에게 전화해서 계약하러 간다고 전달한다. · 채권서류 확인(채무자 인적사항,감정가, 위험요인),
채권양도 양수계약서 작성	· 계약서 직인날인 · NPL대출 및 자금여력 확인
채권자 변경서 법원 제출	· 채권자 변경서 제출 및 1차 채권계산서 제출 · 사건번호 조회 후 낙찰가 확인 · 배당일자에 맞춰 배당금 수령일자 확인
NPL 투자 사례 분석	· 투자사례 분석 및 자료 파일 정리 · 낙찰예상가와 실제 낙찰가 차이 분석
컨설팅 비용 및 NPL 대출	· 세금, 법무비용 (근거: 재판 등) 절약방법 확인 · 컨설팅 비용 절약 방법 확인 · NPL 대출이 저렴한 곳 찾아 금융비용 절약 방법 찾기
NPL 매각 기관	· 신협(계양신협, 둔산신협, 만수신협, 미추홀신협) · 수협(냉동냉장, 통조림, 옹진, 경기남부, 경인북부, 군산, 여수수협)

2
매입 물건보고서 이해하기

물건보고서란 무엇일까?

물건보고서는 NPL 투자자나 경매투자자가 투자를 결정하는 데 있어서 매우 중요한 역할을 한다. 왜냐하면 이 물건보고서 안에는 물건의 소재지, 감정가, 채권자, 인근 물건, 매각가율, 지역분석(공공기관, 교육기관, 금융기관, 교통, 레저시설, 생활시설, 쇼핑시설, 숙박시설, 의료시설 등) 수익률이 표시되어 있기 때문이다.

NPL 부실채권물건이나 법원경매물건을 다루다 보면 등기부등본에 나타나지 않는 권리관계로 권리분석을 해야 하는 경우가 허다하다. 또한, 그것이 주요 핵심사항으로 떠오르기가 쉽다. 또 그 자체가 수익성 분석의 쟁점이 되기도 한다. 특히 배당관계에서 여러 가지 갈림길의 요체가 된다.

저당권자나 가압류권자 등 채권자가 경매신청을 하게 되면 법원에서 경매개시결정을 내리게 되고 집행관은 현황조사서를 작성하기 위해 지체 없이 모든 임차인의 보증금, 임대차기간, 주민등록전입일자, 확정일자, 기타사항을 확인하도록 되어 있다. 응찰자가 정확하게 의사결정을 내리게 하기 위한 것이다. 주택이나 상가의 경우에 중요한 것은 선순위임차인의 보증금을 '낙찰자가 인수 부담을 해야 하느냐 부담하지 않아도 되느냐'이다. 이는 차후에 NPL 부실채권 물건을 다룰 때 후순위 저당권자, 가압류권자 등 후순위 배당권자들에게도 아주 중요한 권리쟁점이 되기도 하므로 안일하게 다룰 수 없는 사안이다.

이렇듯이 만일 그러한 법원의 현황 조사보고서나 매각 물건명세서가 잘못되어 낙찰자가 법적인 권리분석을 잘못 해석하여 실패하였다면 낙찰자는 법원에 대하여 낙찰허가에 대한 이의나 즉시항고 卽時抗告[26]를 제기할 수도 있다.

우리가 입찰에 응하다 보면 법원입찰문서들에 하자가 있어 이의신청 및 낙찰불허가신청을 하는 경우가 종종 있다. 이들 문서는 현황조사보고서, 임대차관계조사서, 감정평가서, 매각물건명세서 등이 있는데 이들 문서에 대한 이의신청 문제를 다루는 것에 대해서 잘 공부해 두면 법원경매물건이나 NPL 부실채권을 다룰 때 유용하게 실력발휘를 할 수가 있는 것이다.

근저당 채권 매입 준비하기

첫 매각기일 이전에 지정되는 배당요구의 종기 후에 근저당권부 채권을 매입해야 예상배당액을 정확히 산정할 수 있다. 부동산의 등기부에 등재되지 않으면서 제1순위 근저당권보다 먼저 최우선으로 배당받는 채권들은, 배당 요구할 수 있는 기간이 끝나기 전(배당 요구 종기 전)에 요구 신청을 해야 배당받을 수 있다. 그러므로 근저당

---

[26] 즉시항고는 재판으로 내린 결정에 대하여 불복이 있을 경우에 법률로 정한 일정한 기간 내에 제기해야 하는 항고이다.

권의 양수인은 배당 요구 기간이 끝난 후(배당요구 종기 후)에 근저당권부 채권을 양수 받아야 배당 요구 신청이 반영된 최우선변제권들이 무엇인지를 확인할 수 있고, 이로써 양수대상인 1순위 근저당권의 예상배당액을 정확히 산정할 수 있게 된다.

즉, 경매부동산에 가압류(압류) 등으로 등기부에 등재하지 않아도, 배당요구 기간 내에 배당요구를 함으로써 최우선적으로 배당을 받을 수 있는 채권이 최우선변제권이다. 예를 들자면, 제3취득자(임차인, 유치권자 등)의 필요비(부동산이나 건물을 유지하고 보수해 사용하는 데 꼭 필요한 유지와 수리에 드는 비용) 및 유익비(물건의 가치를 증가시키는 데 도움이 되는 비용) 채권, 임대차보호법에 따른 소액보증금 최우선변제권, 근로자 또는 근로복지공단의 퇴직금 또는 임금채권, 당해세 등이 해당된다. 이와 같이 등기부에 표면적으로 드러나지 않는 최우선변제 채권을 반영하면 양수받게 될 1순위 근저당권의 예상 배당액을 더욱 정확하게 산정할 수 있게 된다.

따라서 배당요구의 종기 전에 채권을 매입하면 매입 후 위와 같은 최우선변제권자의 배당요구로 양수인의 1순위 근저당권 배당액이 줄어들 위험이 있으므로 반드시 양수인은 배당요구의 종기 후에 채권을 매입해야 손해를 방지할 수 있다.

양도인인 유동화전문회사 등은 이해관계인인 채권자로서 법원 경매서류 열람을 통해 부동산에 등기된 채권자의 채권액 및 배당순위뿐만 아니라 배당요구의 종기까지 배당요구한 모든 채권자들의 채권액수 및 배당순위를 알고 있다. 따라서 양수인은 채권매입 전에 물건의 현장조사를 마치고 유동화 전문회사에게 모든 채권자들에 대한 예상배당표 및 근거자료 등을 요청한 후 예상배당표를 재작성해 보아야 한다.

양수인이 그 밖에 추가로 요구할 정보로는 압류채권의 명칭, 교부청구 채권액수, 배당순위, 조세의 법정기일, 당해세 여부, 근로복지공단의 퇴직금 등 최우선변제 채권액수, 5대 보험료 납부기한, 가압류나 배당요구채권이 최우선변제 임금채권인지의 여부 등이다. 양도인에게 이와 같은 정보를 문의하여 예상배당표를 작성하는 데 참고해야 한다.

한편, 유동화전문회사가 교부해준 예상배당표 및 그 근거자료는 질권대출 은행에도 제출해야 하는 자료로서 질권대출 시 예상배당표 작성을 통한 대출의 담보여력 산정 시에도 활용된다.

낙찰예상가 물건보고서 파악하기

인천의 한 아파트 경매 사건을 예로 예상수익률을 계산해보자.

채권자는 중소기업은행으로 청구액 3억 698,277원이었다. 감정가가 5억 4,400만 원이고, 낙찰예상가는 3억 5,280만 원(낙찰일자를 2016. 9. 6로 예상), 실제낙찰가는 3억 70,001,000원(68.01%)이었다(실제 낙찰일자 2016. 10. 14).

물건보고서에서 예상한 내용으로 분석한 예상수익률(수익/실투자금)은 아래와 같다(예상 낙찰일자: 2016. 9. 6).

NPL 매입금액: ① 300,698,227원

이전 비용: ② 2,115,800원(채권최고액의 0.6%)

NPL 대출금: ③ 240,000,000원(대출금 이자 연 6%; 6개월, 181일, ④ 7,140,822원)

총비용: ①+②+④=⑤ 309,954,849원

실투자금: ⑤ - ③(비용계-대출원금)=⑥ 69,954,849원

순수익 배당액: 352,800,000원(낙찰예상가) - ⑤309,954,849원(총비용)

= ⑦ 42,845,151원

예상수익률(⑦/⑥) : 42,845,151원/69,954,849원=61.24%

실제 수익률 분석내용은 다음과 같다(실제 낙찰일자 : 2016. 10. 14).

낙찰예상가: 3억 52,800,000원

실제낙찰가: 3억 70,001,000원(⑧ 17,201,000원의 예상 초과수익 발생)

대출금이자 증가: 2억 4천만 원/365×6%×39일(예상낙찰일자 2014. 9.
6~실제낙찰일자 2014. 10. 14) = ⑨ 1,538,630원, 추가이익은 ⑧ - ⑨

= ⑩ 15,662,370원

실제수익률(⑦+⑩)/⑥) : (42,845,151원+15,662,370)/69,954,849

= 83.63%

이와 같이 낙찰예상가보다 실제낙찰가가 높을 경우 추가이익이 발생한다. 그러나 실제 상황에서는 예상했던 것보다 실제 낙찰가가 높더라도, 앞에서 언급한 최우선변제채권 금액 등의 변수를 고려하지 않고 수익분석을 할 경우에는 예상 수익보다 실제 배당금액이 적어지므로 주의해야 한다.

부동산경매는 '소유권'을 취득하여 재매각을 통한 수익실현이 목적이지만, NPL은 실제 배당수익이 목적이다. 그러므로 선순위 변제금액과 NPL 질권대출 대출금이자 등 금융비용을 사전에 충분히 파악하고 고려하여 배당수익을 분석하는 것은 NPL 투자에 있

어서 가장 중요한 부분이라고 말할 수 있다.

물건보고서 작성방법

[자료출처:대법원경매정보/용도별매각통계/경기도 시흥시]

• 기본개요

① 사건진행개요: 부동산 표시로 사건번호, 경매구분, 신청채권자, 채무/소유자, 경매개시일, 배당요구종기일, 채권최고액, 청구금액을 표시한다.

사건번호	201*타경1*87*				
경매구분	임의	신청채권자	서울경기양돈	채무/소유자	진○○
경매개시일	2015. 8.12	배당요구종기일	2015. 10. 30	매각기일	미지정(1차)
감정가	300,000,000	채권최고액	266,500,000	청구금액	193,404,061

② 물건개요 및 이용현황

물건개요 및 이용현황에는 물건소재지, 용도, 구조, 규모 그리고 목록번호와 호실 수량을 기재한다.

소재지	경기 시흥시 장현동 540 대동아파트 51*동 *01호				
용 도	아파트				
구 조	철근콘크리트 슬래브지붕				
규 모	20층 아파트				
No	목록번호	구분	면적[단위: ㎡/평]		비 고
1	1	70*호	114.55	34.65	

③ 위치 및 물건사진: 물건의 위치를 위성사진으로 표시하여 물건현황을 표시한다.

기간	기간	물건용도	경매건	매각건수	매각율	매각가율
직전 6개월	2015. 2~2015. 7	아파트	185	81	43.8%	86.3%

예상 낙찰액 산정:

감정가×평균매각가율=3억×86.3%=58,900,000원,

예상배당시점 시 채권액: 약 2.7억

• **가치산정**

① 매각통계에는 매각율과 매각가율을 표시한다. 그리고 낙찰예상
가가 산정된다.

• **수지분석**

수지분석은 수익률 계산에 대한 내용이다.

수입항목: 예상배당액이 표시된다(낙찰예상가에서 실제 배당받는 금액이다).

비용항목: NPL 매입금액, 이전비용(채권최고액 0.5~0.6%),

금융비용(배당받을 때까지 질권대출이자)이 계산된다.

항 목		금 액	비 고
수 입	예상배당액	258,900,000	예상배당일: 2016. 3. 15
	소 계	258,900,000	
비 용	매입비용	239,513,641	인수금액
	이전비용	1,599,000	
	경매비용	–	
	금융비용	7,702,790	채권최고액 × 0.6%
	기타비용	–	대출이자 8%, 취급수수료 0%
	소 계	248,815,431	
수 익		10,084,569	
수 익 률		연 35%	순수익 / 실투자금
비고	1. 대출금 비고: 191,000,000원 (인수가 80%) 2. 기간: 6개월 3. 실투자금: 57,815,431원 (비용계 – 대출원금)		2016. 9. 12 대출일: 2016. 9. 12 2016. 3 15

- **기타(비고)**

비고란에 NPL 질권대출금, 배당받을 때까지 대출금기간을 표시하고 총 투자금에서 NPL 질권대출을 차감하고 수익률(순수익/순수투자금)을 표시하여 수익률을 예상해본다.

다음 예시의 물건보고서에서 보듯이 법원의 교부청구서를 통해 선순위 배당채권의 세금을 확인할 수 있다. 배당수익의 여부는 배당예상표를 어떻게 작성하느냐가 관건인데 교부청구서를 통해 정확하게 예상배당표 작성에 참고할 수 있다.

물건보고서 하자 이의신청

경매신청권자의 경매신청으로 인해서 집행법원은 경매개시결정을 한 후 집행관에게 부동산의 현황, 점유관계, 차임 또는 보증금 기타 현황에 관하여 조사할 것을 명해야 하는데, 그 이유는 경매참여자들에게 정확한 정보를 제공하기 위해서 뿐만 아니라 절차의 번거로움을 없애고 낙찰가격의 적정화를 도모하기 위해서이다.

그 뿐만 아니라 저당권이나 가압류권자의 억울한 불이익이 없게 하기 위함이다. 그래서 경매투자자나 부실채권 투자자의 입장에서 본다면 의사결정을 내릴 때 중요한 핵심사안이 될 수가 있다는 것은 자명한 일이다.

이러한 '현황조사보고서'에는 부동산의 현황을 잘 알 수 있도록 도면, 사진 등이 첨부되어야 하며, '임대차관계조사서'에서는 임차인, 전세금 또는 보증금, 임대차기간, 주민등록전입일자, 확정일자 등 기타사항이 정확히 조사, 확인되어야 한다. 하지만 그렇지 못한 경우도 있을 수 있다.

현황조사의 기간은 2주 이내로 정해져 있지만 실제상으로는 3개월 이상 소요되는 경우도 있으며, 현황조사의 목적물이 틀렸다는 등의 사유가 있을 때에는 법원의 현황조사명령에 대하여 집행에 관한 이의를 할 수 있다. 또한 현황조사보고서의 내용에 대하여는 독립하여 불복 신청할 수 없고, 낙찰에 대한 이의를 하거나 낙찰허가에 대하여 즉시항고를 할 수 있다.

감정평가서의 하자에 대한 이의신청

법원은 감정인에게 부동산을 평가하게 하고 그 평가액을 참작하여 최저매각가격을 정해야 하는데, 이때 감정인은 경매대상 부동산의 현장에 나가서 부동산의 위치, 형상, 주변상황, 건물구조, 건축자재 등을 참작하여 공정하고 타당성 있는 방법으로 평가해야 한다. 이러한 감정평가 자체에는 이의신청을 할 수 없지만 재평가신청은 가능하다.

매각물건명세서의 하자에 대한 이의신청

매각물건명세서에 중대한 하자가 있을 때에는 낙찰허가에 대한 이의사유 및 낙찰허가 결정에 대한 즉시항고 사유가 되는데, 이때의 중대한 하자는 선순위 임차인의 주민등록사항의 누락, 대지사용권존부存否 불기재, 선순위 임차보증금을 공란으로 기재하였으나 그 후 임차인이 배당요구를 한 것에 대하여 이를 반영한 명세서를 재작성하지 않은 경우 등이 있다.

예상배당표 보는 안목 키우기

예상배당표 작성하기

우선 예상낙찰가를 산정하여야 예상 배당액의 산정이 가능해지는데, 예상배당액은 질권대출 시 질권대출의 담보여력이 된다. 질권대출자인 조합은 예상배당액에 질권대출 비율을 곱하여 대출여력을 산정하기 때문에 예상배당액이 담보여력이 되는 것이다. 쉽게 설명하면 질권대출은 장차 발생할 배당금을 양도담보로 하여 대출해준 다음 조합은 양도담보로 취득한 배당권을 법원에 행사하여 질권대출금을 회수하게 된다.

보통 상가는 유찰이 많아 낙찰가율이 낮으며, 경기침체 등에 따라 부침이 많은 편이므로 경매시기에 따라 예상배당액 변동 폭도 커서 질권대출 시 담보여력인 예상배당액에 대한 대출비율이 낮은 편이며, 가격 변동 폭이 적은 강남소재 아파트의 경우 예상배당액 변동 폭이 적어 다른 지역 및 타 물건보다는 대출비율이 높은 편이다.

저축은행 등에서 대출비율 적용 시 지역 및 물건의 특성 등에 따른 리스크를 반영하여 회수 리스크가 큰 물건은 대출비율을 적게 적용하고, 그 반대의 경우는 최고 90%까지 대출비율을 적용하기도 한다. 또한 예상배당액 산정결과는 투자자의 1순위 근저당권 매입 가격 기준이 된다.

즉 1순위 근저당권보다 선순위의 채권액을 예상 낙찰금액에서 배당하고 남은 잔액이 예상배당액이 되는데, 이는 1순위 근저당권 매입가격의 기준이 되어 이를 기준으로 근저당권부 채권의 매매 협상을 하게 되며, 여기에 일정 수익 및 비용 등을 가감하여 채권 의 최종 매입가격을 결정한다.

그리고 시가 조사, 당해 물건 인근 최근 낙찰가율, 당해 건물의 이전 낙찰가율, 특수물건의 낙찰가율, 대법원, 인포케어나 지지옥 션의 예상낙찰가 등을 종합하여 최종 예상낙찰가를 산정한다.

예상배당액 산정방법

◎ 0순위: 최최우선 집행비용 및 제3취득자의 필요비, 유익비 채권
   확인

- 0순위 최최우선 변제대상인 경매 집행비용(민사집행법 제53조 제1항)
   은 대략 예상낙찰가의 3% 정도로 산정하고, 제3취득자(전세권자,
   지상권자, 임차권자 등 점유자, 새로운 소유자)의 필요비, 유익비 채권액을
   확인하여 집행비용과 합산한다.

① 1순위: 최우선변제대상 임금채권 확인

- 낙찰가 산정 후에는 가압류와 선정당사자를 통한 가압류 및 배
   당요구한 채권이 임금채권인지 여부 및 그 액수를 조사해 최우

선변제 대상액이 얼마인지 확인한다. 특히 근로복지공단이 압류한 경우 압류채권 전액(최종 3개월 임금 및 최종 3년간 퇴직금)은 최우선변제권이므로 동 채권액을 조사한다.

· 최우선변제대상 임금채권 확인
· 최우선변제대상 소액임차보증금 확인

- 임차인 최우선변제 보증금을 확인한다(최우선변제 임금채권과 배당 순위가 같으므로 둘 다 확인해야 한다).

② 2순위: 근저당권보다 항상 선순위인 당해세 금액 확인
- 세무서 압류등기가 있는 경우 담보물권보다 항상 선순위로 배당되는 당해세(국세: 상속세, 증여세 및 종합부동산세. 지방세: 재산세, 자동차세) 금액을 확인한다.
- 세무서에서 압류등기를 하는데 국세인 당해세는 세금액수가 다액이고 임차인의 확정일자에 따른 배당순위보다 항상 우선배당을 받는 바, 대항력 있는 임차인 존재 시 임차인이 배당에서 후순위로 밀려 낙찰자의 인수보증금이 증가할 수 있으므로 세무서 압류등기 존재 시 당해세 해당여부를 확인 후 인수보증금을 산정해야 한다. 구청에서 압류등기한 재산세 및 자동차세는 소액으로 보증금 인수에 미치는 영향이 적다.

③ 3순위: 당해세를 제외한 세금의 법정기일 및 대항력을 갖춘 임차인의 확정일자가 1순위 근저당권 등기일자보다 빠른 경우 세금액수 및 우선변제 보증금 확인

- 법인 소유 부동산이나 개인사업자 소유 부동산 경매 시에는 세
  무서 압류 원인인 부가가치세 미납채권이 수억 원이나 되는 경
  우가 있다. 또 임금체불로 근로자의 임금채권에 대한 배당요구
  액이 수천 만 원이나 되는 경우도 많으므로 채권자 등을 통한 부
  가가치세 미납금액 확인 및 법정기일이 1순위 근저당권보다 빠
  른지 여부를 확인한다. 경매사이트 물건접수란에 가압류 없이
  개인이 바로 배당요구서를 접수한 경우 임금채권인지 여부를 확
  인하여 최우선변제에 해당되는 임금채권을 예상 낙찰대금에서
  배당해야 한다.

④ 4순위: 국민건강보험공단이 압류한 4대 보험료(고용보험료, 산재보험
  료, 건강보험료, 국민연금보험료)의 납부기한이 1순위 근저당권 등기일
  자보다 빠른 경우 동 보험금액 확인
- 국민건강보험공단에서 통합 관리하는 4대 보험료에 대한 압류
  등기가 존재 시에는 채권자에게 경매서류 열람권유 또는 유동화
  회사 물건일 경우 담당직원에게 압류의 원인인 미납보험료 금액
  문의 및 기타 탐문 등을 통해 그 보험료 금액의 확인 및 납부기
  한이 1순위 근저당권의 등기일자보다 빠른지의 여부를 확인한다.

⑤ 5순위: 양수한 1순위 근저당권
- 예상 낙찰금액에서 상기 4순위까지 채권액에 우선 배당하고 남
  은 잔액은 근저당권부 채권의 양수인인 5순위의 근저당권자가
  배당을 받는데, 동 배당금액이 예상배당액이 된다. 그 밖의 배당
  순위에 대한 내용은 다음에서 자세하게 기술한다.

※ ○○지원 경매계 2016타경 ○○891호 예상배당표 작성 실례를 활용하여 같은 순서로 질권대출에 대한 예상배당표를 작성하면 된다.

|예상배당표 작성사례 1|

배당의 종류	순위	채 권 종 류	채 권 내 용	배 당 액
◎ 최최우선배당	1	집행비용		
	2	제3취득자의 필요,유익비		
① 최우선배당	3	최우선변제임차보증금 최우선변제임금채권 (재해보상금 포함)		
	4	당해세	재산세 1,591,120원(실제 배당 1순위)	1,591,120원
② 우선(순위) 배당	5	보험료의 납부기한		
		담보물권 등기일자	2003.11.21 농협 근저당권 353,000,000원 (배당 2순위)	128,408,880원
		임차권의 확정일자		
		조세의 법정기일	2009. 1.25 법정기일 안산세무서 부가가치세 338,970원 (배당 3순위)	0
			2009.7.17 근저당권 6억원 (배당 4순위)	0
③ 우선열후 劣後배당	6	일반 임금,퇴직금, 근로관계 채권		
	7	담보물권보다 늦은 조세채권		
	8	담보물권보다 늦은 4대보험료 등 공과금채권		
④ 최후안분배당 (안분배당)	9	일반채권	2009. 8. 5 농협 가압류 250,000,000원	0
			2011.5.26 교통유발부담금 압류 98,550원	0
			2011. 8.10 (법정기일) 안산시 압류 주민세 10,300원	0
			(이상 3건 최후 안분배당, 5순위)	

『○○지원 경매 10계 2016타경 ○○91호 예상배당표 작성 실례』

감정가 2억 9,000만 원의 근린상가 물건으로 인근 낙찰가율을 감안해 1억 3,000만 원에 낙찰 받을 경우 배당 2순위까지만 배당을 받고 3순위 이하는 배당금이 전혀 없다(집행비용 무시). 이 경우 인수한 근저당권의 예상배당액은 1억 28,408,880원이 된다.

|예상배당표 작성사례 2|

배당의 종류	순위	채 권 종 류	채 권 내 용	배 당 액
낙찰예상가			감정가 2,934,000,000원 × 60%	1,760,400,000원
◎ 최최우선배당	1	집행비용		
	2	제3취득자의 필요.유익비		
① 최우선배당	3	최우선변제임차보증금 최우선변제임금채권 (재해보상금 포함)		
	4	당해세	지방세: 8,668,130원 건강보험 및 요양보험: 339,810원	9,007,940원
② 우선(순위) 배당	5	보험료의 납부기한	국세징수법: 2016.04~2016.05 건강, 요양보험 등	339,810원
		담보물권 등기일자 배당금 상세내역	2,392,000,000원 (○○신협외 2곳)'16. 6. 8 NPL 질권대출 필자 금융기관 1순위 NPL 매입금융기관 주)○○감정평가법인	1,751,052,250원 (1,296,000,000원) (455,052,250원)
		임차권의 확정일자		
		조세의 법정기일		
③ 우선열후 劣後배당	6	일반 임금, 퇴직금, 근로관계 채권		
	7	담보물권보다 늦은 조세채권		
	8	담보물권보다 늦은 4대보험료 등 공과금채권		
④ 최후인분배당 (안분배당)	9	일반채권	가압류 250,000,000원	0
			교통유발부담금 압류98,550원	0
			(법정기일)안산시 압류 주민세 10,300원	0
			(이상 3건 최후 안분배당, 5순위)	

『동부 경매1계 2016타경 ○○10호 예상배당표』

본 사례는 필자가 NPL 대출 취급 목적으로 예상배당표를 작성한 것이다. 이처럼 매각 금융기관 담당자는 예상배당표를 감안하여 대출을 해주기도 한다.

감정가 2,934,000,000원의 근린상가 물건으로 인근 낙찰가율을 감안해 60%인 1,760,400,000원에 낙찰 받을 경우 배당 1순위 당해세 9,007,940원(지방세 8,668,130원, 건강·요양보험료 339,810원)까지만 배당받고 2순위 이하는 배당금이 전혀 없다(집행비용 무시).

그러므로 인수한 근저당권 예상배당액을 계산해 보면, 예상낙찰금액 1,760,400,000원에서 당해세 등을 제하고 남은 1,751,052,250원 중에 1순위인 질권대출을 해준 필자금융기관이 1,296,000,000원을 배당받고, 2순위인 NPL을 매입한 (주)○○감정평가법인이 NPL매입 시 일으킨 대출을 제한 차액 4억 55,052,250원을 배당받게 되는 것이다.

예상배당표를 볼 수 있게 되면 투자를 시작하라

개인 투자자가 부실채권 투자에 성공하려면 무엇보다 부실채권 물건이 매입금액보다 낙찰예상가격이 높아야 한다. 결국 양질의 물건을 매입하는 것이 관건인데 그게 바로 주거용 부동산이다. 다시 말해 경매에 군이 참여하지 않더라도 제3자가 낙찰 받은 물건에 대해 부실채권 투자자가 배당수익을 올릴 수 있기 때문이다.

부실채권 물건을 고를 때는 목적을 분명히 해야 한다. 즉, 배당투자를 노릴 것인가, 유입투자(경매에 참여하여 직접 낙찰을 받는 방법)를 노릴 것인가, 매입 부실채권의 연체이자를 노릴 것인가, 낙찰을 받으면 재매각할 것인가, 채무자를 잘 설득해 자진변제시켜 수익을 얻을 것인가를 정해야 한다. 그 목적에 따라 최적화된 물건을 고르는 게 가장 현명한 방법이다. 그리고 판단을 제대로 하려면 무엇보다 예상배당표와 물건보고서를 보는 법부터 우선 익혀야 한다.

배당표를 잘 살펴보면 경매집행비용이 가장 먼저 배당되고, 이어서 담보부질권자에게 배당되며, 나머지 잔액이 근저당권자에게 배당된다. 결국 근저당권자보다 담보부질권자가 우선 배당받는다는 사실을 알 수 있다.

채권자들에게 배당금을 배분하고 남은 금액이 있으면 채무자 겸 소유주에게 배당이 돌아간다. 좋은 물건을 고르고 권리분석만 잘하면 실투자금액 4,000만 원으로 6개월 만에 약 2,400만 원의 수익도 가능하다. 연 수익률로 따지면 120%! 그야말로 대박 물건이 존재한다는 이야기다.

매각 물건명세서는 매각물건 권리분석의 세부내역을 다루고 있다. 부실채권 투자에서 이 매각 물건명세서를 잘 이해하고 분석할 수 있는 능력이야말로 수익을 실현하는 데 절대적인 조건이라 하겠다. 따라서 매각물건명세서와 예상배당표 작성법을 제대로 알지 못하고는 투자에 낭패를 보기가 쉽다.

매각 물건명세서는 경매의 종합 재무제표라고 할 수 있다. 말소기준등기, 임차인의 대항력 유무, 배당 유무, 인수 권리 등 다양한 정보를 제공하는 손익계산서와 대차대조표인 셈이다.

수익과 직결되는 예상배당표 작성하기

물건보고서를 작성하려면 무엇보다 예상배당표가 중요하다. 수익과 직결되기 때문이다. 예상배당표의 양식은 금융기관마다 조금씩 다르지만 양식과 관계없이 예상배당표 작성에서 가장 중요한 것은 선순위 배당채권이다. 이를 정확히 확인하려면 법원에서 교부명세서를 발급받아 경매개시 기준일로부터 선순위 조세체납금액과 압류·가압류를 확인하여 배당표를 작성해야 한다.

인천지방법원 부천지원 경매 6계 2016-1○○96 권리분석(임의경매)

용 도	근린상가 (업무시설)	소 재 지	경기도 부천시 신중동 ○○-1 ○○타운 ○층 *01호		
경매기일	2016. 4. 23	채 권 자	○○은행	감 정 가	1,510,000,000원
건물면적	979.93㎡ (296평)	토지면적	357.09㎡ (108평)	감정상세	건물: 1,057,000,000원 토지: 453,000,000원
물건번호		채 무 자	○○컴퓨터	최저가	(11.8%) 177,651,000원
진행횟수	8회(유찰: 7회)	소 유 자	○○컴퓨터	낙찰가	
전입확인		이해관계	등기 6건, 임차 4명	청구액	819,000,000원

낙찰(예정)가 변경	177,651,000원
등기, 임차인 변경	

총매입가

	금 액	금액산출기준
낙찰가	177,651,000원	총 배당액
거래세(취득세 등)	8,171,946원	낙찰(예정)가 4.6%
채권	360,302원	낙찰가 약 0.2%
부담임차금	140,000,000원	대항력 있는 낙찰자 부담 임차금
명도비	3,000,000원	소송비, 집행비, 이사합의금 등
기타비용	850,000원	미납공공료 및 관리비, 법무비용, 제수수료
총매입가	330,033,248원	

등기권리	권리자	등기일자	채권액	등기배당액 배당총액	말소 여부	비고
저당	○○은행	2009. 2. 26	819,000,000	170,236,340	말소	말소기준권리
전세	○○나인	2009. 6. 19	140,000,000	0	말소	
가압	신용보증	2011. 6. 20	285,000,000	0	말소	
임의	○○은행	2011. 7. 19	0	0	말소	경매기입등기

대항력	임차인	전입일 (사업등록)	임차금 월세포함	임차배당액 배당총액	인수	확정일	배당	형태
有	○○컴퓨터	2007. 10. 2	0	0	인수		안함	영업
有	○○나인	2008. 7. 1	140,000,000	0	인수		요구	영업
無	모두컴	2009. 5. 28	0	0	소멸		안함	영업

배당순서(예상)

권 리	배 당 자	배 당 액	배당후잔액	배 당 사 유
경매비용		7,414,660	170,236,340	
저당권자	국민은행	170,236,340	0	저당

위 도표를 풀어보면,

> 위치: 경기도 부천시 신중동 ○-1 ○○타운 ○층 *01호
> 감정가: 1,510,000,000원
> 청구액: 819,000,000원
> 낙찰가: 177,651,000원(최저낙찰가)
> 임차금: 140,000,000원(대항력 임차금)
> 명도비: 3,000,000원
> 미납공과금: 850,000원
> 경매비용: 7,414,660원
> 배당순서: 경매비용 7,414,660원 -> 배당 후 잔액 170,236,340원
> 국민은행: 170,236,340원

이처럼 NPL 투자에서도 일반경매와 마찬가지로 낙찰예상가와 배당표를 작성해 분석하고 적용해야 한다. 그래야 실투자금액이 얼마인지 파악하고 손실을 최소화해 수익을 낼 수 있다.

대출비율은 어떻게 적용할까?

일반경매와 NPL 투자의 차이는 '소유권'과 '근저당권'의 차이다.

즉, 일반경매는 소유권을 이전받아 재매각을 통해 수익을 내고자 한다면, NPL 투자는 채권최고액을 꽉 채워 배당금으로 수익을 내기 위한 것이므로 권리분석을 통해 배당금을 얼마나 받는지가 중요하다.

0순위 배당은 당연히 경매비용과 필요비·유익비에 대한 청구이다.

NPL 투자자는 매각금융기관의 경매진행 중인 채권 매입 시 경매비용 환급도 되므로 수익금이 더 늘어날 수 있다.

1순위 근저당권 매입가격 기준은 1순위 근저당권보다 선순위 채권액을 예상낙찰금액에서 제하고 남은 금액이 예상배당액이 된다. 이 예상배당액을 1순위 근저당권을 매입하는 기준으로 삼고 근저당권부채권 매매 협상을 하게 된다. 여기에 일정 수익 및 비용 등을 가감하여 채권의 최종 매입가격을 결정한다.

질권대출 시 담보여력 산정기준을 알아보자. 보통 상가는 유찰이 많아 낙찰가율이 낮으며 경기침체 등의 영향에 따라 부침이 많은 편이다. 또 경매시기에 따른 예상배당액의 변동 폭도 커서 질권대출 담보여력인 예상배당액에 대한 대출비율이 낮은 편이다. 그에 비해 가격 변동 폭이 적은 강남 소재 아파트의 경우 예상배당액 변동 폭이 적어 다른 지역 및 타 물건보다 대출비율이 높은 편이다. 은행에서는 대출비율 적용 시 지역 및 물건의 특성 등에 따른 리스크를 반영하여 회수 리스크가 큰 물건은 대출비율을 적게 적용하고, 그 반대의 경우는 최고 90%까지 대출비율을 적용한다.

4
권리분석 사례 살펴보기

등기부등본과 매각 물건명세서 확인하기

필자가 20년의 부동산경매 경험으로 봐서는 NPL의 권리분석은 경매물건의 권리분석과 같다. 권리분석의 시작은 부동산 등기부등본의 '갑구'와 '을구'에서 근저당권 설정일자와 가압류, 가등기 등의 일자를 확인하여 말소기준 등기를 찾아내는 것이다. 갑구(가압류)는 소유권에 관한 사항, 을구(근저당권)는 소유권 이외의 권리로 부채에 관한 사항들이 기재되어 있다.

NPL 투자자라면 등기부등본에 나타나지 않은 권리들을 찾아낼 줄 알아야 한다. 선순위 임차인, 유치권, 법정지상권 등이 그 예이다. 특히 선순위 임차인을 조심해야 한다. 가장 확실한 방법은 법원 해당 경매계로 찾아가 법원경매 매각물건명세서를 보면서 분석해야 한다.

매각물건명세서에 기재된 오류내용을 보고 입찰해 손실을 입게 된 경우 취하가 가능하기 때문이다. 국가의 배상책임이 일부 있다는 대법원 판례도 존재하니 가장 믿을 만한 방법이라 하겠다.

• 최선순위 등재된 권리 중

말소기준 권리보다 먼저 등기된 가처분 · 지상권 · 지역권 · 소유권 이전청구권 가등기 등이 있다. 최선순위 가처분 및 소유권 이전청구권 가등기 등재 시 대부분 경 · 공매 진행을 하지 않는다.

• 예고등기

예고등기가 등재된 물건은 등기원인 자체가 무효 또는 취소될 수 있어 대부분 경 · 공매를 진행하지 않는다.

• 최선순위 전세권

최선순위 전세권은 매수인이 인수하는 것이 원칙이지만 전세권자가 배당을 한 경우에는 매각으로 소멸된다(민사집행법 제91조 4항). 즉, 보증금이 경매절차에서 전액 변제됨으로써 소멸되는 것이 아니라 매각으로 소멸하는 것이므로 배당 여부와 상관없이 전세권은 소멸된다. 또한 전세권이 매각으로 소멸되므로 최선순위 전세권자라도 미배당보증금을 낙찰자에게 요구할 권한이 없어진다.

다만, 최선순위 전세권자가 주택임대차보호법에 준하는 주민등록전입을 했을 경우에는 전세권뿐만 아니라 임차권도 취득하게 된다. 따라서 당연히 대항력 있는 임차권으로 미배당보증금을 매수인에게 요구할 권리가 있다.

▶ 지상권 〉 압류 〉 근저당 〉 전세권 순으로 등재 시 지상권 말소 불가

▶ 가처분 〉 압류 〉 임차권 〉 가압류 순으로 등재 시 가처분 말소 불가

→ 말소기준권리(압류)보다 먼저 등기되었으므로 말소 불가

· **기타 인수되는 권리**

① 배당을 하지 않은 대항력(전입일자가 선순위권리 등기일자보다 빠른 경우) 있는 임차인

② 대항력 있는 임차인으로 배당 요구를 했으나 임차보증금 일부만 배당받은 경우. 잔존 보증금

③ 법정지상권, 분묘기지권, 유치권

▶ 임차인(대항력 있으나 배당 요구를 하지 않음) → 압류 → 가압류 순

등기부상 권리는 전부 말소되나 대항력 있는 임차인 보증금은 매수자(낙찰자)에게 인수된다.

▶ 임차인 A(대항력 있으며 배분을 요구함) → 근저당

→ 임차인A(확정일자) → 압류 순

임차인 확정일자가 근저당보다 늦고 전입일이 근저당보다 빠른 경우, 임차보증금 전액 배분 시에는 문제없으나 임차인이 보증금 중 일부만 배분 받는다면 잔존보증금은 매수자에게 인수된다.

등기부등본 말소기준 분석하기

말소기준등기는 경매 매각절차에서 말소와 인수를 결정짓는 등기를 말하며, 그 이후에 설정된 권리들은 소멸된다. 이는 매각물건명세서, 현황조사서 같은 법원경매서류로도 확인이 가능하다. 법원경매 서류에는 임의경매 기입등기와 근저당권 중 더 빠른 근저당권이 말소기준등기임이 표시되어 있다.

① 우선 모든 등기부상의 권리를 시간 순으로 나열한다. 접수일자를 기준으로 하되 날짜가 같으면 접수번호가 빠른 순서로 정리한다.
② 말소기준이 되는 권리를 찾는다. 말소기준이 되는 최선순위 권리를 찾는다.
③ 인수할 권리가 있는지 찾아본다. 말소기준권리보다 늦으면 대부분의 권리는 소멸된다.

구 분	등기부 권리	등기부 이외의 권리
선순위 (인수되는 권리)	지상권, 지역권, 배당 요구하지 않은 전세권, 가처분, 가등기, 예고등기	법정지상권, 유치권, 분묘기지권, 배당 요구하지 않은 선순위의 대항력 있는 임차인 등
후순위 (소멸되는 권리)	저당권, 근저당권, 압류, 가압류, 담보가등기, 말소기준보다 후에 설정된 지상권, 지역권, 전세권, 임차권, 환매등기, 가등기, 가처분	

※ 후순위 가처분의 경우에도 토지소유자가 지상건물에 대해 철거를 위한 처분금지가처분을 한 경우에는 그 집행이 강제경매신청 기입등기 또는 담보권설정등기(말소기준권리) 이후에 이루어진 때라 해도 매각으로 그 효력이 소멸되지 않는다. 따라서 반드시 등기부등본상에 기재되어 있는 가처분 내용을 확인 후 입찰해야 한다.

권리분석에서 실수하면 방어입찰에 참여한다

부실채권 방어입찰[27]은 부실채권 매입자, 지분권자 또는 세입자, 채권자 등이 배당금 순위에 밀리거나 손실 발생 우려 시 타인이 낙찰받는 것을 막기 위해 입찰한다는 뜻이다.

세입자는 경매물건이 적정금액 이하로 낙찰되면 자신의 채권(전세금)이 확보되지 않으므로 직접 일정금액 이상으로 방어입찰에 참여한다. 지분을 소유하고 있는 공유자의 경우 타인이 낙찰 받게 되면 관리 처분의 문제로 분쟁이 발생할 것을 막기 위해 방어입찰에 참여한다. AMC가 권리분석을 잘못한 부실채권을 투자자가 매입했을 경우 손실을 최소화하거나 또 다른 수익을 기대하기 위해 '방어입찰'에 참여한다.

권리분석을 잘못하여 손실이 예상될 경우 AMC에서 자체 방어입찰로 개인 투자자의 손실을 최소화하거나, 투자자가 방어입찰로 매입하여 가치를 높인 후 재매각할 수 있다. 설령 권리분석에 실수가 없었다 해도 부동산 경기가 좋지 않을 경우를 대비해 부실채권에 대한 이해와 대응으로 입찰을 해야 손실을 막을 수 있다.

경제가 불안하고 부동산 시장이 불황일 때 투자자들은 호황을 맞는다. 1998년 외환위기IMF 때는 론스타, 캐피탈, 골드만삭스 등 외국투자회사에서 실질가치대비 저평가된 NPL을 산 후 나중에 비싸게 되팔아 큰 이익을 남겼다.

2008년 금융위기 때도 많은 부실채권이 시장에 나왔지만 투자자들은 경매로 배당받거나 재매각 형태로 수익을 챙겼다.

---

27 NPL의 유찰이 계속되었을 때 부실채권 매입자가 직접 경매에 참여하는 것을 '방어입찰'이라 부른다. 방어입찰 여부를 잘 판단하는 것이 NPL 투자의 실력자이다.

부실채권이 넘쳐나도 경제는 살아 움직이고 경기가 순환하는 구조에서 2018년 우리에게 또 다시 위기가 찾아올 것이다. 이는 부동산 경기순환의 주글라 파동에 의한 예측으로, 그와 동시에 장기적으로는 콘드라티예프 파동에 따른 부동산 경기순환을 볼 줄 아는 안목이 필요하다.

권리분석 실패사례

인천에 위치한 주거용 오피스텔의 경우를 예로 들어보자. 예상낙찰가는 1억 18,000,000원이었지만, 실제낙찰가는 이보다 10,999,000원 많은 1억 28,999,000원에 낙찰되었다. 그렇다면, 수익도 더 늘어났을까? 하지만 수익은커녕 오히려 더 손실이 났다.

이유가 무엇일까? 경매는 부동산의 소유권 획득으로 수익을 달성하고, NPL은 배당금 수익을 실현하는 것이 목적인데, 안타깝게도 NPL 매입 시 얻을 수 있는 배당금 수익을 분석하는 예상배당표를 작성할 때 최우선변제금을 공제하지 않고 작성했기 때문이다.

예상배당표 작성은 수익과 직결되어 있으므로 작성에 신중을 기해야 한다.

예상 물건보고서에 의하면, NPL ①매입금액은 1억 18,000,000원, ②이전비용은 858,000원(채권최고액의 0.6%), ③NPL 대출은 99,000,000원(대출금 잔액 90%), ④대출이자는 3,350,810원(연 5.8% 7개월), 총비용 ① + ② + ④ = ⑤ 1억 22,208,810원이다.

실투자금(비용계 - 대출원금)은 ⑤ - ③ = ⑥ 23,208,810원(배당수익)이다.

이처럼 2억 3,208,810원의 배당수익이 발생하는 것으로 예상하였지만, 실제낙찰가를 반영하고 또 최우선변제금액(임차소액보증금)을 제하면 실제 배당수익은 다음과 같다.

실제낙찰가(1억 28,999,000원)-경매비용(2,349,486원)-임차인(20,000,000원)=수익배당액(1억 6,649,514원),

NPL 매입금액(1억 18,000,000원)-실제 배당금액(1억 6,649,514원)

= 11,350,486원

낙찰예상가 1억 18,000,000원 실제낙찰가 1억 28,999,000원, 예상초과수익 또는 손실금 10,999,000원, 대출금이자 증가 99,000,000/365×5.8%×212일= 3,335,079원(예상낙찰일 3월3일이 실제 낙찰일 10월 6일로 지연됨으로써 증가된 대출금 이자)을 계산하고, NPL 매입비용에 대출금 이자 증가분을 더하여 다시 정산하면, 1억 25,543,889원(총비용)-1억 6,649,514원(실배당금)=18,894,375원이 적자다.

예상가보다 실제낙찰가는 더 높았지만 손실을 초래한 이유가 무엇일까?

실패 사례를 분석해 본 결과 손실이 발생한 이유 최우선변제금과 당해세 등에 대한 선순위배당금을 물건보고서와 예상배당표 작성에 반영하지 않았기 때문이다. 물건보고서와 예상배당표를 제대로 작성할 줄 알아야 손실을 최소화하고 수익을 극대화할 수 있다.

경매를 잘 모르거나 리스크를 줄이고 싶다면 유동화전문회사에서 매각하는 물건을 보고 투자를 시도해 보는 걸 추천한다. 왜냐하면 이런 기관들은 부실채권 매입 시 채권서류, 임장활동, 특수물건 분석 등 물건보고서와 예상배당표를 제대로 권리분석해서 위험을 제거하고 수익을 내는 물건을 사 오기 때문이다. 이들 기관의 물건보고서만 잘 이해해도 부실채권 공부에 많은 도움이 될 것이다.

기관 투자자들은 한층 위험 부담이 큰 무담보 채무조정 채권시장에 투자하고 있다. 무담보 채권시장에는 제1금융권 담보부 채권시장보다 훨씬 많은 투자자가 활동한다.

기관 투자자들은 론 형태로 자금을 조달하는데, CCRS(Credit Counselling and Recovery Services, 개인신용회복채권) · IRL(Individual Rehabilitation Loan, 개인회생채권)시장에 대한 금융회사의 관심이 높아지는 추세다. 이들 기관 투자자들의 펀딩에 힘입은 일부 대형 투자자는 공격적인 투자로 주목을 받기도 한다. 채무조정채권 투자에 대한 안정성과 수익성이 크다고 알려지면서 많은 금융기관들이 매입자금대출시장에 진입하고 있다. 금융기관은 각 유동화전문회사를 만들어 대규모 보유자산을 NPL 인수에 투자하고, 이를 다시 개인 투자자들에게 개별 매각하여 도매 형태의 수익을 얻고 있다. 상반기 시장의 부실채권의 약 31%를 소화한 ○○타스자산 대부는 ○○은행과 SBI저축은행, IBK캐피탈 등 다수의 경매 낙찰에 참여하고 있다. 2010년 문을 연 ○○타스자산 대부는 주로 CCRS(개인신용회복채권)와 IRL(개인회생채권)에 투자하고 있다. 수익이 난다는 반증이라 하겠다.

한편 새로 진입한 ○○자산관리 대부는 시장점유율 19%로 무담보 비채무조정 채권전문 투자 기관이다. 올해부터 CCRS와 IRL로 투자 범위를 본격 확대하여 소액신용채권 부문에 주력하고 있다. 성장 과정에 있으며 투자 범위도 계속 확대할 계획이라고 한다.

○○○○파트너스 대부의 전신인 ○○○자산관리는 2011년 부산에 개소해 활동을 시작했는데, 서울로 2013년 사옥을 이전하면서 CCRS와 IRL을 전문적으로 매입하기 시작했다. 자금조달이 수

월한 금융회사가 부실채권 투자에 대거 참여하고 있는 추세에 발맞춰 금융사, 증권사, 생보사, 신탁사, 보험사, 저축은행 등도 새롭게 가세해 담보부채권에서 CCRS · IRL 시장에 전문가들을 투입해 수익을 내고 있는 실정이다.

○○종금증권, ○○○저축은행, ○○은행 등 일부 금융회사는 이 시장에 비교적 일찍 진입하여 투자규모 대비 높은 수익을 창출하고 있다. 최근 들어서는 증권회사와 생명보험사 등의 후발주자들까지 점점 늘고 있는 추세이다. 이는 저금리시대 수익기반을 다른 곳으로 옮기려는 움직임이 자연스럽게 부실채권 쪽으로 이동하고 있음을 보여주는 예라 하겠다.

권리분석 시 주의할 점

압류재산의 경매절차에서 권리분석에 대한 책임은 결국 매수인에게 있으므로 사전에 충분히 검토한 후 입찰에 임해야 할 것이다.

※ 임차인의 대항력 판단은 등기부상 권리와 전입일자를 비교하나 배분순위는 압류일자가 아닌 조세채권의 당해세, 납세담보, 압류선착주의, 법정기일과 비교하여 인수할 금액을 산정하여야 한다.

• 상가임차인의 경우 주택임차인과 달리 상가임차인의 소액임차인 적용은 임차보증금 기준이 환산보증금을 기준으로 하기 때문에 주의를 요한다.
• 전 소유자에 대한 담보권자나 임차인 등은 현소유자의 채권자보다 우선하므로 먼저 배분을 받게 된다.

- 등기부상 나타나지 않은 권리자에 대해 유의할 점: 배당요구하지 않은 대항력을 가진 최선순위 임차인으로 ① 임금채권 ② 유치권 ③ 법정지상권 ④ 분묘기지권 등
- 토지만 매각하는 경우 법정지상권 유무
- 집합건물에 별도 등기가 등재된 경우: 토지와 건물의 이해관계인 확인
- 명도에 관한 사항: 매수자 책임
- 공매 공고사항의 부대조건 및 유의사항 확인
  - 공매 공고 후 입찰하기 전까지 배당요구 및 권리신고가 있는 경우 매각 조건이 달라질 수 있으므로 입찰하기 전 확인 후 입찰을 요한다.
- 특히 체납처분절차에서는 배당요구의 종기가 명확하지 않기 때문에 민사집행절차 배당요구 종기의 효력으로 오인하지 않도록 주의를 요한다.

※ 현행법상 임차인은 배당요구와 배당철회를 배당요구 종기일 전까지 할 수 있으며, 배당받을 수 있는 임차인이라도 배당요구를 하지 않으면 배당에서 제외된다. 대항력 없는 임차인의 배당요구 유무는 낙찰자에게 영향을 미치지 않지만, 대항력 있는 임차인의 배당요구 유무는 낙찰자에게 지대한 영향을 미치게 된다.

등기일이 동일한 최선순위 저당권이 존재하는 경우에는 등기의 접수번호 순으로 우선순위를 정하게 된다. 배당에 있어서 배당순위가 동일한 경우에는 권리자 간 채권액의 비율에 의해 평등배당을 받게 된다.

NPL 투자
초보자를 위한
고수익
투자전략

1

NPL 저렴하게 매입하는 방법

부실채권 저렴하게 매입하기

금융기관은 회계기준(IFRS)[28]을 맞추기 위해 부실채권을 유암코, 우리F&I, 한국저당권거래소, 농협자산관리회사, 지지옥션, 대신F&I, 우리AMC 등 중소형 AMC 또는 개미투자자에 매각하는데, 이곳에서는 부실채권의 담보물을 경매나 공매로 넘겨 채권을 회수하거나 판매한다. 따라서 투자자들은 이 채권을 사들여 배당받거나 직접 낙찰 받아 투자수익을 올릴 수 있다.

부실채권은 권리분석과 임장활동을 통해 부동산 물건에 대한 수익 가능 여부 등 가치판단을 잘 할 때 고수익을 실현할 수 있다. 그런데 앞으로도 금융기관에서는 새 회계기준[29]에 따라 자산건전성비율을 맞춰야 하고, 경기침체가 지속될 거란 전망으로 부실채권을 꾸준히 정리할 것으로 추측되는데 이와 같은 상황이라면 NPL 물

---

[28] 국제회계기준 IFRS(International Financial Reporting Standards)는 세계적으로 표준을 삼자고 정한 회계의 원칙을 이야기한다. 우리나라는 이러한 국제회계기준에 기반을 둔 한국채택 국제회계기준(K-IFRS)을 적용하고 있다.

[29] 국제회계기준은 국제회계기준위원회(IASB)가 제정하는 회계기준으로, 현재 110여 개 국가에서 채택되었거나 도입 예정에 있다. 공식홈페이지에서는 eIFRS홈페이지에 가입된 회원들에 한해 온라인으로 IFRS를 열람할 수 있다.

건이 증가할 수밖에 없다.

부실채권을 금융기관으로부터 저렴하게 매입하려면 채권매각 담당자와 친분을 쌓아두면 도움이 된다. 실제로 필자가 근무하는 금융기관에서도 자주 찾아오는 AMC 직원들은 많은 정보를 얻어 간다.

담당직원을 통하면 매각대상 부실채권이 가지고 있는 대출 취급 사항부터 사후관리는 물론 연체채무자의 사연이나 자산상태, 직업, 사업체 등 많은 정보들을 파악할 수 있다. 뿐만 아니라 금융기관에서 공개하지 않는 MRP 정보를 참고로 매수의향가를 가늠해볼 수 있다.

유동화 전문회사에서는 MRP 가격만 알면 저렴하게 매입할 수 있기 때문에 이보다 더 좋은 정보는 없다. 그러므로 가능하다면 자주 금융기관 채권매각팀 사무실로 찾아가 담당직원과 친해지면 여러모로 도움이 될 것이다.

부실채권은 입찰로 매입하는 방법과 수의계약으로 매입하는 방법이 있다. 금융기관에서 최저매각예상가를 평가한 후 AMC에 매각대상 채권 메일을 발송하면, 대량의 투자자 자본금을 형성한 자산관리공사, 유암코, 농협자산관리공사, 저당권거래소 등의 AMC에서는 대량매각과 Pool 방식으로 묶인 채권을 저렴하게 매입해 다시 개인 투자자에게 재매각한다.

경매 진행 중인 예정물건 NPL로 매입하기

예정물건은 조건별, 법원별, 추천물건, 역세권, 최근 취재물건 등으로 다양한 검색이 가능하다. 위와 같이 경매예정 종합물건을 검색하고자 한다면 원하는 물건을 체크한 후 검색을 누르면 다양한 물건리스트들을 확인할 수 있다.

① 예정물건 → ② 이해관계인 검색 → ③ 채권자(ㅇㅇ수협, ㅇㅇ신협 등) → ④ NPL 물건 → ⑤ 검색

예정물건 검색 후 이해관계인 검색, 관계인 채권자를 변경 조정하면서 검색할 수 있다. 해당 물건을 검색한 후 채권자에게 NPL로 매입이 가능한지 문의 후 매수하면 된다.

예를 들어 이해관계인에서 인천수협을 검색할 경우, 다양한 인천수협 NPL 물건을 검색할 수 있으며, 은행 검색에서는 은행들의 다양한 NPL 예정물건과 경매 예정물건을 검색할 수 있다. 이때 예정물건에 대해 매각 금융기관 담당자에게 부실채권 매입 의사를 밝히면 담당자는 협상을 위해 방문을 요청할 것이며, 직접 방문해서 매입하면 된다. 금융기관에서는 부실채권을 매각대상으로 삼을 때 경매개시결정이 나고 감정가가 책정된 채권에 한해서 매매를 한다.

다음은 이해관계인으로 예정물건을 검색하는 방법이다.

|예정물건 검색 방법|

① 예정물건 → ② 조건별(법원별) 검색 → ③ 경매예정 종합검색 → ④ 특수조건체크 → ⑤ 검색

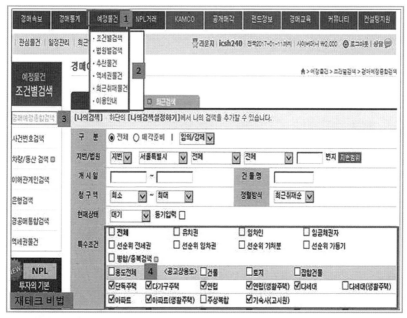

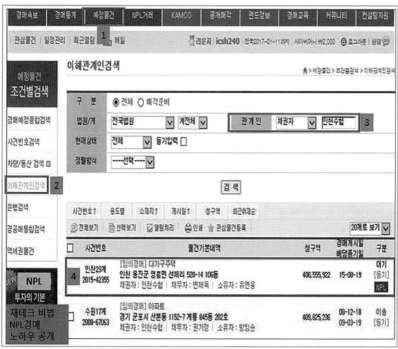

경매 진행 중인 채권을 배당요구권자의 배당요구사항, 낙찰예상가, 배당예상가를 계산해보고 수익이 발생할 물건인 경우 관련 금융기관에 부실채권으로 매각할 의향이 없는지 문의하면 된다. 매입의사를 밝히면 금융기관에서는 자체 MRP 가격에 합당할 경우 매각을 추진한다. 경매는 낙찰과정까지 끝나야 경락잔금대출(80~90%)을 받을 수 있지만, 부실채권 매입의 경우 NPL 대출(80~90%)로 투자금액(10~20%)을 줄일 수 있다.

유동화전문회사로부터 NPL 물건을 고를 때 손실을 막고 고수익을 내고 싶다면, 내가 투자하는 물건에 대해 확신을 가지고 권리분석을 정확히 할 줄 알아야 한다. 그래야만 AMC가 투자자에게 매각하려는 물건에 대해 협상할 수 있다. 매입한 부실채권의 물건에 권리상의 하자가 있다면 근저당권 경매 시 예상배당액 손실을 볼 수 있으므로 비교적 권리관계가 깨끗한 것을 골라야 한다.

또한 낙찰이 1, 2차에서 주로 끝나는 주거용 부동산 즉 단독주택, 아파트, 주거용 오피스텔 또는 수익성이 보장되는 대로변의 근린상가에 설정된 근저당권을 매입하는 것이 좋다. 추후 예상배당액 손실 방지뿐 아니라 수익을 올리는 차원에서도 보다 유리하기 때문이다.

투자자가 경매를 모른 채 부실채권에 투자하는 경우 AMC가 고정수익을 내세우는 경우가 있다. 보통 투자금액의 12~15%를 6~12개월로 나누어 수익금을 분산해준다. 이러한 고정수익 투자법으로 투자할 경우 개인은 임장활동, 감정가와 예상낙찰가 산출 등의 수고를 하지 않아도 된다. 하지만 잘 알지 못하는 AMC와 거래할 때는 각별한 주의가 요구된다. 회사의 자본력과 연혁, 그리고 CEO와 직원들에 대해서도 꼼꼼하게 파악해둘 필요가 있다.

법원경매 정보회사에서 NPL 물건을 고르고자 할 때 대표업체인 지지옥션을 이용하면 된다. 이곳은 홈페이지를 통해 NPL을 매각한다. 홈페이지에서 'NPL 거래'를 클릭하면 매각물건, 매각안내, 물건검색 등으로 검색이 가능하며, 마음에 드는 매각물건의 담당자와 전화로 상담할 수 있다.

약속 날짜를 잡아 상담 받은 뒤 물건보고서(예정배당표)를 받아보고 매수의향서를 제출하여 매매계약을 체결하면 된다. 경매가 진행 중인 물건이라면, 낙찰을 통해 배당을 받고 물건을 매매하여 시세차익을 얻을 수 있다.

최근 개정 대부업법[30]에 의하면 매도인이 자격이 없는 자에게 매각 시 3년 이하의 징역 및 3,000만 원 이하 벌금형에 해당되므로 개인에게는 매각하지 않는다.

---

30 금융감독원에 미등록된 AMC나 개인에게 NPL을 양도하면 대부업법 제9조의4 제3항과 제19조 2항 5의 규정에 의해, 위반 시 3년 이하의 징역 또는 3000만 원 이하의 벌금으로 양도자의 처벌규정이며, 금융감독원에 미등록된 자가 NPL을 매입하면 대부업법 제3조 2항 2와 제19조1항1의 규정에 의해 위반 시 5년 이하의 징역 또는 5,000만 원 이하의 벌금으로 매수인에게 더 무거운 처벌로 개정됐다.

2
NPL 배당으로 성공하기

부실채권 매입의 대표투자방법 론세일

NPL 매입투자방법으로는 론세일, 유입방어입찰방식, 대위변제방식이 있는데, 이 방법들을 확실히 이해하면 NPL 투자에 있어서 좋은 수익을 낼 수 있다. 또한, NPL을 매각하는 금융기관의 MRP 산정법을 알면 더 저렴한 가격으로 NPL을 매입할 수 있다.

론세일은 부실채권을 매입하는 가장 대표적인 방법이다. 간단히 말해서 부동산에 설정되어 있는 근저당권의 소유권을 사는 것으로, 근저당권의 권리와 의무가 모두 이전되는 방법이다.

론세일을 매입하는 방법은 크게 세 가지이다.

첫째, 100% 론세일 방식이 있다. 이 채권은 손해가 거의 없는 우량채권으로 봐도 무방하다. 그러므로 과감하게 최저 매각기준가격(MRP) 100% 투자로 매입해도 돈이 된다. 최저매각기준가격은 '원금+가지급금+소정의 이자'로 산정된다.

둘째, 유입취득방식이다. 1순위 우월적 낙찰로 유입하여 감정가 대비 높은 가격으로 재매각해 차액을 얻거나 자산가치 상승으로 수익을 실현하는 방법이다. AMC에서는 이 방법으로 시세차익을 많이 내고 있다.

셋째, 배당방식이다. 채권 잔존원금 및 가지급금 기준의 80~90%에 매입하여 낙찰대금에서 배당받는 방식으로 대표적 부실채권 투자방식이다. 대부분 개인투자자와 유동화전문회사에서 수익을 얻는 방법이다.

론세일 방식에서 근저당권부 질권대출, 즉 NPL 대출을 받아 처리할 때는 반드시 금융기관의 상계동의서를 제출해야 한다. 금융기관으로부터 상계동의서를 받지 못한 경우 입찰금액에 따라 막대한 자금이 동원되므로 주의를 요한다.

NPL 투자에서 성공하려면 금융기관에서 산정한 매각대상자산의 미상환 원금잔액과 최저매각 예상가격 계산법을 역으로 환산할 줄 알아야 한다. 즉, 잔존원금, 가지급금, 소정의 이자, 여기에 경매비용과 선순위 금액을 빼면 최저매각예상가격이 산출되므로, 여기에 15% 할인가를 적용받아 부실채권을 매입하면 손실을 최소화하면서 수익을 얻을 수 있다.

원하는 물건으로 고수익 내는 채무인수 투자법

채무인수 투자방법은 론세일 방식의 배당투자는 아니지만 원하는 물건을 인수하여 고수익을 내는 또 다른 방법이다.

부실채권의 또 다른 매입방법 중 하나는 '채무인수 투자방법'이다. 채무인수방식은 한마디로 채무자의 대출금을 인수하는 것이다. 예를 들면 채무자의 1억 원 채무금액을 9,000만 원에 인수하여 해당 부동산을 낙찰 받아 금융기관의 채무를 정리한다는 조건으로 투자하는 방식이다.

이 방식은 부실채권 매입계약자가 반드시 낙찰 받아야 한다. 은행 채권을 정리하는 조건으로 할인받아 매입하는 방식이므로 대부분 낙찰 잔금대출로 소유권이전(촉탁등기)이 동시 상계처리 된다. 론세일 방식은 부동산에 설정된 저당권을 12~25% 할인 가격으로 매입한 투자자가 배당 또는 낙찰을 받는 방식인 데 반해 채무인수방식은 해당 부동산을 직접 유입하는 경우다.

유입자산은 투자회사가 직접 낙찰 받은 부동산이다. 유동화회사가 손해 볼 수 없어 아무도 사가지 않는 채권 경매에 직접 참여해 낙찰을 받는 경우도 있다. 낙찰 후 세입자 처리 등 권리관계를 정리한 뒤 적당한 시기에 일반매물로 판매한다. 경매 낙찰 전에 미리 부실채권을 매입하기 때문에 1순위 저당권을 할인 가격에 매입할 수 있고, 이를 경매과정에서 다른 사람에게 유통하거나(저당권 거래) 경매에 직접 참여해 낙찰 받을 수 있다(유입 과정).

채권최고액의 채권자 입장에서 낙찰 받기 때문에 다른 사람보다 높은 가격을 써낼 수 있어 낙찰 확률이 매우 높다. 게다가 채권최고액이 많아 나중에 되팔 때 양도소득세를 절세할 수 있어 일거양득의 효과를 거둘 수 있다.

부실채권 매각업체 입장에서도 인수한 채권액이 높은 대신 실제 매입가는 장부가의 70~80%에 불과하므로 할인가로 되팔아도 매매나 취득에 따른 세금이 면제되어 차익이 높은 장사를 하는 셈이다.

투자자의 입장에서도 마찬가지다. 이러한 물건들은 시세 대비 20~30% 이상 저렴할 뿐 아니라 대체로 권리관계도 깨끗하므로 적극적으로 노려볼 만하다. 결국 채무인수방식의 성공 방법은 우량물건 선별에 있다고 하겠다. 모든 NPL이 고수익을 안겨다주지는 않는다. 대부분 경매를 통해 채권회수가 가능한 주거용 부동산, 즉 아파트, 다세대, 단독주택 등의 NPL은 일반 투자자에게 잘 매도하지 않아 매물을 구하기가 쉽지 않다.

고수익 가능성이 있는 매물은 대체로 비대중적인 경매물건인 경우가 많다. 근린상가나 토지 등은 NPL이 차지하는 비중이 높은데다 권리관계가 복잡한 물건들이 많은 위험이 있음에도 불구하고 권리상 문제점을 해결하고 가치를 높이는 작업을 병행하면 고수익을 올릴 수 있다.

배당방식과 유입취득방식, 어떻게 선택할까?

부실채권 투자는 배당방식과 유입취득방식이 있으며, 상황과 여건에 따라 유리한 방향을 선택하면 된다. 다음은 배당투자로 시작해 방어입찰로 유입한 사례를 소개하고자 한다.

오래 전부터 필자와 잘 알고 지내던 K씨는 경기도 부천 상동에 소재한 근린상가를 저렴하게 경매로 낙찰 받아 고시원으로 용도 변경해 임대수익을 받고 있었다. 그런데 욕심이 지나친 것일까? 고시원 운영자 겸 채무자가 이자 납입지연으로 경매 통보를 하자 필자의 사무실에 방문했다.

"어서오세요. 오랜만이네요. 그동안 잘 지내셨어요?"

안부 인사를 건넸지만 안색이 좋지 않았다.

"아휴, 죽을 맛입니다. 경기도 안 좋고……."라며 말을 흐렸다.

"아니, 사장님은 고시원에서 월세가 꾸준히 나오고 생활비가 그렇게나 많이 들어가세요?"

채무자의 동태를 파악하기 위해 물은 것이었다.

"월세는 꾸준히 나와도 들어가는 돈이 많아 이렇게 이자도 납입하지 못하고 있네요. 다른 곳에 투자를 했는데 투자를 잘 못해서……." 하며 한숨을 쉬었다.

"사모님은 그냥 집에 계세요?"

다른 수입처가 있을까 해서 동태를 파악해 볼 심산이었다.

"집사람은 지금 우울증에 걸려 집에만 있습니다. 사실은 딸이 하나 있었는데 서른두 살에 아들 하나 낳고 암으로 일찍 세상을 떠났어요."

예순이 넘은 어르신이 눈물을 흘렸다. 자식을 잃은 부모 마음을 이해하기에 마음이 아팠다.

"그 이후 사위와 손주와 같이 살았는데 최근에 사위가 재가를 하게 되어 손주까지 집을 떠나고 저나 집사람이나 사는 재미가 하나도 없습니다."라며 한숨을 쉬었다.

"저도 대기업에서 은퇴해서 은퇴자금으로 상가 하나 경매로 받아 고시원으로 용도 변경하여 수익형으로 평생 연금을 받으려고 했는데……."

필자는 이해가 되지 않았다. 월세가 꾸준히 나오는데 이자를 납입하지 못하는 이유는 무엇일까?

"그럼 부평역에 운영하시는 노래주점이 장사가 안 되나요?"

"그렇죠, 뭐."

"그럼 김 사장님, 그 노래주점으로 항상 출근하시나요?" 하고 묻자, "아니요. 가끔씩 가서 장사하는 것을 지켜보고 있습니다."라고 대답했다.

그날 저녁, 함께 근무하는 직원과 그 노래주점을 방문했다.

50세 쯤 되어 보이는 직원이 "어서오세요!" 하며 환하게 웃으며 맞이해주었다.

"네, 안녕하세요? 사실 저희는 금융기관 직원입니다. 김○○ 사장님 아시죠?"

"네, 그런데요. 그분이 저희 금융기관에 고시원을 담보로 7억 원을 대출받았는데 현재 이자를 납입하지 못해 경매가 진행될 예정입니다. 그래서 이곳에 장사한다는 소식을 듣고 방문한 것입니다. 김 사장님한테 무슨 일이 있는지 이곳은 장사가 잘 되는지 알아보려고요."

직원이 긴장하는 눈치였다.

"사실 김 사장님이 주식에 손을 대 손실을 많이 입은 모양입니다. 그래서 저희 월급도 몇 개월째 못 받고 있어요."라며 긴 한숨을 내 쉬었다.

"그렇군요. 이제 그 이유를 알 것 같네요. 잘 알겠습니다. 수고하세요."

인사를 하고 나왔다.

그렇다. 필자의 금융기관에서는 특화대출로 고시원은 상임차를 차감하지 않고 감정가 80% 대출을 해준다. 본 대출은 감정가 10억 60,000,000원일 때 80%의 대출한도로 8억 48,000,000원이 된다.

김 사장은 고시원에서 매달 들어오는 수입을 모아 부평역 인근 건물 6층에 제2종 노래주점을 운영하기 시작했는데, 경기침체에 따른 영업 부진으로 손해를 많이 보고 있었다.

김 사장은 손실금을 한 방에 만회할 생각으로 개인사채를 빌려 쓰고 근저당권설정을 해주고 그 후순위로 저축은행에서 더 대출을 받았다. 그리고 고시원을 보증금 1억 원, 월세 500만 원에 고시원 임대를 주고 그 임대보증금으로 주식투자를 시작했다. 문제는 주식투자 역시 계속 실패를 거듭하다 보니 원금 손실 60% 이상이 넘어 더 이상 이자를 낼 수 없는 상황이 돼버렸다. 결국 몇 번의 독촉장 발송과 현장방문에도 해결의 기미가 보이지 않자 경매를 진행할 수밖에 없었다.

처음에는 고시원 전·월세 세입자들에게 "월세를 주인에게 내면 주인이 이자를 납입하지 못할 경우 경매가 진행되어 결국 보증금도 날릴 수 있으니 아예 월세로 은행이자를 납입해주세요."라고 권했고, 세입자들은 이를 수긍하고 두 달간 이자를 납입하고 있었다. 그런데 건물주의 은행 후순위 개인 사채 저당권설정 등이 진행되면서 상황이 더 어려워진 것을 알고 경매 시 입주 보증금도 못받을까 걱정이 되었는지 동요하기 시작했다.

김 사장은 다른 방법으로 경매를 막아보려 했지만 엎친 데 덮친 격으로 교통사고까지 당하면서 해당 물건을 결국 경매로 내놓게 된 것이다. 은행 측에서는 당해년도 충당금 회수와 연체비율 감축 차원에서 대출물건을 원금(7억 원)만 받고 NPL 매각을 추진하게 되었다.

본 사례는 대출물건에 대한 이자를 납입하지 못해 NPL로 매각된 물건이다. 이 물건은 유입방식으로 방어입찰에 성공해 충분한 임대수익이 나는 부동산으로 탈바꿈시킨 후 얻은 가치상승과 매매차익을 설명하기에 좋은 예이기도 하지만 NPL 근저당권부 질권대출과 권리분석 실패의 예로 참고할 만하다.

K씨의 경매투자와 (주)○○F&I의 NPL 투자의 비교

이 건물은 건평 $511m^2$(154평), 대지 지분 $2,586/96.57m^2$(29평)의 오피스텔이었다. 당초 본 부동산 소유자는 공기업 은퇴 후 임대수익을 위해 고시원으로 변경해 임대수익을 얻고 있었다.

고시원의 호실은 29개로 방마다 월 45만 원씩 총 임대수입만 13,050,000원이었다. K씨도 처음에 이 건물을 경매 4억 원에 낙찰받았다. 그 후 고시원으로 용도 변경해, 시설비 2억 5,000만 원을 포함해 총 6억 5,000만 원 정도의 투자비용이 발생했다. 인건비와 관리비(6,500,000원) 등의 비용을 빼고도 수익률은 연 12.09%이다. 실무에서는 양도소득세를 내지 않기 위해 차액만큼 시설비로 따로 계약서를 작성하기도 한다.

• **경매로 상가를 낙찰 받은 K씨의 수익률 분석**

① 대출받지 않았을 때

　월수입 13,050,000원 − 6,500,000원=6,550,000원×12월

　= 78,600,000원/6억 5,000만 원(투자금)

　= 연 12.09%

② 대출받았을 때

7억 원 대출(감정가의 80%. 연 4.8%), 1년 이자 33,600,000원,
실투자금 0원
78,600,000원 - 33,600,000원 = 45,000,000원

③ 1년 후 감정가 상승(10억 60,000,000원)으로 80%인 8억 48,000,000
원 대출. 기존 대출금 7억 원을 상환하고 1억 48,000,000원은
여유자금으로 활용 가능하다.

④ 2년 후 고시원 9억 원 매매 진행. 만약 경매로 진행되지 않고 매
매가 정상적으로 성공했다면 시세차익 2억 50,000,000원을 얻
을 수 있는 물건이었다.

• NPL 투자로 낙찰 받은 ○○F&I의 수익률 분석

① 대출받지 않았을 때

월수입 13,050,000원 - 6,500,000원 = 6,550,000원×12월
= 78,600,000원 / 756,000,000원(등기비 등 총 투자금) = 연 10.04%

② 대출받았을 때

고시원 경락잔금대출 631,000,000원(NPL 매입금의 80%, 연 3.8%)
78,600,000원(순수입) - 23,978,000원(연이자)
= 54,622,000원(실수입)/125,000,000원(실투자금)
= 연 43.30% 수익률.

125,000,000원(실투자금)

= 756,000,000원(총 투자금) - 631,000,000원(대출)

NPL 배당투자 과정 알아보기

배당투자는 채권자 변경신청서와 채권계산서를 제출해야 한다. 대출을 받을 경우 질권자가 상계신청동의서를 발급받아 법원에 제출해야 한다.

론세일 과정 1

① 채권양도 계약일: 계약금 10% 지급

② 채권양도 잔금일: 잔금 90% 지급

채무자에게 채권양도 통지 → 등기부채권 변경 → 법원채권자 변경신고 → 채무자에게 질권설정 통지서 발송 → 론세일의 양수인

③ 경매입찰일: 입찰보증금 10%, 낙찰가격 80%~90%

④ 낙찰허부 결정 → 차액지급신고서 제출(상계신청서) → 질권자인 금융기관 상계신청동의서 발급

⑤ 잔금일(=배당일): 상계신청 허가 시

부동산소유권 취득 → 경매잔금대출 80~90%(경매잔금대출을 받아 질권대출을 변제한다) → 경매배당(경매비용/최우선변제/당해세/질권자/또는 1순위 채권자)

⑥ 배당일(상계신청 불허가 시)

· 경매비용 환급금은 채권양수인의 몫이 된다.

· 질권대출 은행이 상계신청동의서를 발급해주므로 진행과정이

비교적 단순하다.

론세일 과정 2

질권자가 상계신청동의서를 발급해주지 않고 대출을 받는 경우이다.

① 가장 일반적인 진행과정이다. 채권양도 잔금일에 질권대출 집행과 등기부채권자 변경, 채권양도통지 등의 절차가 진행된다. 법원업무를 대행할 법무사 등과 함께 유동화회사를 방문하는 것이 좋다.

② 경매비용 환급금은 제1순위 채권자가 신청채권자인 경우 채권양수인의 몫이다.

NPL 매입가격 원가 분석하기

최저매각 예정가격과 예상배당표만 잘 분석하면 소규모 자금으로도 저렴하게 부실채권을 매입하여 수익을 낼 수 있다. 그러나 금융기관에서는 최저매각예정가격을 공개하지 않는다.

다음 표는 필자가 근무하는 금융기관의 부실채권 매각 최저매각 예정가격 산정방법이다. 대부분 대출금 원금, 가지급금, 대출금 이자(적정이자)에 선순위 조세채권, 대항력 금액, 경매비용을 차감한 금액이 MRP이다. 이 금액에 대부분 할인율을 적용하여 매각하는데, 최저매각예정가격의 100% 매각물건은 대개 돈이 되는 물건이라고 보면 된다.

할인율을 적용받아 매입한 부실채권에 연체이자를 채권최고액 범위 내로 받는다면 30~40% 이상의 수익률이 발생한다. AMC에서는 이 연체이자로 수익을 낸다. 개인 투자자도 AMC로부터 매입한 부실채권의 연체이자로 수익을 얻을 수 있다.

최저매각예상가격(MRP) 산정방식	
(=) 유효담보가	
담보물 예상배당액	min (①, ②, ③) ① 유효담보가 ② 당행 근저당권 설정액 ③ 미상환 원금+미수 이자(청구가능금액)

경매 후 잔존채권 평가액의 현재 가치	
구 분	내 역
미상환 원금 + 미수 이자	경매배당 시점의 청구 가능금액
(－) 담보물 예상 배당액	경매를 통한 회수 가능금액
(＝) 경매 후 무담보 채권액	
2) 경매 후 무담보 채권 평가액	경매 후 무담보채권 평균 매각률 경험치(1.0~1.5%) 평가
3) 할인율 적용하여 매각(입)	최저매각 예정가격의 13~15%

국내 최초 부실채권 매각 금융기관 MRP 산정법 공개

국내 최초 MRP 산정방법을 공개한다. 고수들은 이 MRP 산정법으로 더 큰 부를 얻는다. NPL은 다양한 수익실현이 가능하다. 그중에서도 가장 으뜸이 MRP 산정계산법을 아는 것이다.

매각금융기관에서는 미리 MRP을 산정해 놓고 부실채권 매각리스트를 작성해 협약 맺은 AMC사 메일로 매각물건을 발송하고 마감일을 지정한다. 메일을 받은 AMC사들은 매각리스트 보고 나름대로 물건보고서를 작성해 현장 임장활동을 마친 후 급매가격과 실거래가를 미리 확인한다. 이를 바탕으로 낙찰예상가를 산정해 수익률을 분석한다.

적당한 가격의 매수의향서를 금융기관 NPL 매각담당자AM에게 발송하고, 담당자는 이를 취합해 최고가를 쓴 AMC에 매각한다. 실제 수익 실현이 안 되는 매수의향서를 제출하는 AMC도 있는데, 금융기관에서는 MRP 이상이면 부실채권을 매각한다. 그만큼 매수의향서의 가격은 천차만별이다.

예를 들어 MRP가 1억 원이라고 하자. 이때 MRP 산정법을 잘 모르는 유동화회사는 매수가를 1억 3,000만 원이나 1억 5,000만 원으로 쓰기도 한다. 실제 그 가격에 살 경우 수익은 거의 발생하지 않는다.

매각금융기관의 MRP 산정방법을 안다면 그 금액에 맞게 매수할 수 있는데, 그 방법을 잘 몰라 높은 가격으로 매수의향가를 적어 수익에 도움이 되지 않는 경우를 현장에서 많이 봐온 필자로서는 안타까운 마음이 들었다.

부실채권 투자의 실패를 줄이는 방법은 다양한 투자수익 사례와 물건보고서 작성방법에 달렸다. 대신 F&I등 대형 AMC는 개인투자자들에게 물건보고서를 작성해 투자를 권유하는 방법을 택하는데, 과연 AMC사가 금융기관으로부터 매입하는 가격산정방법은 무엇일까?

답은 금융기관에서 산정한 MRP 기준 그 이상의 가격으로 매수의향가를 쓴다는 것이다. 즉, 금융기관의 MRP 산정방법만 알면 근사치로 부실채권을 매입하여 돈을 벌 수 있다는 얘기이다.

|사례1| MRP 산정 15% 할인

감정가 1억원 × 87%(1년 평균낙찰가율) = 87,000,000원 − (선순위 금액 2,000만 원 −
경매비용 300만 원) = 64,000,000원
64,000,000원 / 1.15 = 55,652,173원(MRP)

담보부채권 매각가격 산정 공식

□ 담보부채권 매각가격 = {예상매가 − 총 선순위채권액} ÷ $(1+현가할인율)^n$
※ 예상매가 = 감정평가액 × 용도별 · 지역별 평균낙찰가율,
※ n : 할인기간

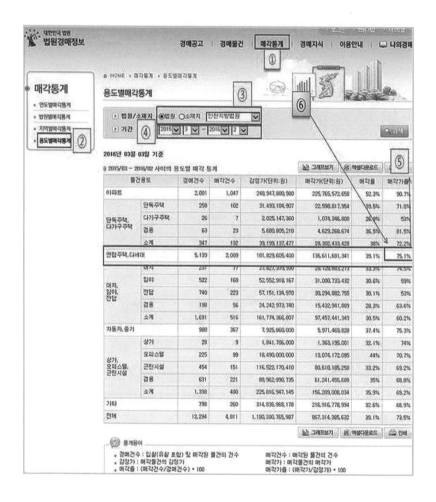

① 지지옥션 → 경매통계 → 법원별통계 → 시군별통계 → 법원별(인천 → 중구) → 1년
② 대법원경매 → 매각통계 → 용도별매각 → 기간 1년
  → ①, ② 중 높은 가격의 매각가율로 결정

다음 도표에 의한 MRP 산정은 감정가액 120,000,000원×
75.10%(낙찰가율)=90,120,000원-경매비용 2,100,000원을 차감하면
유효담보가액 88,020,000원이다. 그러나 담보물 예상배당액(① 유효

담보가, ② 당행근저당권 설정액, ③ 대출원금과 미수이자) 중 적은(Min) 금액이므로 ③의 대출원금 및 미수이자(청구가능금액)는 77,721,058원이다.

　이 금액에 15% 할인가를 적용하여 1.15로 나눈 금액 76,539,130원이 최종 MRP이다.

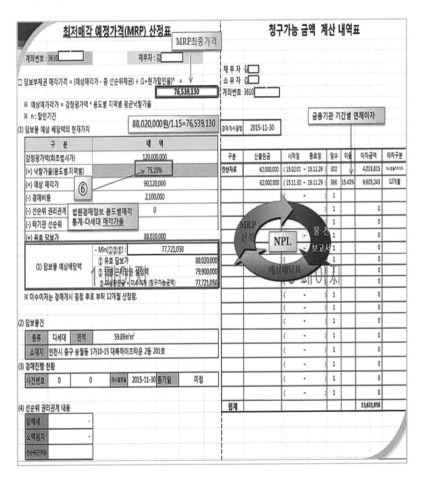

담보부 채권 매각가격 산정 공식

□ 담보부채권 매각가격 = {예상매각가 − 총 선순위채권액} ÷ (1 + 현가할인율)^n
※ 예상매각가 = 감정평가액 × 용도별 · 지역별 평균낙찰가율
※ n: 할인기간

□ 담보부채권(고정분류채권) 매입가격 결정방법
매입가격 = 감정평가액×물건종별 평균낙찰률(최근 3개월) − (선순위채권 + 경매집행비용 + 담보물건관리비) ± 10%(공시지가, 건물 의 감가상각 및 시세가격 변화 등을 감안하여 가감)

할인가 활용전략 사례분석

직장인 구 모 씨는 부실채권 투자 할인율이 돈이 된다는 사실을 알고, 매각금융기관의 할인율과 할인금액을 계산 중이다.

보통 MRP 13~15%를 할인해준다.

부천에 있는 다세대 주택 15평
감정가(법사가): 180,000,000원
실매매가: 174,000,000원
낙찰 예상가: 164,700,000원(91.5%)
경매비용 차감: 2,350,000원
선순위금액 차감: 1,350,000원
MRP(161,000,000원)×1.15(15% 할인) = 140,000,000원
할인금액(21,000,000원)+실매매가 대비 낙찰예상가 차액(9,300,000원)
= 총 시세차액(30,300,000원)

위 예시는 소액이지만 금액이 크면 클수록 할인율로 인한 수익은 더 커진다. 연체이자와 할인가 포함해 매입금액의 평균 40% 이상이라고 보면 된다.

경매진행 전 대출용 감정평가서에 따른 최종평가액이 감정평가일자 2년을 초과한 경우엔 외부 감정평가법인에 재의뢰하거나 또는 담보물 가격조사방법서에 따라 평가액을 재산정한다.

경매진행 시 법원 최초감정가(법사가)를 적용해 경매 취소 또는 중단된 경우라도 경매개시결정 후 법원 감정평가액을 확인할 수 있는 경우 동 감정가를 적용하지 않는다. 용도별·지역별 낙찰가율, 지지옥션, 인포케어 등 법원경매 통계자료를 사용하되 최근 1년간 해당지역(시·군·구 지역 기준)의 낙찰가율을 적용한다.

기간은 기준일(양도·양수 할 채권을 확정하고 매각대금 산정을 위한 기준이 되는 날)이 속한 월의 직전 월 말일까지 최근 1년으로 한다. 경매통계 건수가 5건 이하인 경우 1차적으로는 시·도 단위를 적용하고, 2차적으로는 전국 단위로 하여 지역을 단계별로 확장 적용한다.

당해세, 임금채권, 임대차금액, 소액임대차 등의 총 선순위 채권액은 등기사항증명서(등기부등본), 채권서류, 임대차조사서, 사후관리서류(경매기록 열람조서 포함) 등으로 확인 가능하다. 선순위채권금액은 법정 선순위채권과 약정 선순위채권의 합계액으로 한다.

법정 선순위채권: 최우선변제권 있는 임차보증금, 대항력 있는 임차보증금, 임금채권 및 우선변제 조세채권

약정 선순위채권: 선순위 근저당권, 선순위 전세권, 채권자·채

무자 간 합의하여 약정한 선순위채권 등을 말한다. 저당권자의 채권확인서가 없는 경우 설정최고액으로 한다.

현가할인율(근저당채권 매매 시 채권의 미래 지불액을 현재가치로 환산하는 할인율)은 금융기관 업계 통상수준인 13~15%를 적용한다(채권투자 리스크, 투자자의 조달금리, 요구수익율, 각종 비용 등을 반영한 것으로 각 조합에서 설정해 적용한다). 그리고 NPL 할인기간은 경매개시결정 전에는 24개월을 적용하고, 경매개시 결정 후에는 12개월을 적용한다. 기준일 현재 매각기일에 일부 또는 전부 낙찰된 경우나 또는 항고 중인 경우, 배당금을 미수령한 경우에는 6개월이 적용된다. 할인 기간은 일할 계산한다. 부실채권 중 원석을 잘 고르면 고수익이 가능하다. 이것이 바로 NPL 지知테크, 아는 만큼 돈을 버는 원리이다.

3
수익률 최고로 올리기

손실을 최소화하는 대위변제 활용하기

NPL 투자로 수익률을 높이기 위해서는 경매 1차, 2차에 낙찰될 가능성이 높은 NPL을 선별하는 것이 중요하다. 수익률을 높이는 NPL 투자방법은 다양하다.

예를 들면, 제2순위 근저당권을 채무자 대신 갚는 대위변제방법으로 매입한 후에, 다시 제1순위 근저당권을 소유한 은행을 방문하여 제1순위 근저당을 대위변제함으로써 채권최고액만큼을 다 채워서 합법적인 연체이자를 받아 높은 수익을 얻기도 한다.

또한, NPL을 매입한 후 직접 경매에 참여하고 유입(직접 낙찰)한 경우, 배당받을 금액을 NPL 매입대출금액과 상계 처리함으로써 일처리가 간편해지고 대출을 이용한 레버리지 효과로 수익을 극대화시킬 수 있다. 따라서 경매에 노하우를 가진 경매 고수들이 이 부실채권을 잘 이해하고 투자한다면 특수물건을 더욱 저렴하게 매입할 수 있어 수익을 극대화시킬 수 있을 것이다.

NPL 대위변제는 근저당권 이전 및 연체이율 배당수익 획득방법이다. 은행의 대위변제 처리실무방법을 경매에 적용해 연체이자 배당수익을 극대화하는 방법이다. 임의대위변제와 법정대위변제가 있다.

채무자의 대출금과 물품대금을 변제함에 있어서 정당한 이익을 가지는 자(보증인, 물상보증인, 연대보증인, 담보제공자, 공동채무자, 제3취득자, 후순위 담보권자)가 변제에 의하여 채권자를 대위하는 경우를 말한다. 근저당권자보다 2순위 세입자가 선순위 대출금이 적은 경우 대신 채무를 상환하고 대항력권자로 순위 확보해 저렴하게 낙찰 받거나 손실을 최소화하는 방법이다.

인천광역시 부평구 부평동에 위치한 28평형 다세대주택(빌라) 매매가격은 1억 5,000만 원으로 임차인은 전세 8,000만 원에 임대차 계약을 체결하였다. 1순위 근저당권 3,600만 원(잔액 3,000만 원)이 있다.

매매가격 대비 80% 미만이어서 안전하다는 공인중개사의 말을 믿고 전세로 입주했다. 그런데 얼마 전 직장에서 강제퇴직을 당한 건물주가 이자를 납입하지 못하자 해당 은행에서 경매를 진행했다.

감정가 1억 5,000만 원으로 시작한 경매가 2차 1억 500만 원에서 유찰되고, 3차 7,350만 원까지 떨어지자 세입자는 걱정이 앞섰다. 3차에서 1억 원에 낙찰된다 해도 선순위 근저당권 3,600만 원과 경매비용 등을 제하고 나면 6,000만 원 정도밖에 배당받지 못하기 때문이다.

시세까지 하락해 최근 낙찰 동향과 유사물건 낙찰사례를 보니 70~75%에 낙찰되고 있었다. 이 물건이 낙찰될 경우, 임차인의 보증금 8,000만 원 중에 6,000만 원만 배당받을 수 있다면, 나머지 보증금 2,000만 원(전세보증금 8,000만 원-배당금6,000만 원)은 어떻게 받을 수 있을까?

이럴 때 사용하는 방법이 바로 임차인 방어입찰 대위변제이다. 소유자를 대신하여 1순위 근저당권인 3,000만 원을 상환하고, 임차인 본인이 1순위 전세권자가 되는 것이다. 이런 방법이 대위변제 투자법, 선순위 세입자의 방어입찰 경매이다. 그렇다면 경매 진행을 정말로 막을 수 있을까?

4,000만 원에 낙찰을 받아도 선순위 대항력권자가 있고, 1억 원 정도(1순위 근저당권 설정액 3,600만원+선순위 대항력 전세금 8,000만원+ 경매비용 및 이사비용, 취·등록세비 등)가 투입되는 경매 입찰에 참가하기란 쉽지 않다. 뿐만 아니라 부동산 가격이 분양가보다 떨어져서 실매매가가 1억 3,000만 원 정도라면 더욱 더 그렇다.

따라서 이런 경우에는 임차인이 직접 입찰자가 되어 경매에 참여하거나 건물주에게 전세금 손실을 이유로 설득하여 소유권 이전 유저당 특약[31]을 맺어 대위변제를 할 수도 있다. 경매 고수들은 세입자 방어경매의 장점을 활용하기도 한다.

다음은 필자가 근무하는 금융기관에서 채권관리업무 방법서에 나와 있는 방법대로 가지급금으로 선순위를 대위변제하여 손실을 줄이고 수익을 극대화한 사례이다.

---

31 저당권을 설정하는 것 이외에 당사자가 그 설정계약에서 또는 변제기 도래 전에, 특약으로 채무자가 갚아야 할 즈음에(변제기에) 변제를 하지 아니하는 때(저당채무 불이행)에는 저당물로서 직접 변제에 충당하여 저당권자가 저당목적물의 소유권을 그대로 취득하는 것을 내용하거나 또는 민사소송법상의 경매가 아닌 다른 임의의 방법으로 저당물을 처분하거나 환가하기로 약정하는 경우를 유저당이라고 한다. 질권(동산)의 경우 유질계약은 민법에서 명문으로 금지하고 있다. 그러나 유저당에 관하여는 채무자의 궁박을 악용할 소지가 없으므로 유효하다.

서울시 송파구의 아파트(건물 166.7㎡)를 담보로 1순위 근저당권을 설정(11억 84,400,000원)하여 우리은행에서 대출을 취급 후 아파트 가격의 상승으로 추가 담보여력 범위 내 필자의 금융기관에서 제2순위 근저당권 설정 6억 74,700,000원으로 대출취급되었다.

추가대출을 의뢰한 경우 대부분 자금압박으로 연체대출금으로 전환될 확률이 높다. 이 대출 역시 이자를 납입하지 못하고 우리은행에서 임의경매를 진행하였다. 이대로 경매종결 시까지 기다린다면 2순위근저당권자인 수협은행은 전액배당이 쉽지 않다. 이때 채권관리 업무방법서에 의하여 가지급금처리로 우리은행 선순위 대출금을 대위변제하였다. 11억 84,400,000원(우리은행 : 대위변제 : ○○수협), 원래 제2순위 근저당권자였던 ○○수협이 대위변제함으로써 수협의 손실을 줄이고 당기순이익(수익)을 늘린 것이다

배당결과 1순위 2,219,480원(재산세 등 당해세), 2순위 11억 42,992,349원(채권자 배당)이었다.

후순위 근저당권자 수협이 1순위 우리은행 대출금 대위변제(원금 및 연체이자 9억 7,817,608원) 후 채권 및 그 담보권 권리를 승계 받아 배당기일 동안 연체이자 연 17%에 해당하는 1억 3,000만 원 배당수익을 얻어 손실을 최소화할 수 있었다.

즉, 우리은행의 대출원금 9억 원 및 미납 대출금이자 7,817,608원을 2순위 근저당권자인 ○○수협에서 대위변제하여 손실을 줄이고 당기순이익(수익)을 늘렸다. 개인 투자자도 이 투자법을 활용하면 더 다양한 수익을 얻을 수 있다.

만약 우리은행에서 부동산 임의경매 진행하여 낙찰대금으로 우

선 배당금을 받아간다면 2순위 근저당권자인 수협은 그만큼 배당을 적게 받게 된다. 우리은행에서는 연체이자(연17%)를 근저당권 설정금액만큼 받아가기 때문이다. 따라서 수협은행에서 가지급금 처리하여 선순위 우리은행의 원리금을 상환한다면 경매낙찰기간 동안 이자연체 원금연체 이자를 우리은행에서 받아갈 이자를 수협이 받아 손실을 줄일 수 있다. 이것이 대위변제를 이해하는 한 사례이다.

그러나 수협에서 대위변제를 했기 때문에 대위변제 원금 9억 원에 대한 연체이자를 수협에서 받아올 수 있었다. 그 배당수익이 1억 3,000만 원으로 수협이 손실을 최소화한 것이다. 대위변제 활용의 좋은 예라 하겠다.

질권대출과 채권상계로 두 마리 토끼를 잡아라

경기도 용인시 ○○구 기흥시 ○○천동에 경매 진행 중인 24평형 다세대주택이 있다. 감정가 2억 6,000만 원, 실매매가는 2억 4,000만 원이다.

NPL 매입자와 일반 응찰자를 비교해보면, 경매 진행 중인 부동산에 일반 응찰자는 한 번 유찰된 후 감정가의 약 85%인 2억 2,000만 원에 입찰했고, NPL 매입자는 감정가격 또는 채권최고액에 근접한 2억 6,000만 원에 입찰했다. 당연히 그 물건은 NPL 매입자가 낙찰을 받고, NPL 매입대금(1억 6,000만 원)으로 추가납입 없이 상계처리 된다. 낙찰가가 2억 2,000만 원이라면, 2억 2,000만 원에서 NPL 매입대금 1억6,000만 원을 뺀 나머지 6,000만 원은 수익이 되는 것이다(이자 및 기타 부대비용을 계산하지 않음).

만약 일반 응찰자가 NPL 매입자 이상으로 응찰했다면(2억 6,000만 원 이상), NPL 매입자는 2억 6,000만 원에서 배당받게 되어 큰 이익을 보게 된다. 이와 같이 일반 응찰자는 NPL 매입자와는 경쟁이 되지 않는다.

만약 경매 진행이 3회 정도에 낙찰될 것으로 예상했는데 부동산 경기가 좋지 않아 5회까지 진행된다면 NPL 매입자가 직접 경매에 참여해서 낙찰 받을 수 있다. 어차피 AMC로부터 NPL을 넘겨받을 때 물건에 대한 정보도 같이 받기 때문에 일반 경매 입찰자들이 모르는 정보를 알 수 있고, 자신의 근저당권 범위 안에서 채권상계신청을 하면 추가로 돈이 들어가지도 않는다.

특수물건 NPL 매입으로 고수익 올리기

일반경매에서도 특수물건은 고위험 · 고수익으로 잘 알려져 있는 수단이다. 특수물건은 유치권, 법정지상권, 대항력 임차인, 분묘기지권, 예고등기, 공유지분, 토지지상권 등 소유 · 채무관계가 매우 복잡하게 얽혀 있고 공시되지 않은 물건을 말한다.

임차권은 전입신고와 확정일자, 근저당권 설정으로 공시를 하므로 권리를 주장할 수 있다. 그러나 특수물건은 부동산에 공시되지 않은 물건이므로 경매 초보자가 입찰할 경우 복잡한 법정소송과 분쟁으로 예상하지 못한 비용을 지불하게 될지도 모른다. 그러므로 특수물건을 공략할 때는 그 전에 충분한 연구와 조사가 필요하다. 그럼에도 부족함을 느낀다면 전문가를 찾아가 상담하고 함께 공부하면서 꼼꼼히 분석한 후에 입찰할 것을 권한다.

유치권은 경매 부동산에서 발생한 건축공사비, 개량수리비, 세입자의 필요비, 유익비, 집수리비, 시설비 등 물건에 대해 채권이 있는 경우 경매 낙찰자에게 그 비용을 변제받을 때까지 부동산을 점유할 수 있는 권리를 말한다.

유치권은 매각 물건명세서상 '유치권 성립여지 있음'이라고 권리표시를 한다. 유치권 성립여부는 소송이나 다양한 입증방법을 통해서 사실관계가 밝혀지기 때문에 증거와 입증서류가 분명하지 않은 상태로 입찰했다가는 큰 낭패를 볼 수 있다.

법정지상권은 토지를 담보로 취득 시 담보물 강화방법이다. 토지를 담보로 취득할 당시 건물이 존재했으나 채무자의 연체와 사업부도로 취득한 토지가 경매에 붙여졌을 때 건물과 일괄경매 진행이 안 되므로 토지만 낙찰된 경우가 발생한다. 그때 건물 소유자에게 토지사용에 대한 지료와 임대료, 건물철거에 대한 소송문제를 제기할 수 있다.

토지지상에 수목이 존재하거나 유실물이 존재하는 경우 수목과 유실물은 매각에서 제외되지만 농작물의 경우는 제외대상이 아니므로 '법정지상권 성립 여지 있음'으로 표기된 경매정보를 얻게 된다면 입찰에 신중을 기해야 한다.

법정지상권이 있는 건물은 하우스와 컨테이너 등, 활용 목적과 생산성, 수익성 여부를 가지고 투자를 판단하지만 대부분은 건물주에게 대지 매입이나 건물 매도의 방법으로 처리된다. 통상 판례에 의하면 지료청구는 시세 대비 60~70% 선에서 감정되고, 감정가의 연 6~7%의 이자가 지급된다.

분묘기지권은 '지상권과 비슷한 관습상의 물건'으로 묘지와 관련이 있다. 임야를 경매로 낙찰 받고자 한다면 혹은 지목상 토지에 묘지가 있는 임야를 낙찰 받은 경우, 임의로 묘지를 이장할 수 없으므로 묘지 존재 여부를 확인해야 한다.

원소유자가 조상의 묘를 썼다가 제3자에게 매매한 경우 매매계약서에 묘지 권리관계를 파악해야 한다. 연고자가 있는 묘지는 주인을 찾아 이장시키고, 무연고 묘지는 표지판 안내문과 신문 공고를 통해 처리하면 된다.

공유지분은 여러 명이 공동으로 소유한 부동산으로 지분에 대한 경매물건은 매각물건 표시란에 토지 및 건물 '지분매각'이라 표기된다. 공유지분의 경우 전체 지분을 사용할 수 있고, 다른 공유자에게 감정가격이 아닌 매매가격으로 매수를 의뢰할 수도 있어 활용가치와 유용성이 높다.

특수물건 중 예고등기가 있는 경매물건은 등기원인의 무효에 의한 등기말소, 회복을 구하는 소가 제기되면 저당권, 전세권 등의 일반물건인 경우 별 문제가 발생하지 않는다. 하지만 소유권을 제외한 예고등기는 소송의 결과에 따라 헛수고만 하는 경우가 발생할 수 있다. 그러므로 낙찰물건의 소유권이 박탈될 수 있는 물건인지 꼼꼼한 권리분석이 필요하다.

거듭 말하지만 고수익을 노리는 노련한 고수들은 이런 복잡한 권리관계를 가지고 있고, 등기부에 공시되지 않는 특수물건을 일부러 찾아다닌다. 그러나 초보 경매자들은 조심해야 한다. 고수익을 실현할 수 있는지 전문가와 충분히 사전협의를 한 후에 입찰하는 것이 좋다.

NPL 특수물건을 알아야 하는 이유

최근 의정부에 물건(대지 599.9평방미터)이 경매시장에 매물로 나왔다. 채권자 남양주 축협에서 농협자산관리회사로 이관된 채권이 부실 채권으로 나온 것이었다. 토목공사와 기초공사를 마치고 건물이 올라가다 중지하고 경매로 나온 '유치권 신고 있음', '법정지상권 성립 여지 있음'의 특수물건이다. 감정가는 23억 39,610,000원, 매각가는 20억 34,120,000원이었다.

시행사 대표는 이곳에 근린상가 1호실 오피스텔(주거용) 복층 140세대를 지어 62% 분양을 마친 상태이다. 필자의 금융기관은 이곳에 중도금 대출 협약을 맺고 진행 중이다.

Project Summary [신곡동 **1-3번지 업무시설(오피스텔)]

◆ 사업수지분석

1. 매출금액 (단위: 원)

구분	분양면적	세대수	세대 분양가	분양 금액	비고
오피스텔	15평형	14	135,000,000	1,890,000,000	
오피스텔	13평형	56	117,000,000	6,552,000,000	
오피스텔	11평형	14	99,000,000	1,386,000,000	
오피스텔	14평형	14	126,000,000	1,764,000,000	
오피스텔	12평형	28	108,000,000	3,024,000,000	
오피스텔	15평형	14	135,000,000	1,890,000,000	
근린시설	44평형	-	660,000,000	660,000,000	
합 계		140		17,166,000,000	

※ 확장면적은 표기 하지 않음.

2. 지출금액 (단위: 원)

구 분	지출 총액	산출 내역
토지 비용	2,241,666,000	토지매입비, 제세공과금, 등기 대행료 외, 토지매입 용역비
건축 비용	8,688,570,000	직접공사비, 간접공사비, 설계감리 인허가 비
부대 비용	1,849,156,000	보존등기비, 분양홍보, 예비비 기타
금융 비용	1,288,418,000	금융 경비
합 계	14,067,810,000	

3. 매출이익 (단위: 원)

매출이익 (매출-지출)	3,098,190,000	수 익 율	22.02%	사업인수비	-

이곳의 수익률은 22%로, 내년 9월에 준공이 나면 1년 6개월 만에 수익금이 26~30억 원 정도라는 수지분석표를 필자에게 메일로 보내왔다. 이처럼 시행사 또는 시공사 신탁사가 NPL을 알면 더 큰 수익을 낼 수 있다.

시행사 대표에게 물었다.

"NPL 물건이던데, 농협자산관리 회사에서 NPL로 매입했나요?"

매입금액이 궁금해서 물어본 것이었는데, 시행사 대표는 부실채권이 무엇인지 모르는 눈치였다.

"NPL이 무엇인가요? 저는 경매에 입찰하여 정상가격으로 낙찰받았는데요. 제값 주고……." 필자는 안타까운 마음이 들었다.

농자산에서 유자격 3억 원 법인으로 또는 유자격 법인으로 부터 일정한 컨설팅 수수료를 주고 대행으로 매입을 한다면, 근저당권설정액 19억 60,000,000원 잔액 15억 원과 경매비용(가지급금) 9,608,528원, 그리고 소정의 이자를 주고 17억 원이면 매입할 수 있었을 텐데 경매로 입찰하여 20억 34,120,000원에 낙찰 받은 것이다. 채권청구액이 14억 63,049,196원이었으므로 더 낮게 매입도 가능한 NPL이었는데 아쉬운 마음뿐이었다.

일반 경매 참여자의 입장에서는 꼭 비싼 돈을 들여가며 NPL 교육을 받거나 전문적인 지식을 쌓을 필요는 없어 보인다. 다만, 경매에 대해 전문적인 식견과 투자성향이 강한 분들은 NPL에 대한 책도 구입해서 읽어 보고 교육을 받을 필요는 있다. 가장 큰 문제점은 일반투자자 또는 경매초보자인 경우 나도 모르게 입찰장에서 들러리를 설 가능성이 있다는 것이다. 이미 부실채권 매입으로 낙찰자가 결정이 된 물건인데 그 사실을 모른 채 조사하고 분석하고 입찰보증금 준비하느라 시간과 정열을 쏟았다면 더 화나지 않겠는가? 그나마 경매를 업으로 삼거나 오랜 경매경험이 있는 고수들도 부실채권을 모르고 부정적인 입장에 서 있다면 '이 책을 읽는 지금 이 순간'부터 NPL을 공부하라고 말하고 싶다. 이런 고수들도 졸지에 들러리를 서게 될 일이 많기 때문이다. 요즘은 NPL 비중이 무시할 수 없는 숫자로 늘어나고 있다.

본 사례처럼 건물을 신축하려고 땅에 심지를 깊게 내리고 토목 공사 종료 후 도중에 여러 가지 건축주의 사정으로 공사가 중단되는 사태가 발생할 수도 있고, 신축건물이 미등기된 상태로 매매가 이루어지는 경우도 있다. 건물 신축 중 부도되는 건물은 무허가 건물이 다수이다.

이러한 때 매입 건축주(시행사)는 기존 건축허가서를 일정한 금액을 주고 인수하거나 또는 합의가 불발로 되는 경우 새롭게 건축허가를 내야 한다. 이때 소유권 취득과 관련한 판례의 태도를 살펴보자.

대법원은 자금력이 없는 시행사(건축주)의 사정으로 건축공사가 중단되었던 미완성의 건물을 인도받아 나머지 공사를 마치고 완공한 경우, 그 건물이 공사가 중단된 시점에서 이미 사회통념상 독립한 건물이라고 볼 수 있는 형태와 구조를 갖추고 있었다면 원래의 건축주가 그 건물의 소유권을 원시취득하고, 최소한의 기둥과 지붕 그리고 주벽이 이루어지면 독립한 부동산으로서의 건물의 요건을 갖춘 것이라고 보아야 한다고 한다(대법원 2002. 4. 26. 선고 2000다 16350 판결).

반대로 공사의 중단 시점에서 사회통념상 독립된 건물이라고 볼 수 있는 형태와 구조를 갖추고 있지 못한 경우에는 이후 이를 인도받아 자기의 비용과 노력으로 완공한 자가 그 건물의 원시취득자가 된다(대법원 2006. 5. 12. 선고 2005다68783 판결).

즉, 공사가 중단된 시점에 사회통념상 독립된 건물이라고 볼 수 있을 정도에 해당하는 경우 양도인은 등기 없이 소유권을 취득한 것이 되고, 양수인은 자신의 명의로 등기를 경료하여야 비로소 소유권을 취득하게 된다.

대법원은 또한 '미등기건물을 등기할 때에는 소유권을 원시취득한 자 앞으로 소유권 보존등기를 한 다음 이를 양수한 자 앞으로 이전등기를 함이 원칙이라 할 것이나, 원시취득자와 승계취득자 사이의 합치된 의사에 따라 승계 취득자 앞으로 직접 소유권보존등기를 경료하게 되었다면, 그 소유권보존등기는 실체적 권리관계에 부합되어 적법한 등기로서의 효력을 가진다'고 판시하고 있으므로(대법원 1995. 12. 26. 선고 94다44675 판결), 합의에 따른 보존등기 역시 가능하다.

만약 시행사, 시공사, 신탁사 관계자가 NPL 투자법을 제대로 배우면 건물을 짓다 부도로 부동산경매로 부실채권 시장에 내놓은 물건들이 많아진다. 이런 물건들은 자금이 많이 투자되고 일반인들은 경매에 참여하기가 엄두도 나지 않기 때문에 전문가들이 부실채권으로 유입하여 투자하면 더 많은 수익을 낼 수 있을 것이다.

NPL 시장은 저금리 시대에 새로운 재테크 투자 방법으로 투자자들에게 새롭게 주목을 받고 있는 분야이다. 하지만 대부업법 시행에 의해 개미투자자들의 NPL 투자에 제동이 걸렸다. 이는 개인의 부실채권 투자 자체가 불가능해졌다는 것을 의미하기도 하다.

그렇다면 이를 타파할 수 있는 방법은 없을까? 2016년 7월 25일 개정 대부업법이 시행되면서 기존 AMC와 개미투자자들이 우왕좌왕하며, NPL 시장이 요동치고 있다. 이때가 새로운 기회이다. NPL 개미투자자에게는 유자격 법인과 공동투자 협약서 또는 사모펀드 형태로 공동투자하거나 2순위 근질권설정으로 투자하기도 한다. 채권양도방식은 개인투자가 금지되었으므로 동 법률에 저촉되지 않는 대위변제 방식 그리고 채무인수방식, 다양한 투자협약서에 의한 공동투자로 새롭게 변형된 NPL 투자가 이루어지고 있다. 1% 저금리시대 연체이자 연 14.5%, 최고 연체금 연 19%의 수익이 가능하기 때문이다.

성공적인 NPL 투자를 위해서는 물건현황보고서 작성법, 낙찰예상가 산정법, 금융기관으로 부터 매각리스트 받는 법, 돈 되는 채권 찾는 법, 채권수익률 분석법, 그리고 부실채권 투자의 함정 및 주의점에 대하여 실전에서 유용한 공부를 꾸준히 해야 한다.

4
NPL 질권대출 이해하기

NPL 질권대출 활용하기

최근 퇴직한 박○○ 씨는 감정가 1억 95,000,000원인 인천 남동구 논현동 주거용 오피스텔 28평형을 NPL로 1억 6,000만 원에 매입하였다. 이 금액은 대출원금과 경매비용(가지급금), 당일까지 이자(연체)를 포함한 금액이다. 그리고 금융비용 등의 비용을 제하고 600만 원의 수익을 냈다. 이때 수익률은 3.75%(600만 원/1억 6,000만 원)이다.

그러나 만약 여유자금이 없어서 질권대출을 활용했다면 레버리지 효과로 수익을 극대화시킬 수 있다. NPL 매입자금 1억 6,000만원 중 90%인 1억 4,400만 원을 질권대출 받는다면, 실제로 투자한 금액은 대출금이자를 감안하지 않았을 때 1,600만 원으로 수익률이 37.5%(600만 원/1,600만 원)가 된다.

이처럼 질권대출을 이용하면 수익률이 높아진다. 예금이 저금리인 경우, 대출금리는 조달금리와 운용금리 그리고 기준금리에 따라 더 인하된다.

NPL 대출은 각 금융기관마다 한도가 다르게 적용되고 있으므로 반드시 확인해야 한다. NPL 채권담보대출은 론세일 방식에 의해 NPL 매입 시 근저당권부채권에 질권을 설정하고 매입잔금을 지원하는 대출을 말한다.

여유자금 10억 원을 은행에 예치 시 연1.64% 저금리로 월이자 세전은 136만 원 정도다. 마땅한 투자처가 없는 자금이 부실채권에 투자되는 이유는 수익률이 높고 근저당권 설정 최고액에 투자하는 확정채권이기 때문이다.

론세일 채권은 동일성을 유지하면서 양도인이 양수인에게 이전을 약정하는 채권양도계약이다. SPC는 금융기관에서 발생한 부실채권을 매각하기 위해 일시적으로 설립된 특수목적법인을 말한다.

최근 주택시장은 실수요자 위주로 개편되면서 상품시장(Goods Market)으로서의 가격이나 가치보다는 사용가치 또는 주거가치에 중점을 둔 주택 구입 목적이 늘고 있다. 따라서 투기적 수요가 시장을 지배하던 종전의 자산시장(Asset Market)에서는 공급정책뿐만 아니라 합리적인 수요조절과 심리처방 등 다양한 정책수단이 사후 약방문식으로 이루어졌다면, 앞으로는 이와 다르게 공급만으로도 쉽게 부동산 문제를 해결할 수 있는 비교적 완전경쟁시장이 될 전망이다.

물론 서울 강남, 부산 해운대, 대구, 수도권 일부 지역처럼 각 도시의 '욕망(Desire)'지역에서는 여전히 자산시장으로의 투자가 이루어지고 있어 가격 상승폭이 전년보다 증가하고 있지만 기타 수도권 지역과 지방에서는 오히려 상승폭이 감소하고 있다. 부동산시장이 자산시장과 상품시장으로 확실히 나눠지는 현상이다.

현재 전북은행 여의도 신성장 사업팀, JB우리캐피탈, 안양저축은행, 모아저축은행 등에서는 80~90%까지 NPL 질권대출을 해주고 있다. 그리고 대위변제를 위한 대출도 90%까지 가능하다. 대출 대상 물건 용도에 따라 약간의 차이가 있는데, 주거용은 4% 후반대, 비주거용은 5%대의 이자율로 대출해주고 있다. 모아저축은행, 안양저축은행, JB우리캐피탈 등에서도 근저당권이전 확정채권[32]에 대한 대출이 안정적이라는 것이 입증되자 고수익을 위해 적극적으로 대출을 해주고 있다.

NPL 질권대출의 자격요건 알아보기

대출대상자

본 상품의 대출 대상자는 NPL 채권을 매입하고자 하는 자로서 다음 각 호의 요건을 모두 갖춘 자에 한한다.

　1. 대부업법 제9조의4에 따라 채권양수 받을 수 있는 자

　2. CRS 8등급 이상

대상채권

본 상품은 주거용부동산, 주상혼합, 상업용건물 및 특수부동산 중 일반숙박시설(모텔로 한정함) 및 토지를 근저당권의 목적물로 하여 금융기관이 1순위로 설정한 근저당권부 채권에 한한다. 본 상품의 취급 시에는 다음 각 호에 유의하여야 한다. 채무자가 대부업법 제9조의4에 따라 채권양도가 제한된 자인지 확인하여야 한다.

　NPL 대출은 3억 원 법인일 경우 NPL 매입 한도는 10배 범위

---

32 근저당권의 피담보채권이 확정된 후에 채권이 제 3자에게 전부 양도된 경우에 하는 등기이다.

내 30억 원까지 가능하다. 만약 부실채권 매입금액 90%를 대출받게 되면 27억 원이다. 대출금이 이 정도라면 다음부터는 NPL 질권대출한도(30억 원)에 막혀 자금력이 없는 AMC는 더 이상 대출을 이용할 수 없게 된다. 이때는 다른 법인을 이용할 수밖에 없으니 주의를 해야 한다. 이런 이유에서 공동투자가 유리하다고 할 수 있다.

왜냐하면 좋은 채권을 찾았는데 법인의 대출한도 30~50억 원의 다른 채권으로 NPL 질권대출을 일으켰다면 한도가 없어 더 이상의 대출을 받을 수 없다. 이 경우 공동으로 투자하는 소모임이 있다면 대출을 받지 않고 현금투자로 수익이 나는 채권 매입이 가능할 것이고 공동투자 소모임에 또 다른 법인이 존재할 경우 한도가 있는 법인으로 매입하고 NPL 질권대출을 받아 소액 투자가 가능하다.

경락잔금대출: 금융기관 담보별 융자비율은 낙찰가의 80~90%이다.

대출한도: 가계자금(10억 원 이내), 사업자금(10~30억 원 이상), 법인자금(30~50억 원 이상)

낙찰 1년 후: 최초 감정가 및 재감정 증액대출 담보비율 범위 내 산출비율(최초 감정가를 재감정하여 증액대출이 가능하다. 담보인정비율 범위 내 산출로 상임차, 주임차를 차감하지 않고 신탁 또는 MCI[33], MCG[34] 대출이 가능하다). 경락잔금대출 후 최초 감정가 혹은 1년 후 재감정 담보비율 범위 내

---

33 MCI(Mortgage Credit Insuance)는 모기지 신용보증이라고 한다. 보통 금융기관에서 부동산 감정가 LTV(담보비율) 70%에서 최우선변제금 방공제 차감하는데 MCI는 소액보증금을 차감하지 않으므로 더 많은 대출을 받을 수 있어 소액투자자들에게 유리하다(KB시세 70%-방공제 금액= 최종대출 가능금액).

34 주택담보대출로 MCI, MCG로 대출을 받는데 MCI는 1인당 2건, MCG는 가구당 1억 원까지 대출을 받을 수 있으므로 가능대출금과 자금여력에 주의하여 계약금이 몰수당하지 않도록 주의해야 한다.

LTV로 추가대출이 가능하다.

인수한 근저당권의 운용 방법

① 질권대출을 통한 자금조달

② 임의독촉으로 회수수익

③ 경매를 통한 배당차익 실현

④ 근저당권 자체 전매차익 실현

⑤ 확실하게 낙찰 받는 방법으로 활용

⑥ 잔존채권 추가회수 수익 실현

⑦ 고위험 제거를 통한 고수익 실현

⑧ 유입취득 후 전매차익 실현

⑨ 경락잔금대출을 통한 거액의 투자자금 조달

⑩ 상계약정에 의한 소유권이전 및 담보대출로 거액의 투자자금 확보

NPL 근저당권부 질권대출 및 매입·매각처

저축은행, 수협은행, 농협은행, 신협, 부산은행, 대구은행, 제주은행, 전북은행, 광주은행, 새마을금고, 기타 대부업체에 문의한다.

- **근저당권부대출채권에 대한 질권설정 계약 체결**

① 근저당권부질권대출 계약내용 확인

② 채권보전을 위한 추가약정 체결(확인서)

③ 입찰이행약정과 질권대출 은행에 입찰위임 및 입찰보증금 예치

• 근저당권부 대출채권에 대한 질권설정 통지 또는 승낙

유동화자산 법률에 의해 채권양수도시 양도인과 양수인은 채무
자에게 2회 이상 내용증명으로 채무자에게 통보하게 되어 있다. 그
리고 채권양수인은 채권서류에서 채무자의 연락처를 통해 채권 양
수인임을 밝히고 배당까지 기다리지 않고 자진변제를 유도하여 회
수도 가능하다.

즉, 채권자인 금융기관이 진행했던 사후관리를 하게 되는 것이
다. 그리고 등기부등본에 계약양도 원인으로 근저당권이전등기 변
경을 해야 한다.

질권설정의 절차

질권은행 권리신고 및 배당요구 신청 → 채권 원본서류를 질권 설
정자에 반환 → 질권은행 질권설정 해제 → 질권 담보의 실행 →
배당요구 → 채무자에게 직접 청구 → 압류 및 전부명령 → 채권
및 근저당권 양도계약

NPL 질권대출을 받은 경우 질권설정자인 채권양수인이 채무자
에게 질권설정 통지서를 보내야 한다. 채무자가 채무변제를 하고
자 하는 경우 질권자에게 질권설정금액만큼을 우선 변제해야 한다
는 내용을 고지하기 위함이다.

경락잔금의 대출한도는 얼마일까?

필자의 NPL 경매 아카데미 강좌를 수강했던 유심초 님은 수익형 투자에 관심이 많다. 그동안 다가구주택을 매입하여 많은 수익을 냈다. 필자에게 이 물건에 대한 경락잔금 대출한도를 문의해 왔다. 대출한도는 다음과 같이 산정된다.

물건소재지: 인천광역시 남동구 만수동 1025-10번지

대지231.4㎡, 건물675.69㎡, 감정가 977,422,280원

감정가 대비 대출한도(낙찰가 80% 또는 감정가 담보비율 중 적은 금액이다.)
토지 705,770,000원 토지 231.4㎡(상가비율 61%, 주택비율39%) ①
   430,519,700원(상가) ② 275,250,300원(주택)
건물 271,652,280원 건물 675.69 ㎡(상가 411.57 ㎡; 상가 61%), ① - 1
   165,707,890원(상가)
   (주택 264.12 ㎡; 주택비율 39%), ② - 1 105,944,389원(주택)
① + ① - 1 = 430,519,700원 + 165,707,890원
   = 596,227,590원(상가) × 70% - 57,000,000원(소액보증금 19,000,000원 × 3)
   = 360,359,313원(상가대출 한도)
① + ② - 1 = 275,250,300원 + 105,944,389원
   = 381,194,690원 × 70% - 162,000,000원(27,000,000원 × 6개)
   = 104,836,283원
(주택한도) 총대출한도 465,195,596원, 360,359,313원(상가) + 104,836,283원(주택)
감정가 대비 47.5%(대출한도)이다. [465,195,389원 / 977,422,280원 = 47.5%]

즉, 경락잔금의 대출한도는 감정가의 47% 또는 낙찰가의 80% 중에 적은 금액을 한도로 보면 된다. 수익률을 분석해 보면 이런 물건은 경매입찰을 해서는 안 된다고 의뢰인에게 말해주었다. 7억 5,000만 원의 최고가 매수인이 되어도 대출금 이자를 제하면 수익이 없고 재매각에 대한 수익률도 낮으며 입지가 좋지 않아 수익보장을 받기가 쉽지 않기 때문이다.

경락잔금 대출 비주거용 대출한도는 90%이다. NPL 질권대출과 경락잔금 대출한도는 비슷하다. 그렇지만 NPL 질권대출은 기타 담보에 해당되어 금리가 경락잔금대출보다 금리가 높다.

① 지층 명품노래방(안○○)
　　　　1천 만원/월1,000,000원, 1천 만원/1,000,000원　　　　1년 12,000,000원
② 1층 박해기 낙지
　　　　1천 만원/월3,000,000원(박영옥), 3천만 원/3,000,000원　1년 36,000,000원
③ 2층 세시봉 커피숍 고○○
④ 3층 주택 그러나 주택으로 사용안함
⑤ 4층 주)대유개발 1천 만 원/21㎡　　　　　　　　　　　　1천 만 원 /
　　김○○ 임차인(남편) 전소유자 조○○ 남편) 225,000,000원　225,000,000원
⑥ 옥탑　　　　　　　　　　총 보증금 275,000,000원,　　연 4,800,000원

대출을 일으키지 못해 날아간 계약금

부실채권이 모두 돈이 되는 것은 아니다. 간혹 권리분석을 잘못해 계약금을 날리거나 몰수당하는 경우가 있는데, 필자가 NPL 질권대출을 지원하려고 승인부서에 승인을 올렸다 반려되어 계약금을 몰수당한 실패사례가 있다.

매입물건이 장기간 공실로 방치된 상태에서 전기세와 기타 관리비가 장기간 미납되어 있는데다 임대계약 또한 쉽지 않은 위치에 있는 상황이었다. 게다가 금융기관에서 NPL 대출로 잔금을 처리하려 했으나 대출을 받지 못하는 바람에 계약일로부터 한 달 후까지도 잔금을 지불하지 못하고 있었다.

매입자는 세 번이나 잔금 납입을 연장한 끝에 필자가 근무하는 금융기관에 NPL 대출을 진행하기 위해 연락을 해왔다. 그러나 양도양수계약 체결 이후 6개월간 잔금을 내지 못해 계약금은 몰수당

하고 신협 3곳에서 안분배당[35]으로 처리해 어이없게 끝난 경우도 있었다. 그러니 무조건 싸다고 좋은 게 아니므로 공실 여부와 대출 가능 여부 등을 꼭 확인해봐야 한다.

판결 요지는 위의 판례에서 보듯이 전유부분과 대지권은 특별한 사정이 있지 않는 한 분리처분이 불가능하다(집합건물관리에 관한 법률 20조)는 것이었다. 법적으로는 전유부분을 낙찰 받으면 대지사용권도 자동으로 취득하는 것으로 해석하고 있다.

단, 분양대금 미납이 있는 경우에는 분양자가 대지권 등기에 관한 서류를 분양대금을 완납할 때까지 내어주지 않을 수 있도록 되어 있다. 다시 말해 분양대금 완납 여부와 별개로 대지권은 분리처분이 가능한 특별한 사정이 없다면 전유부분은 소유자의 것이 되긴 하나, 분양대금 미납의 경우엔 대지권 등기를 하려면 낙찰자가 미납 분양대금을 납부하라는 뜻이다. 그러므로 대지권 미등기 물건의 경우 최초 분양자가 분양대금을 완납했는지 여부를 확인한 후 입찰하는 것이 중요하다.

대출, 아는 만큼 돈이 보인다

필자의 어머니는 89세로 10년째 요양병원에 입원 중인데, 이곳에서 만난 어느 보호자의 이야기다. 이분은 인천 서구 가좌동에서 공장을 운영 중이다. 남편은 대학에서 화학을 전공한 분으로, 폐수에 투여하면 물이 정화가 되는 화학약품을 제조하는 공장이었다. 신한은행으로부터 공장을 담보로 25억 원을 대출받아 이용 중인데 금리가 연 5.2%로 꽤 높다는 사실이었다.

---

35 안분배당은 배당에서 채권들 간에는 동순위로 보기 때문에 배당액을 일정하게 비율대로 나누어 배당을 실시하는 것을 말한다. [안분배당식 = 채권금액 × (잔존배당금 / 채권총액) = 배당금]

어느 날 국민은행 기업자금대출을 담당하는 후배로부터 전화가 왔다.

"선배님, 혹시 주변에 공장을 운영하시는 분 있으세요?"

모처럼 전화를 걸어 와서 꺼낸 첫마디가 일에 관한 것이었다.

"주변에 몇 분 계시지. 그런데 왜?"

공장을 운영하는 지인들의 이야기와 요양병원에서 만난 분의 대출 상태를 이야기 해주었다.

"아! 잘 됐네요. 선배님 그분 좀 소개시켜 주시면 안돼요? 요즘 기업자금대출 담당하고 있는데 대출이 없어 큰일입니다."라며 실적이 떨어져 걱정이라고 했다. 예금 25억 원보다 대출 25원이 은행에 더 큰 이익이기 때문이다.

결국, 요양원에서 알게 된 그분이 이용하고 있는 대출의 금리를 5.2%에서 4.2%로 낮춰주었다. 월 1,083,000원, 1년에 절약된 대출금이자의 금융비용은 총 25,000,000원이다.

이처럼 이 글을 읽는 독자분이 담보로 대출을 이용 중이라면 대출금리를 비교하여 저금리로 갈아 타 금융비용을 절약하기를 바란다.

LTV · DTI 익숙한데 무슨 뜻이지? DSR은 또 뭐야 ?

우리나라 가계부채가 1,300조 원에 이른다. 국가의 부채는 국가경제에 심각한 리스크 요인으로 지적되고 있다. 이에 정부는 가계부채의 부실화를 막기 위해 LTV · DTI(주택담보인정비율·총부채상환비율)와 같은 규제를 시행하고 있다.

DTI는 채무자가 담보대출을 받을 때 개인의 소득으로 원리금을 얼마나 연체 없이 상환할 수 있는지 판단해 대출한도를 정하는 제도이다. 예를 들어 연봉 1억 원인 사람이 DTI 규제를 받는 지역(50%)에서 담보대출을 받았을 경우 연간 5,000만 원 미만으로 원금과 이자를 상환할 수 있는 금액까지만 대출이 가능하다.

DTI는 주택담보대출 연간 원리금 상환액과 기타 부채 연 상환이자 합계를 연소득으로 나눈 비율로 구해진다. 이 수치가 낮을수록 개인의 상환 능력은 높은 것이다. 또 소득 산출이 어려운 자영업자나 프리랜서의 연 소득은 보통 의료보험 납부액을 기준으로 추정된다. 현재 DTI는 2014년 8월부터 은행권 담보대출 금액이 5,000만 원을 넘는 경우 60%를 적용하고 있다.

LTV는 금융기관의 담보 위험을 줄이기 위한 제도이다. 은행이 주택, 상가 등을 담보로 잡고 대출을 해줄 때 담보 물건의 실제가치 대비 최대 대출가능 한도를 말한다. 예를 들어 주택담보대출비율이 60%라면 시가가 3억 원인 아파트의 경우 최대 1억 8,000만 원까지만 대출해준다. 하지만 개인들이 실제로 대출받을 수 있는 금액은 이보다 훨씬 적다. 이는 대출금액 산정 시 방 1개당 소액임차보증금을 제하는 '방공제'가 적용되기 때문이다.

정부는 8.25 가계부채대책 이후에도 부동산 시장의 열기를 멈출 수 없게 되자 다시 한 번 대출규제가 논의되었다. 그중 하나가 DSR(총부채 원리금 상환비율)이다.

지금까지는 DTI 즉, 해당주택 담보대출의 원리금에 기타 부채의 이자 상환 능력만을 평가하였다. DSR은 기타 부채의 원금 상환 능력을 같이 평가하는 것이다. 쉽게 말하면 내가 가진 모든 채무(원금+이자)의 상환능력을 보는 게 DSR이다. 기존의 DTI는 현재 받는 채무의 원리금+기타 부채의 이자만 보는 방법이었다. 그리하여 생각보다 받을 수 있는 한도는 줄어들고 주택담보를 받는 조건 또한 까다로워진다. 게다가 처음부터 원금상환이 적용되기 때문에 부담을 느끼는 투자자들이 많아지게 된다.

DTI와 LTV 비율은 부동산과 밀접한 상관관계가 있다. LTV 비율이 낮아지면 대출이 줄어들게 되고 가계부채는 줄겠지만 대출을 끼고 부동산에 투자하는 사람이 적어지게 된다. 이렇게 되면 부동산 경기가 위축된다. 여기에 DSR 제도까지 도입되고 첫 달부터 의무적으로 분할상환 제도를 도입하면 대출금 한도는 줄어들게 되어 부동산 경기는 더욱 위축될 것이다. 이런 제도적 변화와 정책에 의해 가계부채를 견디지 못하고 부실채권은 더 늘어난다.

소득추정에 따른 입증방법

소득추정 종류	입 증 서 류
[1] 국민연금	공단 발급 '연금산정용 가입내역 확인서'
[2] 건강보험료	공단 발급 '건강 · 장기요양보험료 납부확인서' 공단 발급 '건강보험자격득실확인서' ※ 본인의 보험료 납부여부 확인을 위해 지역가입자에 한하여 징수하되, 원칙적으로 지역세대주인 경우만 인정
[3] 최저생계비	대출신청일 현재 채무자 본인이 3개월 이상 세대주로 등재되어 있음을 증명하는 주민등록등본

※ [1]과 [2]의 경우는 신청일 현재 최근 3개월 연금 · 보험료가 미납 없이 납부된 경우 인정 (다만, 승인일 현재 미납이 정리된 경우도 인정)

소득이 없으면 대출을 받을 수 없다. 소득 증빙이 어려운 경우에는 4억 6,000만 원을 한도로 다음 [1]~[3]의 방법 중 하나의 방법으로 소득추정이 가능하다. 하지만 소득추정 시에는 다른 소득 또는 배우자 소득과 합산이 불가하다.

소득추정 시의 연소득 산정방법

종 류	연소득 산정 방법
[1] 국민연금	• 연소득 = 최근 3개월 평균납부보험료 ÷ 9%(보험료율)×12월 (ex) 연소득 40,000,000원 = 300,000원(3개월 평균 납부보험료) ÷ 9%(보험료율) × 12월
[2] 건강보험료	• 연소득 = 최근 3개월 평균납부보험료 ÷ 2.9%(보험료율)×12월 ※ 평균납부보험료: 장기요양보험료를 제외한 '건강 · 장기요양 보험료 납부확인서' 상의 건강보험료
[3] 최저생계비	• 주민등록표 등본상 세대주인 채무자를 포함한 세대원 수에 따라 연소득 적용 – 세대원 3명 이하: 10백만 원, 세대원 4명 이상: 15백만 원 ※ 세대원의 범위: 채무자, 배우자, 채무자와 배우자의 직계존비속 (직계존비속의 배우자 포함)

자금력이 충분하지 않은 개인에게는 해당되지 않지만, 기관과 같은 거액의 투자자금이 조성된 경우라면 배당요구 종기일 전 은행에 매수의향서를 제출하여 Pool 방식을 통해 더 저렴한 가격으로 매입이 가능하니 각자의 처지에 맞게 매입 방법을 찾는 게 좋다.

금융감독원에서는 금융기관의 부실채권 비율을 1~1.5%로 유지토록 권고하고 있다. 때문에 상반기 6월 말, 하반기 12월 말에 집중적으로 부실채권을 매각하여 비율을 맞춰야 하므로 이때 부실채권을 매입하면 더 저렴하게 매입할 수 있다. 경매에 입찰할 때도 기상 여건이 좋지 않은 날이나 명절 다음 날에 가면 입찰가를 낮추거나 낙찰 받을 확률이 높아지는 경향이 있다.

다시 강조하지만 부동산도 입지(미래가치)와 마찬가지로 부실채권 또한 매입 타이밍이 중요하다. 본인의 소득이 없는 경우 배우자의 소득으로도 인정해주기도 한다. 건강보험료 납부내역(3개월 평균 납부 내역/3.06% × 12)으로 계산한다. 예를 들어 13만 원의 지역의료 보험료를 납부하는 사람은 5천만 원 정도의 연봉생활자로 인정받을 수 있다.

그렇다면 건강보험료 26만 원 → 연봉 1억 원일까? 그렇지 않다. 인정소득은 최고 한도 5천만 원까지다.

국민연금의 연소득 환산하기

국민연금은 고용인(사용자)이 4.5%, 피고용인이 4.5%를 납입함으로써 총 급여의 9%를 납입하게 된다. 그러나 지역가입자의 경우 국민연금 연소득 환산 공식은 연소득 = 최근 3개월 평균납부보험료 ÷ 9%(보험료율)×12월이다. 직장인 K씨가 3개월 국민연금이 300,000원(3개월 평균 납부보험료) ÷ 9%(보험료율)×12월로 하면 연소득은 40,000,000원으로 환산된다.

소득이 많지 않은 경우에는 매달 납부하는 국민연금이 부담이 된다. 특히 소득이 일정하지 않은 지역가입자의 경우 매우 그렇다. 국민연금 수령액 계산은 단순하지가 않다. 현재의 소득이 납부 종료되는 시점까지 동일하지 않을 가능성이 많기 때문이다.

Part
05

NPL 고수들의
성공 비법

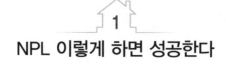

1
NPL 이렇게 하면 성공한다

재테크에 관심이 많다면 꼭 알아야 할 부실채권으로 부자되는 법은 무엇일까? 법원 부동산 경매 낙찰가율이 높아지고 있는 가운데 NPL이 주목받는 이유는 무엇일까?

한국은행 기준금리의 동결, 그러나 금리가 오르려는 조짐은 많다. 이렇게 되면 부실채권은 늘어난다. NPL 투자자들은 새로운 정보로 자신들만의 NPL 매각 금융기관을 독점하고 있다. NPL로 새롭게 등장한 NPL 신흥부자들은 P2P 등 새로운 부실채권 투자로 수익을 높이고 있다. 부실채권 시장의 규모도 점점 커져가면서 이들의 수익 또한 날로 커져가고 있다.

저금리시대는 금융기관 연체는 줄어들고 부실화된 채권이 많지 않다. 그러나 금리가 오르고 경기가 악화될수록 부실채권의 규모는 늘어난다. 돈 되는 부실채권 투자도 상식화되고 있다. 그러나 이런 상황에서 부실채권으로 돈을 버는 투자자는 따로 있다.

처음 AMC 사업자를 등록하고 금융기관에 접근해 보지만 좋은 물건을 찾기도 쉽지 않고 매각리스트를 받기도 쉽지 않다. 그러나 매각 금융기관을 독점하고 NPL 투자로 부자가 되는 사람들은 따로 있다. 그 이유가 궁금할 것이다.

부실채권은 금융기관이 담보로 설정한 근저당권의 채권최고액을 매입하여 배당금으로 수익을 내는 방식이다. 채무자가 돈을 갚지 못하거나 이자가 연체되면 금융기관은 저당권을 실행하여 빌려둔 돈을 돌려받는다.

경매는 절차상 기간이 짧게는 6개월 길게는 최고 18개월이 넘는 경우도 있다. 이를 해소하기 위해 금융기관은 자금을 빨리 회수하고 건전자산을 운용하기 위해 그리고 관리비를 절감하고 BIS를 8% 이상 맞추기 위해 부실채권으로 털어 낸다. 이렇게 발생된 채권이 부실채권, 바로 NPL이다.

NPL 투자수익률은 과거에 1,000%가 넘기도 했다. 그러나 요즈음 30~40% 수준의 수익률이 기본이다. 할인가(최고 15% 할인) 활용전략과 1~2차에 낙찰이 되는 아파트와 주거용 오피스텔에 투자하면 된다.

현재 은행금리가 1.64~1.8%인 기한부예금에 비하면 부실채권 투자 수익률은 높은 편이다. 부실채권이지만 담보가 확실한 물건인 경우 생각보다 투자위험이 적고 안정성, 환금성이 높아 최근 기관투자가를 중심으로 수요도 늘고 있다.

법무법인 법률회사에는 '권리분석 증서'를 작성해서 직인날인을 해주기도 한다. 그만큼 권리분석에 자신이 있다는 것이다. 권리분석은 수익이나 손실과 직결되므로 당해세, 최우선변제금, 유치권, 법정지상권, 분묘기지권 등 권리분석에 있어서 꼭 파악해야 할 중

소 재 지	경기 시흥시 장현동 540 새재마을 대동 513동 7층 * (14998) 경기 시흥시 시청로 59				
경 매 구 분	임의경매	채 권 자	···· ····· 산업협동조합의 양수인	자산관리회사	
용 도	아파트	채무/소유자	진동욱/이재영	매 각 일 시	14.12.15 (277.599.000원)
감 정 가	320,000,000 (13.08.26)	청 구 액	193,404,061	종 국 결 과	15.03.19 배당종결
최 저 가	224,000,000 (70%)	토 지 면 적	58.86 ㎡ (17.81평)	경매개시일	13.08.12
입찰보증금	10% (22,400,000)	건 물 면 적	114.55 ㎡ (34.65평) [42평형]	배당종기일	13.10.30
조 회 수	(단순조회 / 5분이상 열람) · 금일 1 / 0 · 금회차공고후 64 / 7 · 누적				
조 회 분 석	·7일내 3일이상 열람자 2 · 14일내 6일이상 열람자				

NPL 매입 239,513,641원
낙찰 금액 277,599,000원
매입 차액 38,085,359원

NPL매입 239,513,641원
일까? 청구액 193,404,061
농협266,500,000원/120%
=222,083,333원+
+3,083,250원(경매이용)
+1,599,000원(부기등기비)
+7,702,790원(금융비용)
234,468,373원 총소요액

그렇다면 왜 낙찰자는
277.599.000원 입찰 했을까?
2억9천~3억1천 만원시세

관리비미납	·2,200,000원 7501	14년9월분까지 미납액임 전기수도포함.958세대(현 공가) (2014.10.23 현재) · 관리사무소 ☎ 031-504-

요한 내용들이다.

예컨대 위장임차인이 선순위 배당을 받아 간다면 나의 배당금은 적어지고 수익도 줄어든다. 잘못하면 손실을 입을 수도 있다.

처음 AMC가 이 채권을 매입 시 채권평가 보고서에 의한 배당 표 내용이다.

NPL 매입 239,513,641원 + 1,599,000원(이전비용) + 7,702,790원(금융비용)
　= 248,815,431원 (총 투자금) ①낙찰금
277,599,000원 - 3,083,250원(경매비용) - 1,599,000원 - 7,702,790원
　= 265,213,960원(배당금액) ②

① - ② = 16,398,529원(순이익) / 57,815,431원 = 28.3%(수익률)
57,815,431원 = 248,815,431원 - 191,000,000원(대출)
예상배당액 258,900,000원 이었으나 실제 배당액 265,213,960원이다.
낙찰예상가와 예상배당액 산정의 중요성을 다시 한 번 확인하였다.

■ 예상배당표 [매각가 277,599,000으로 분석]

	종류	권리자	등기일자	채권액	예상배당액	인수	비고
등기권리	근저당권	농협자산관리	2006-12-14	169,000,000	169,000,000	말소	말소기준등기
	근저당권	농협자산관리	2006-12-14	97,500,000	97,500,000	말소	
	근저당권	신용보증기금	2010-12-09	310,000,000	8,015,750	말소	
	임 의	서울경기양돈축협	2013-08-12	193,404,061		말소	경매기입등기

	전입자	점유	전입/확정/배당	보증금/차임	예상배당액	대항력	인수	형태
임차권리			법원기록상 임대차 관계 없음					

	종류	배당자	예상배당액	배당후잔액	배당사유
배당순서	경매비용		3,083,250	274,515,750	
	근저당권	농협자산관리	169,000,000	105,515,750	근저
	근저당권	농협자산관리	97,500,000	8,015,750	근저
	근저당권	신용보증기금	8,015,750	0	근저

■ 아파트정보

아파트명 경기 시흥시 장현동 540 새재마을대동 (42평)
평형정보 34.65평 (114.55㎡) / 총 20층 / 방4개 / 욕실2개 / 계단식

단지정보
시공사 : 대동주택   준공일 : 1999.07.01   난방 : 개별/도시가스
총 480가구/6동   주차 480대/가구당 1대   관리소 : 031-504-7501

시세 (만원)	기준일	매매(下)	매매(上)	변동	전세(下)	전세(上)	변동
	현재	29,000	31,000	-	18,500	20,500	-
	1주 전	29,000	31,000	-	18,500	20,500	-
	1월 전	29,000	31,000	-	18,500	20,500	-
	3월 전	29,000	31,000	-	18,500	20,500	600▲
	6월 전	29,000	31,000	-	18,000	20,000	2,000▲
	1년 전	29,000	31,000	-	16,500	18,000	-

필자의 지인이 대위변제 투자한 부실채권의 성공사례를 소개하고자 한다. 수익률을 무려 228%나 낸 대박사례라고 할 수 있다. 모처럼만에 사례분석 물건 투자자인 지인과 회포를 풀었다.

"송 대표님. 시흥시 장현동 물건에 투자하셨던데 재미 좀 보셨어요?"

이 물건의 매입가가 궁금했다.

"이 박사님이 이 물건에 대하여 어떻게 아세요?"

자신의 일거수일투족을 다 알고 있는 것이 신기하다는 듯 격앙된 어조로 이야기했다.

"이 물건은 원금, 가지급금, 매입당일까지 이자를 주고 1억 70,000,000원에 인성저축은행으로부터 매입하여 질권대출 90%를 전북은행에서 받아 실제 투자금은 22,690,917원이었는데 낙찰가는 2억 45,520,000원이었습니다. 투자 순수익이요? 놀라지 마세

요."라며 술 한 잔을 단숨에 들이켰다.

"22,690,917원 순수 투자금에 51,809,083원의 순이익을 냈습니다."라며 영웅담을 쏟아놓듯 자랑스럽게 대답했다.

"총 투자금 1억 75,690,917원 ①+②+③-④ 순수투자금 22,690,917원 ①NPL매입가 1억 70,000,000원+②질권대출이자 4,325,917원 [연.4.8%, 매입 2016.7.6~2017.2.5, 배당 215일], ③1,365,000원(이전비)에 NPL 대출 1억 53,000,000원(매입가 90%) 입니다."

그리고 신들린 사람처럼 말을 이어갔다.

"수치로 계산하면 매각가(낙찰가) 2억 45,520,000원-2,942,260원 (경매비용)=2억 42,577,740원이 배당금잔액인데 박사님께서 잘 아시다시피 NPL 매입자는 채권 최고액을 초과하여 받지 못하잖아요? 그래서 배당금 잔액 2억 42,577,740원-NPL 투자자 배당 2억 27,500,000원(채권최고액)=배당 후 잔액 15,077,740원(가압류권자 배당)이며, NPL 매입자 2억 27,500,000원- 1억 75,690,917원(총 투자금)=51,809,083원(순수익)/22,690,917(실투자금)=228%의 순수익을 냈습니다."

필자는 투자자가 목동아파트로 87,575,210원을 배당 받은 사실을 알고 있기에 크게 놀라지 않았다. 단지 초보투자자들이 손실 없이 부실채권 투자로 고수익을 내는 법을 알고 싶었다.

"송 대표님은 부실채권 성공 전략이라도 있으신가요?"

부실채권 성공투자 필살기를 듣고 싶었다.

"하하하. 그거야 간단하지요. 욕심을 버리고 투자하면 됩니다. 주로 주거용 위주의 부실채권에 투자하면 안전합니다. 처음 돈이 된다고 하니 너도나도 아무 물건이고 투자하는데 위험한 발상입니다."

그리고 그는 그만의 NPL 투자 원칙을 이야기해주었다.

"저는 부실채권 투자를 함에 있어 원칙이 있습니다. 큰 욕심 안 부리고 가족들 먹고살 정도면 된다고 생각하고 투자합니다. 퇴직 후 처음 막막했지만 지금은 투자방법도 잘 알 고 있고, 돈이 없으면 그동안 배당투자 물건이 배당받을 때까지 여행도 다니고 인생을 즐기며 기다립니다. 가족들 먹고살 정도면 된다고 생각하고 안전한 물건(부실채권)에 투자합니다."라며 즐겁고 행복한 모습이었다.

"부실채권 투자 리스트는 어디에서 받으세요? 요즘 좋은 매각리스트 받기가 쉽지 않다고 하는데……."

필자는 아카데미 강좌 수강생들과 초기 AMC 사업자를 낸 분들에게서 '매각리스트 받기가 쉽지 않다.'는 말을 자주 들어왔던 터라 다른 비밀스런 매각금융기관이 있는지 궁금했다.

"저는 원금+이자+가지급금(경매비용)을 주고 아파트 위주로 투자합니다. 수의계약으로 못 가져올 물건이 없습니다. 아파트는 안전하니까요."라며 자신 있게 이야기한다. 그렇다. 필자는 가끔 NPL 매각리스트를 받기도 쉽지 않지만 매입하기도 쉽지 않다는 말을 많이 듣는다. 그러나 이런 좋은 물건을 검색하고 권리 분석하여 수의계약으로 매입해도 합법적인 연체이자를 받을 수 있으므로 부실채권투자자는 참고하여 투자하기를 권한다.

수익이 발생했지만 세금이 없다?

개정 대부업법 이후 개인은 '업'이 아니면 세금면제 혜택이 있다. 주식배당세로 할 것인지 주식양도세(분류과세)로 할 것인지는 세무사와 상담 후 유리한 쪽으로 하면 절세가 가능하다.

대기업에 다니는 회사원 L씨는 경매에 관심이 많다. 몇 건의 경매로 부천 상동에 있는 상가를 낙찰 받아 임대수익(연 12%)과 2,000~3,000만 원의 시세차익을 보았다. 그러나 부동산은 취득 · 보유 · 처분 시 세금이 발생한다. 이 세금문제(양도소득세)로 수익이 줄어들게 된다. L씨는 "세금만 없으면 더 많은 수익을 얻을 수 있을 텐데……." 하며 고민하고 있었다.

그러던 중 우연히 NPL이 배당수익과 시세차익 그리고 임대수익을 단기간에 높이면서도 양도세까지 절감 받을 수 있다는 사실을 알고 NPL을 제대로 공부하기로 마음먹었다.

L씨는 금융기관에서 1차 시장에서 매각한 부실채권을 지지옥션 NPL 매각팀을 통해 부천시 원미구 중동 38평 아파트의 1순위 근저당권을 4억 3,000만 원(최저매각기준가격 100%)에 매입했다.

대출원금은 4억 원, 채권최고액은 4억 8,000만 원으로 여기에서 원금은 4억 원, 연체이자가 3,000만 원이다. 감정가(법원 감정가는 통상 최고매각가격)가 6억 원, 부동산 실매매 시세는 5억 원이었다.

L씨는 현장방문을 통해 해당아파트의 내부가 고급 인테리어에 발코니 확장공사가 되어 있음을 알았다. 선호하는 층수인데다 교통도 역세권이라 직주근접 우량한 물건이라는 내용으로 조사를 마친 상태여서 5억 원에 입찰해 낙찰 받았다.

L씨는 5억 원 중 4억 3,000만 원은 배당 상계신청을 했기 때문

에 투자금액은 7,000만 원이었다. 5억 원에 낙찰을 받아도 NPL 매입에 투자한 금액이 4억 3,000만 원이므로 7,000만 원은 자신이 돌려받게 되며, 5억 원에 매각을 해도 양도소득세는 발생되지 않는다.

만약 L씨가 입찰에 참가하지 않고 4억 7,000만 원에 제3자가 낙찰 받았다면 L씨는 3,000만 원의 배당수익을 낼 수 있다. 이때 L씨는 실제 4억 3,000만 원을 투자해서 근저당권을 매입했지만, 제1순위 근저당권자가 우선변제 받을 수 있는 금액한도는 은행에서 설정한 근저당권 설정액이다. 즉, 채권최고액이 실 채권액이기 때문에 낙찰가격 4억 8,000만 원까지 배당받을 수 있다.

L씨는 재매각으로 시세차익을 낸 경우지만 만약 배당수익을 목표로 했다면, 여전히 배당받지 못한 채권최고액 범위 내 경매기일 연장으로 연체이자를 받는 방법과 채무자에게 자진변제를 청구하는 방법이 가능하다. 단, 채무자 독촉방법은 부실채권 매각금융기관과 따로 협약이 없는 경우에만 가능하다.

그렇다면 NPL 투자의 세금은 어떻게 될까?

법인세율 구간에 따라 법인은 영리법인과 비영리법인으로 구분된다. 필자 주변의 NPL 법인은 과세표준 2억 원 이하 10%에 맞게 비용처리를 한다. 법인운영 경비처리와 인건비로 정산하고 대부분 1년에 2억 원 이하로 맞춰 10%로 계산한다. 2억 원 초과 및 200억 원 이하는 20%에 2,000만 원 누진세율로 할인 받는다. 그러나 2억 원 초과 과세표준 세율구간이 될 경우 다른 법인을 이용하기 때문에 2억 원 이하 10%로 세율구간을 맞춰 절세전략을 쓴다. 우리나라 세법은 포괄주의[36]와 열거주의[37]에 의하기 때문에 열거되지 않은 세법은 비과세로 본다.

기획재정부의 세법 개정안이 발표되면서 논란이 되고 있다. 결국은 정부의 세수부족분을 메우기 위해 다시 한 번 세금부담을 높이는 증세정책을 취할 수밖에 없게 된 것이다. 그러나 NPL 법인 및 개미투자자들은 적당한 세금을 납입하며 배당수익과 시세차익으로 수익을 내고 있다.

NPL 경매 공동투자와 세금절세 전략

법인을 통한 NPL 경매와 여럿이 자금을 모아 공동투자를 하면 많은 이점이 있다. 그중 가장 큰 이점은 규모의 경제적 효율화라고 할 수 있다. NPL 개인투자자가 10억 원의 자금을 마련하여 NPL 경매를 하기란 쉽지 않다. 그렇지만 49명이 20,408,163원을 출자하여 사모펀드 형태로 10억 원을 만들기는 어렵지 않을 것이다.

49명에게 2,000여 만 원을 갹출하는 것은 NPL 경매에 숨은 고수 1인자가 다수의 사람들을 사모펀드[38] 형태로 모집하여 NPL 경

---

36 포괄주의(包括主義, Negative System)는 경제적인 관점에서 보는 포괄주의란 투자상품 대상을 일정 상품으로 한정하지 않고 포괄적으로 정의한다는 뜻이다. 예전에는 법률에서 상품을 열거하는 방식으로 금융상품을 한정시켰지만 이제는 개념을 추상적으로 정의해 나중에 출현할 모든 금융투자 상품을 포함하도록 한 것이다. 이는 그만큼 앞으로 출시될 다양한 금융 신상품의 근거를 마련하겠다는 뜻이다. 이같은 변화로 다양한 투자자 수요를 충족시켜주는 상품의 출시와 상품 개발 능력에 따른 업체 간 격차가 벌어질 것으로 예상된다. 또한 신상품이 출시될 때마다 규율·규정이 없어 생기는 혼란도 미연에 방지하는 효과가 생길 것으로 평가된다.

37 열거주의(Positive System)는 금융회사가 취급할 수 있는 상품 등을 일일이 열거한 뒤 나머지 상품은 모두 금지하는 제도로 NPL의 세금은 열거주의 나열에 해당되지 않으므로 비과세이다. 반면 포괄주의는 일부 취급할 수 없는 상품 이외에는 모두 허용되는 제도다. 한국도 자본시장통합법 제정을 통해 미국 수준의 포괄주의에 접근하고 있다.

38 소수의 투자자로부터 모은 자금을 운용상의 제약 없이 투자하여 수익을 내는 펀드. 50명 이상의 투자가의 투자자금으로 법적인 규제를 받아 운용되는 공모펀드와 달리, 49인 이하의 투자가의 투자자금으로 운용에 제한이 없으며 익명성이 보장되는 장점이 있다. 2015년 이후 한국에서 사모펀드의 여러 규제를 완화하여 2016년 들어 사모펀드 규모가 급격히 성장했다.

매를 하는 방법이 있을 것이다. 현실적으로 많이 이루어지고 있는 방법이다. 문제는 자금을 관리하는 1인이 나쁜 마음을 먹는다면 막을 방법이 없다. 그러므로 그런 안전장치를 해두고 자금관리의 투명성과 자금사용처 그리고 수익에 대한 배분을 투명하게 하여야 한다는 것이다. 그러나 대부분 투자자들은 투잡을 하는 샐러리맨이거나 믿고 맡기는 형태가 주를 이루고 있기 때문에 자금집행에 대한 견제가 선행되어야 한다.

이는 자금관리의 대부분을 1인이 관리하기 때문에 나머지 99인은 자금관리 또는 자금집행이 어떻게 이루어지는지 알기 어려운 문제가 발생한다. 이와 같은 이유로 소위 '먹튀'가 발생하기도 한다. 하지만 공동투자를 하면 좋은 점은 자금에 대한 규모의 경제적 효율화와 능률적인 투명한 절세효과를 누릴 수 있다는 것이다.

예를 들어 2억 원 NPL 투자 양도차익이 발생했을 때 1인이 한 경우의 양도소득세는 약 5,600만 원(2억 원×38%-누진세공제 19,400,000)이다. 그렇지만 2인이 공동으로 하였을 경우에는 각각 2,000만 원(1억 원 × 35% - 누진세공제 14,900,000) 정도로, 이를 합하면 약 4,000만 원으로 개인이 경매를 하였을 때와 비교하여 약 1,600만 원가량의 절세효과를 볼 수 있다.

우리나라 세법은 누진세율(소득이 높을수록 높은 세율이 적용)을 적용받기 때문에 소득을 나누어 소득이 낮아지면 낮은 세율을 적용받기 때문에 10인 또는 49인이 공동으로 투자하였다면 절세효과는 더욱 커질 것이다. 공동투자는 잘 만 하면 큰 규모의 자금을 이룰 수 있어 많은 사람이 모여 공동으로 NPL 경매에 투자하여 이익을 분배하는 것이 유리하다고 할 수 있다.

법인세 세율						
소득종류	각 사업연도 소득			청산 소득		
법인 종류	과세표준	세율	누진공제	과세표준	세율	누진공제
영리법인	2억 원 이하	10%	–	2억 원 이하	10%	–
	2억 원 초과 200억 원 이하	20%	2,000만 원	2억 원 초과 200억 원 이하	20%	2,000만 원
	200억 원 초과	22%	42,000만 원	200억 원 초과	22%	42,000만 원
비영리법인	2억 원 이하	10%	–			
	2억 원 초과 200억 원 이하	30%	2,000만 원			
	200억 원 초과	22%	42,000만 원			
조합법인	9%			9%		

그렇지만 다수의 사람들이 모여 공동투자를 하고 투자금을 어느 개인이 관리한다면 투자금 관리 및 집행에 대한 투명성과 견제기능의 약화로 인해 사기에 노출될 가능성이 높다. 이러한 경우를 대비하여 많은 사람들이 경매에 참가하는 경우에는 각자의 출자금으로 법인을 설립하여 NPL 경매로 얻은 차익에 대해 법인세를 납부한 후 배분을 하는 것이 가장 합리적이라고 할 수 있다.

선순위 대항력 NPL 저렴하게 매입하기

|사례분석|

물건지: 경기도 ○○시 ○○동 갈산리 ○○0-○3(일괄) 1-96, -55, -67, -72, -95, 외 1

용도: 임야 2170㎡(656.42평)

주의사항: 특수건 분석신청(NPL 채권)

임차현황: (주)○○에너지. 전입(2013. 4. 5). (보증 2,000만 원. 월 550,000원 공장 일부 495.87㎡)

점유기간: 2013. 4. 4~2015. 4. 3

소유자: ○○케미칼(2012. 5. 10), 전소유자 : ○○○앤디

근저당권자: ○○은행(목동) 8억 4,000만 원(대출금 잔액 7억 원)

    (2012. 5. 10)

임의경매: ○○은행. 여신관리집중 청구액 6억 90,233,290원

감정가는 7억 67,461,000원(2013. 11. 26)이었으나 유찰되어 5억 37,223,000원(2014. 1. 7)에 낙찰되었다. 낙찰가는 5억 5,000만 원(감정가 대비 71.66%), NPL 매입가는 3억 8,000만 원(양수인 UHK 제3차 유동화전문회사의 낙찰자 풀방식 인수채권 중 한 건)이었다.

|수익분석|

대출받지 않았을 때

낙찰예상가 308,000,000원 – 265,052,000원=42,948,00원(6개월)

수익률(수익/투자금)=42,948,000원/265,052,000원=6개월 16.2%,
연 32.4%

대출 받았을 때

실 투자금: 64,022,996원{(매입 263,000,000원-대출 204,000,000원)+비용
5,970,996원+2,052,000원}
수익률(수익/투자금): 57.7%, 6개월,
연 115.5%(수익 36,977,004원/투자금 64,022,996원)

그렇다면 1년 후 추가대출 가능액은 얼마일까?

감정가 4억 1,800만 원(70%, MCI · MCG 신탁대출 가능)으로 2억 9,260
만 원을 대출하여 기대출금 2억 400만 원을 상환하고 8,860만 원
의 여유자금으로 재투자가 가능하다. NPL 매입자는 건물 소유자가
제안한 1,000만 원을 합의금으로 받고 경매를 취하하였다. 건물 소
유자는 위장임차인의 배당배제 신청 및 패소가 예상되자 NPL 매
입자에게 경매취하를 제안한 것이고, 이를 받아들인 NPL 매입자
는 배당까지 가지 않고 매입을 통해 수익을 내게 된 것이다.

이처럼 복잡하고 대항력 있는 임차인과 분쟁의 소지가 있는 물
건을 저가에 매입하여 고수익을 내는 전략을 활용하면 좋다. 위장
임차인과 대항력권자의 이해관계 사실 여부는 금융기관 채권서류
철(임대차확인서 및 매매계약서)에 잘 편철되어 있으므로, 직접 금융기관
을 찾아가 정보를 얻으면 된다.

매입할 채권서류에 선순위 임차인이라면 '무상임차확인각서'와
인감증명서가 첨부되어 대항력을 인정받지 못하며 배당신청을 해

도 배당배제 신청을 하기 때문이다. 남들과 똑같은 방법으로는 경매에서 고수익을 내는 데 한계가 있다. 대항력 임차인이라 하더라도 배당신청을 한 경우 낙찰자가 인수하지 않아도 되므로 권리분석과 예상배당표를 작성해 입찰하면 손실을 최소화할 수 있다. 경매와 마찬가지로 부실채권 투자에서도 권리분석은 매우 중요하다.

채권자 지위에서 자진변제를 유도하라

매입한 부실채권의 채권서류를 확인하면 채무자의 인적사항과 연락처를 알 수 있다. 채권서류에서 선순위 과다설정, 가압류, 가등기 등 감정가 대비 가압류와 근저당권 설정금액이 복잡하거나 과다하지 않다면 채무자와 부채탕감에 대해 협상한다. 중도상환 가능성이 있는 부실채권을 투자대상에 포함시켜 자진변제를 유도하면 연체이자를 받을 수 있다.

금융기관은 여신거래 기본 약관에 의해 연체기간 1개월 연 13.5%, 3개월 15%, 6개월 이상 연 17%의 이자를 적용한다는 내용으로 계약을 체결하지만, 부실채권을 매입한 AMC는 채무자에게 연 19~25%의 연체이자를 받는다.

합법적으로 사채이자를 받을 수 있는 것이다. 연체이자는 기간이 길어질수록 더 큰 금액이 누적된다. 이때 NPL 투자자는 배당이나 유입취득이 아니더라도 자진변제로 고수익이 가능하다. 채권최고액 범위 내에서 채무금을 상환 받는 것이 원칙이며, 일반적으로 경매가 진행되는 물건은 후순위 채권과 가압류 그리고 근저당권이 존재하기 때문에 완전 상환 가능성이 높은 물건을 찾아 자진변제하도록 유도한다. 이는 꽤 높은 수익을 낼 수 있는 투자방법이다.

이처럼 NPL 채권의 채무자와 제3채무자가 자진변제를 요청했을 경우 NPL 투자자와 채무자가 일정 금액으로 합의해 경매를 취하할 수 있다. 필자 또한 배당 전 합의로 고액의 연체이자를 받아 수익을 챙기고 취하해준 경험이 있다.

경매기일 연장으로 고수익 올린다

매각기일의 변경 또는 연기는 채권자 신청과 법원이 직권으로 할 수 있다. 변경과 연기는 동일한 용어로 해석된다. 채무자의 막연한 변경 내지 연기신청은 받아들여지지 않는다. 단 채무자의 연기신청에 특별한 사정이 있다면 매각기일의 연기가 받아들여질 수 있다.

가끔 집행정지 서류가 제출되었을 때 법원은 매각기일의 지정을 취소하거나 변경해야 한다. 이해관계인은 매각기일의 연기를 신청하는 경우에는 2회까지 허용하는데 '단 1회의 연기기간은 2개월로 한다.'라고 규정되어 있다.

매입한 NPL의 부동산 경매에서 변경이나 기일연장은 NPL 투자자가 채권최고액 범위 내 연체이자를 받기 위해 채권자 대위지위로 경매법정에 해당 사건의 변경이나 정지 혹은 연장을 신청한다. 기일연장 시에는 예상배당금액과 금융이자 계산을 정확히 하여 투자손실이 없도록 해야 한다.

NPL 투자는 질권대출로 자기자본 10~20%만 투자해도 수익을 올릴 수가 있다. 이때 발생되는 금융이자는 담보가 부동산이 아닌 채권담보(기타담보)이기 때문에 연 5~8% 안팎으로 비교적 고금리이다. 경매기일이 연장되면 고금리로 인한 금융 부담이 커질 수 있으

소재지/감정서	면적(단위:㎡)	진행결과	임차관계/관리비	등기권리
(17170) 【목록1】 경기 용인시 ; 지도 등기 토지 【토지】 삼면 죽능리 소재 송죽마을 등촌 인근에 위치하고 있으며 주위는 농촌마을 농경지대 야산지대, 등으로 형성되어 있음. ・ 본건까지 차량 출입이 가능하고 인근에 버스정류장이 소재하나 운행 빈도 등으로 보아 대중교통사정은 다소 불편한 편임. ・ 부정형의 형태로 인접토지와 등고 평탄하며 공장건물의 건부지로 이용중임. ・ 세로와 접함 ▶ 토지이용계획 ・ 계획관리지역 ・ 가축사육제한구역 ・ 성장관리권역	공장용지 ・ 2202㎡ (666.11평) 감정지가 277,000/㎡ 토지감정 609,954,000 평당가격 915,700 감정기관 한별감정	감정 872,948,500 100% 872,948,500 유찰 2016.04.15 70% 611,064,000 유찰 2016.05.20 49% 427,745,000 유찰 2016.06.23 34% 299,422,000 변경 2016.08.11 34% 299,422,000 변경 2016.10.25 34% 299,422,000 변경 2016.12.27 ※매각기일 미지정 법원기일내역 2016.12.26. 변경 후 추후지정	▶법원임차조사 조사된 임차내역 없음	・건물등기 소유권 이 전 2013.10.17 전소유자> 스산업 매매(2013.07.25) 근저당 2013.10.17 408,000,000 (유아이제십삼차유 근 저이전) [말소기준권리] 임 의 중소기업은행 (여신관리부) 2015.11.18 (2015타경508388) 청구액 340,000,000원 [등기부채권총액] 408,000,000원 열람일 2016.10.06

므로 연장해도 수익배당이 가능한지 정확히 예측해야 한다.

기일연장 투자법은 채권최고액 범위 내 시간을 벌어 연체이자를 받는 방법, 유입자가 나타나지 않을 경우 기일연장을 통해 많은 경매입찰자를 유도하여 배당수익을 얻는 방법이 있다. 만약 산출가격을 잘못 산정했을 경우엔 투자방법을 변경해 손실을 줄여야 한다.

이 방법은 투자손실 위험이 가장 크다. 만약 법원경매에서 제3자가 해당 물건을 저가로 낙찰 받았다면 투자금액 일부는 미회수되며, 이럴 경우 반드시 손실이 발생하게 된다.

따라서 NPL 경매기일 연장으로 수익을 얻으려면 몇 가지 주의점이 있다. 경매기일 연장은 NPL 근저당권부 질권대출 이자의 과다발생을 뜻하므로 이를 주의해야 한다. 또한 채무자가 법인이나 기업인 경우 임금채권이나 퇴직금 미지급금에 대한 우선변제 가능성에 대한 리스크를 예상해야 할 것이다.

가끔 열심히 입찰물건의 자료조사와 입찰보증금을 준비하고 입찰일에 법원에 나가보면 '매각기일 연장'으로 입찰이 유보되는 경우가 종종 있다.

그렇다면 매각기일 연기는 몇 번까지 가능할까? 그러나 이런 규정은 강행규정이 아니고 훈시규정이기 때문에 횟수와 기간이 경우에 따라 더 연기되는 경우도 있다.

매각기일이 연기되는 이유

① 법원의 직권에 의해
② 경매신청 채권자, 채무자, 소유자 당사자의 신청에 의한 경우가 있다.

법원직권 사유로는 집행정지 서류(민집 제49조)가 제출된 경우로 송달 부적법, 매각물건명세서 작성의 하자, 매각공고의 오류 등이 있다. 이는 법원의 판단에 의하여 결정된다.

당사자 신청에 의한 경우는 경매신청 채권자만 가능한 것이 원칙이고 중복경매 신청권자는 예외적으로만 가능하다. 다만, 수회 매각기일을 일괄 지정하는 방식으로 절차를 진행하는 경우에 실무에서는 1회 연기(변경)기간을 2개월 이내로 하여 2회까지 허용해주고 있다. 또한 채무자나 소유자의 연기신청은 채권자의 동의가 있어야 하며 이해관계인의 신청은 법원이 구속되지 아니한다.

변제유예증서(민사집행법 제49조 4호) 제출 시 기일을 연장해주기도 한다. 채권자인 금융기관이 부동산 임의경매신청으로 인한 경매진행 시 그 채무를 전부 변제할 것을 조건으로 연기해주는 경우 그 채무의 일부만 변제해도 연기해주는 경우 등 그 채무자의 상황에 따라 금융기관에서 결정하여 처리하고 있다.

그러므로 NPL 투자자는 부실채권 매입 당시 금융기관인 채권자에게 연장을 요청하고, 연장시점에 채권최고액이 많이 남아 있다면 일부변제를 사유로 몇 번 더 연장하여 합법적인 연체이자를 채워 받는 방법을 찾아보자.

매각기일의 변경은 원칙적으로 법원이 직권으로 또는 채권자의 동의가 필요하다. 또 채무자가 변제증서 등을 제출하면서 변경신청을 하면 변경이 되지만 특별한 이유 없는 채무자의 매각기일 변경신청은 받아들여지지 않는다.

미래 NPL의 전망

부실채권은 진화하고 성장한다. 인류가 진화하고 역사와 과학과 문명이 무한 성장하고 진보하였듯이 NPL도 성장하고 있다. 미리 매각 금융기관과 협약을 맺고 선점을 하는 AMC가 미래에도 더 많은 수익을 낼 수 있을 것이다.

유통구조를 단축시켜 더 많은 수익을 얻을 수 있는 자산을 얻게 될 것이다.

경기가 좋지 않거나 저금리였던 금리가 오르면 대출금 이자를 감당하지 못한 물건들이 경매시장에 저렴한 가격으로 상당수 등장한다. 이는 NPL 물건이 법원경매시장의 활황 가능성이 있다는 것이다.

○○AMC 강 대표가 눈독을 들이는 경기도 안산의 감정가 2억 원짜리 아파트가 있다. 이 아파트를 담보로 채무자 K씨가 은행에서 2억 원을 대출받았다가 3개월 이상 연체하여 부실채권으로 넘

겼다.

은행은 이 부실채권을 경매에 붙이거나 부실채권 전문 유동화회사에 싸게 팔 것이다. 만약 이 채권을 개인이 NPL 정보회사 등을 통해 1억 5,000만 원에 매입했다면, 경매를 통해 당초 은행이 가지고 있던 원금 2억 원이 보장될 뿐 아니라 수익 5,000만 원이 확보되면서 이후 발생하는 이자수익까지 챙길 수 있다. 또한 5,000만 원이나 싸게 매입한 만큼 경매에 참가한다면 낙찰 확률도 높아지고 입찰자 또한 우월적 입장에 서게 된다.

물론 NPL 투자 시 주의할 점도 많다. NPL에 대한 충분한 공부와 이해 없이 묻지마 식의 투자는 매우 위험하다. 환금성, 고수익·고배당, 안정성, 시세차익이라는 네 마리 토끼를 잡기 위해서는 처음부터 전문가에게 교육을 받고 자문을 구하는 것이 중요하다. 부동산 경매시장이 과열 조짐을 보일수록 일반투자자들은 성공과 실패사례를 꼼꼼하게 분석해 대처해야 한다.

실제로 부동산 경매에서는 좀처럼 수익을 내기 어려워 보이는 물건에서 성공하거나, 큰 수익을 얻을 것처럼 보이는 물건에서 손해를 보게 되어 계약금이나 입찰보증금을 떼이는 일이 자주 발생한다. 끊임없이 공부하고 연구하는 자세만이 실패를 줄이고 성공으로 이끄는 확실한 방법이다.

금융기관은 BIS 비율을 8% 이상으로 맞춰야 하고, 관리비용과 대손충당금 적립에 의한 순이자마진율로 당기순이익이 줄어든다. 금융감독원 권고 비율 1.5% 기준을 유지해야 하므로 경매 낙찰까지 갔을 때 수익이 되는 우량 부동산을 매각할 수밖에 없다.

또한 경기가 침체되고 부동산이 불황일수록 연체는 늘어나고 부실채권시장이 호황을 맞게 된다. 이때 우량 부실채권을 골라 수익을 내는 방법을 모색해야 한다.

요즘 부동산 경기는 상고하저上高下低이다. 서울 수도권 중심부의 전세가 평당 1,100만 원이고, 32평형 아파트 전세가는 1년 전 4억 5,000만 원에서 현재 5억 9,000만 원까지 상승했다. 1년 만에 1억 4,000만 원이 오른 것이다. 그러다 보니 제2기 신도시의 신규분양을 내 집 마련 기회로 잡으려는 움직임에 전국 부동산 가격은 전년 대비 평균 0.33%가 올랐다.

부동산은 이제 투자 목적과 거주 목적 성격을 분명히 하고, 미래가치를 고려한 투자를 해야 할 때이다. 저금리에 평균 3%의 물가상승이 이루어지고 있으니 인플레이션 상승 이상의 투자수익을 실현해야 한다.

과연 이러한 조건을 만족시킬 만한 투자수단으로 무엇이 있을까? 답은 NPL에 있다. NPL 투자는 저금리시대 내 자산을 키워줄 으뜸 재테크 수단이 될 것이다.

최근 매물로 공급되는 부실채권들은 대부분 대형 아파트나 연립, 수도권 공장과 토지, 중대형 건물이나 호텔·임야 등이다. 가격이 높은 물량이 많아 개인들이 노릴 만한 물건이 상대적으로 적다. 그러나 부실채권이 늘어 경매 공급량이 증가하면 소액투자용 토지나 다세대, 도심 상가, 중소형 근린주택 등이 매물로 나오기 때문에 선택의 폭은 점점 넓어질 것이다.

NPL 투자는 부동산의 가치파악은 물론 경매투자에 대한 충분한 이해가 필요하다. 채권 매각기관의 담당자에게 자문을 받고 투자하면 위험을 최대한 줄일 수 있다.

경매 파생상품 투자 시에는 무엇보다 시세 파악이 중요하다. 매매약정금액이 시장가치보다 높은 경우도 발생할 수 있으므로 투자자가 직접 현장조사를 하여 시세를 정확히 파악한 다음 계약해야 한다. 최근 매각기관이 보유한 물건들 중에는 유입물건이 많아 개인이 살 만한 우량물건을 고르기 힘들고 소액 매물도 많지 않다. 또 금융회사들도 부실채권을 고가에 매입한데다 시장이 채권에 대한 유동화 지식을 갖게 되면서 가격 할인 폭이 크지 않은 편이다.

유동화회사들은 15%, 저축은행은 20% 안팎으로 싸게 파는 것이 보통이다. 따라서 턱없이 높은 수익률을 기대하기보다 소액으로 우량물건을 매입한다는 마음으로 투자에 임하는 것이 현명하다.

2
개정 대부업법에 의한 개미투자자 투자사례

안전한 채권으로 만드는 론세일 계약

론세일 방식으로 매입한 채권이다. 감정가 2억 15,000,000원의 다세대주택을 NPL로 1억 8,000,000원에 매입하여 NPL 질권대출을 이용하여 실 투자금액을 최소화하였다.

매입금액의 90%를 질권대출을 받아 부기등기비용과 배당받을 때까지 대출금이자를 계산해 보니 실제로 현금투자금 14,917,000

원이다. 실제 순이익은 7,882,000원, 수익률은 52.8%였다.

> 위치: 서울특별시 성북구 정릉동 사세대 주택 65.1평방미터
> 감정가: 215,000,000원
> 낙찰: 140,000,000원(65.12%)
> 근저당권: 141,700,000원
> 현금투자금: 14,917,000원
> 금융비용: 4,117,000원
> 선순위 배당 후 순수익: 7,882,000원(수익률 52.8%)

다시 정리하면, NPL매입 108,000,000원, 부기등기비용 850,200원, 대출금이자 3,266,800원 총투자금 112,117,000원, 대출 97,200,000원을 차감하면 14,917,000원이 순수 현금투자금이다.

낙찰 140,000,000원-112,117,000원-20,000,000원(소액보증금) = 7,882,000원이며 이를 순수투자금 14,917,000원으로 나누면 수익률은 52.8%가 된다.

필자의 금융기관에서 부실채권을 매각하면서 금융위원회에 등록한 업체에만 부실채권을 매각한다. 최근 매각 당시 조회한 NPL 대부업 유등록업체는 719업체였다. 그러나 한 곳의 대표가 20~30개씩 등록하는 업체가 많았고 그런 업체를 하나로 본다면 300여 곳 정도로 갈음하고 있다. 그러나 갈수록 시장에 진입하는 업체는 늘어나면서 NPL 매입 가격이 올라가고 있다. 하지만 NPL 가격이 올라 투자 회수율이 낮아질 경우 NPL 시장 자체가 위축될 수 있다. 미연방 위원회의 기준금리의 인상이 예고되는 가운데 우리나

라도 기준금리 인상조짐이 보이고 있다. 금리가 오르게 되면 경기 불안으로 중·소규모 업체는 이자를 감당하지 못하고 부실채권으로 전락되는 사례가 많이 늘어난다. 그렇게 된다면 NPL 시장의 거래건 수와 금액은 늘어날 것이다.

자본금이 작은 소규모 AMC는 국내은행권의 NPL 경쟁 입찰에 참여하지 못해 제2금융권(신협, 새마을금고, 수협, 저축은행 등)을 대상으로 수의계약 형태로 물량을 확보해 왔다. 하지만 대부업법이 개정되면서 소규모 AMC 설자리가 좁아지고 있다는 우려가 나온다. 일부 제2금융권에서는 개정 대부업법이 시행되면서 NPL 매각과 관련된 내부 기준을 강화해 진입 장벽을 높이고 있다. MG의 경우 자기자본 50억 원 이상인 AMC에만 NPL를 매각할 수 있도록 규정을 바꿔 공문을 시달해오고 있다. 상위부서의 지침에 반발하여 일부 개정을 추진하고 있지만 소규모 AMC들은 NPL 확보에 어려움을 겪고 있다. 문제는 NPL 시장이 위축되면 기업구조조정이나 가계부채 부실화 등의 문제가 더 악화된다는 점이다. NPL 매각이 제대로 되지 않으면 금융권에서 부실자산 정리에 어려움을 겪게 되기 마련이다. 은행권 NPL 물량감소에 진입장벽까지 위축되고 있다. 하지만 우려되는 NPL 시장에서도 어떤 이에게는 그런 위축이 오히려 또 다른 기회로 만들어 내고 있다.

론세일 계약방식으로 NPL 투자 시 등기소 또는 공증사무소에 가서 확정일자를 받아 놓으면 더 안전한 채권이 된다.

|사례분석 1|

이번 사례는 새마을금고 근저당권을 부실채권으로 매입하여 수익

을 낸 자산관리회사의 수익법을 다룬다. 자산관리회사는 개인이 직접 대부업 등록 자격기준을 갖추면 개인도 직접 매입할 수 있다. 그렇지 않고 투자를 원하는 개인은 일정한 수수료를 주고 자격을 갖춘 대부업등록 자산관리사로부터 매입하여 수익을 내면 된다.

위치: 서울 양천구 목동 926-8 목동성원 10*동 1층 *06호
규모: 84.31 ㎡ (25.5평)[32평형],
감정가: 602,000,000원
낙찰가: 596,110,000원(99%낙찰)
2등 입찰자: 567,500,000원 5명 입찰(낙찰일 2016. 5. 3)
1순위 근저당권: 452,400,000원 ○○금고 → 양수인: ○○자산관리
(2015. 10. 30. 매입일)
2순위 근저당권: 90,000,000원 주)○○부[구-○○○대부]

2등 입찰금액이 NPL 매입 금액보다 높다.
부실채권 투자법을 배웠다면 1등으로 입찰하고 양도소득세도 줄일 수 있었다.

매입일 2016. 10. 30. ~ 낙찰일 2016. 5. 3. (총 186일),
질권대출: 348,000,000원, 6.5%,186일/365=11,526,904원
낙찰: 596,110,000원-4,628,924원(경매비용)-139,081,076원(임차인등
배당)-452,400,000원(설정배당)-90,000,000원(지원대부)
=49,081,076원(소유자배당)
NPL 매입: 407,560,570원(원금 348,000,000원+정상이자 20,269,330원+연체
이자 33,695,390원+가지급금 5,595,850원)

자산관리사 수익률 분석하기

서울특별시 양천구 목동 32평형 아파트의 경우를 살펴보자. 목동
은 교육도시로 소문이 나 있어 교육에 대한 열의가 대단한 학부모
들이 제일 선호하는 지역이다. 게다가 지하철역 5호선과 각종 편의
시설(백화점, 공원 등)이 인접해 있고, 선호도가 높은 학군(목운초, 중)이
라는 점에서 주거환경이 좋다. 그러나 1층임을 감안하면 환금성은
상대적으로 다소 떨어진다고 보면 된다.

감정가는 6억 2,000,000원, 채권청구액은 3억 80,226,630원이다.

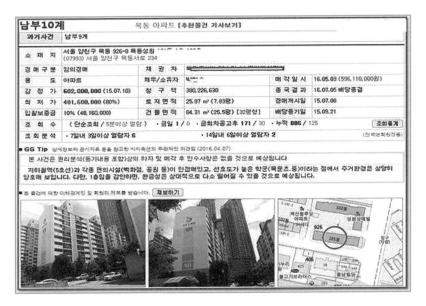

수익률 분석하기

407,560,570원(매입가)+2,714,400원(이전등기비용)+11,526,904원(이
자)=421,801,874원

[총투자금액]　452,400,000원(배당금)-421,801,874원(총투자

금)=30,598,126원(순이익), 421,801,874원-348,000,000원(질권대

출)=73,801,874원(순수 투자액)

30,598,126원/73,801,874원= 41.46%(수익률), 투자기간 186일

2015.09.17	근저당권자 주식회사 ○○○○○○ 채권계산서 제출
2015.11.12	교부권자 양천세무서 교부청구서 제출
2015.11.13	기타 주식회사 ○○○○○○리 채권자변경신고서 제출
2015.11.13	권리신고인 주식회사 안양저축은행 권리신고서 제출
2015.11.17	근저당권부질권자 마저선 권리신고서 제출
2015.11.24	채권자 북광주새마을금고 양수인 주식회사 ○○○○○○○ 매각기일연기신청서 제출
2015.12.02	채권자 북광주새마을금고 양수인 주식회사 [　　　] 우선배당동의서 제출
2016.02.15	교부권자 양천세무서 교부청구서 제출
2016.02.18	채권자 북광주새마을금고 양수인 주식회사 [　　　] 기일연기신청서 제출
2016.05.12	교부권자 양천세무서 교부청구서 제출
2016.05.16	채무자금소유자 [　　　]창고장 제출
2016.06.02	채권자 북광주새마을금고 양수인 주식회사 [　　　]Ⅱ 열람및복사신청 제출
2016.06.10	최고가매수신고인 매각대금환납증명
2016.06.10	최고가매수신고인 등기촉탁신청 제출
2016.06.10	최고가매수신고인 등기촉탁공동신청 및 지정서 제출
2016.06.10	최고가매수신고인 결정정본
2016.06.15	근저당권자 주식회사 한빛대부(변경전:주식회사 [　　　] 채권계산서 제출
2016.06.16	법원 서울남부지방법원 등기과 등기필증 제출
2016.06.20	근저당권부질권자 주식회사 [　　　]Ⅱ 채권계산서 제출
2016.06.22	근저당권부질권자 마저선 채권계산서 제출
2016.06.23	압류권자 서울특별시양천구청 교부청구서 제출
2016.06.24	채권자 북광주새마을금고 양수인 주식회사 [　　　] 채권계산서 제출
2016.06.24	교부권자 국민건강보험공단 양천지사 교부청구서 제출
2016.06.30	채권자 북광주새마을금고 양수인 주식회사 [　　　] 채권계산서 제출

　　유입했다면 기다렸다가 재매각 시 수익률을 계산한 것이다. 유입하여 주변에 개발호재가 있다면 채권최고액 범위 내 유입으로 양도세 절감 효과도 노려볼 수 있다.

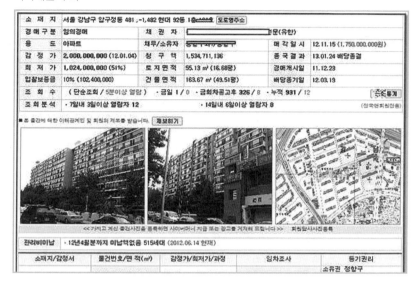

1999년 7월 3일이 최초의 근저당권설정일로 말소기준 등기이다.
하나은행이 근저당권을 NPL로 매입하였다. 경매비용을 제외하고
하나은행 근저당권자가 받아가야 할 채권금액을 배당받는 것이 론
세일 방법이다.

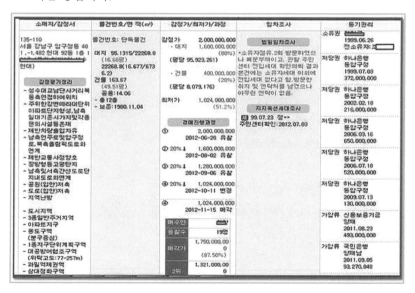

2012.01.20	채권자 주식회사하나은행 양수인 우리에프앤아이제24차유동화전문유한회사 채권자변경신고 제출
2012.01.25	가압류권자 신용보증기금 채권계산서 제출
2012.01.25	채권자 주식회사하나은행의 양수인 우리에프앤아이제24차유동화전문유한회사 야간송달신청 제출
2012.02.16	가압류권자 하나에스케이카드주식회사 권리신고및배당요구신청 제출
2012.02.28	가압류권자 신용보증기금 권리신고및배당요구신청 제출
2012.02.28	채권자 주식회사하나은행의 양수인 우리에프앤아이제24차유동화전문 유한회사 채권계산서 제출
2012.03.07	가압류권자 전문건설공제조합 채권계산서 제출
2012.03.14	교부권자 서울시 강남구 교부청구 제출
2012.06.21	교부권자 강남세무서 교부청구(정향구) 제출
2012.06.25	교부권자 성남세무서 교부청구 제출
2012.10.09	채권자 주식회사하나은행의 양수인 우리에프앤아이제24차유동화전문 유한회사 매각기일연기신청 제출
2012.11.13	교부권자 강남세무서 교부청구 제출
2012.11.15	기타 최한호 채무인수신고서 제출
2012.12.17	교부권자 서울특별시강남구 교부청구 제출
2012.12.18	가압류권자 ○○○ 채권계산서 제출
2012.12.18	가압류권자 ○○○ 채권계산서 제출
2012.12.18	가압류권자 ○○○ 채권계산서 제출
2012.12.20	교부권자 강남세무서 교부청구 제출
2012.12.26	가압류권자 신용보증기금 채권계산서 제출
2013.01.16	채권자 주식회사하나은행의 양수인 우리에프앤아이제24차유동화전문 유한회사 채권계산서 제출
2013.01.16	채권자 주식회사하나은행의 양수인 우리에프앤아이제24차유동화전문 유한회사 채권계산서 제출
2013.01.16	가압류권자 주식회사우리은행 채권계산서 제출
2013.01.24	최고가매수인 확인서 제출
2013.01.30	가압류권자 주식회사국민은행 배당표등본 제출
2013.02.15	최고가매수인 매각대금완납증명

　　서두에서 다루었던 물건명세 사례를 구체적으로 살펴보자. 유동화 전문회사에 매각된 NPL 물건이다.

　　위치: 서울특별시 강남구 ○○정동 481.-1. 482 ○○ 92동 1층 ○ 04호
　　토지: 55.13평방미터
　　건물: 163.67평방미터
　　감정가: 2,000,000,000원
　　근저당권 최고액: 1,758,000,000원
　　낙찰가(매각금액): 1,750,000,000원
　　낙찰: 19명
　　입찰 참가: 1,321,000,000원
　　2등 입찰가급매가: 1,500,000,000원(2등 입찰가격이 매입가격 보다 높다)
　　NPL 매입: 1,321,000,000원

배당 1,750,000,000 원 - 경매비용 9,899,767원

배당 후 잔액 1,740,100,333(유동화 전문회사 배당)

예상배당표를 보면 하나은행 근저당권 NPL 매입자가 채권최고액 범위 내 우선 배당 받음을 확인할 수 있다. NPL로 접근했다면 1등으로 낙찰 받고 양도세 절감 등 더 큰 수익을 낼 수 있었다.

|문건송달 내역세|

2012. 01. 20 채권자 주)○은행 양수인 우리F&I제24차 유동화전문유한회사 채권자변경신고서 제출

2012. 06. 21 강남세무서 교부청구서 제출(교부청구서를 발급받아 최초 근저당권 설정일 기준으로 당해세 등 확인이 가능)

2012. 10. 09 채권자 주)○은행 양수인 우리F&I 제24차유동화전문유한회사 매각기일 연기신청서 제출

2013. 02. 15 최고가 매수인 매각대금 완납 증명

지금까지 론세일 방식 및 방어입찰에 대해 알아보았다. NPL 투자를 잘하는 방법은 채권평가물건 보고서를 잘 작성하고 물건보고서 작성방법 및 낙찰예상가 산정법을 살펴보는 것이다.

NPL 매각금융기관 회계처리를 알면 돈이 보인다

경매가 종료되면 각 금융기관에서 잔존채권 원금과 이자에 대하여 특수채권으로 분류하여 재산조사로 가압류, 직장을 다니는 직장인이라면 급여 압류, 그래도 재산이 없으면 소멸시효가 중단되지 않도록 지급명령과 대여금 청구소송을 통해 확정 판결을 받아 놓는다.

채권관리 담당자는 재산관계명시신청, 채무불이행자 명부등록, 유체동산 압류 집행, 재산을 빼돌린 경우 사해행위 취소 등 잔존채

권에 대하여 갖은 방법을 동원해 채권추심에 들어간다. 그렇게 하고도 받을 방법이 없는 경우 신용정보회사에 채권을 넘기고 마지막 추심을 한다. 그러나 NPL 매각 채권은 그렇지 않다. 남은 이자, 원금을 감면해주고 종결한다.

게다가 신용정보 통합조회 후 해제까지 해준다. 이 회계방법을 알면 또 다른 수입이 가능할 수 있다. 그러나 매각 금융기관에서는 매입 시 배당 이후 더 이상의 채권 추심을 하지 못하도록 협약을 맺으니 조심하여 접근해야 한다.

매각처리 방법 간단하게 알아보기

원금 300,000,000원이고 대손충당금 60,000,000원 (고정 20%),
매각대금이 320,000,000원이라고 가정하면,

(1) 원금을 정리한다. 300,000,000원(화면번호 1030)
(2) 대출원금 정리 후 (이자는 자동감면)
   〈화면번호 1030〉 ① 회수구분: 01 – 일반상환(잔액에 대한 이자)
                    ② 이자수입구분: 02 – 원금만 상환
                    ③ 회 수 사 유: 67 – 채권매각
                    ④ 매각상대기관: 99 – 기타
                    ⑤ 예외거래구분: 01 – 정리순서 변경계좌 – 완료
(3) 매각대금 및 대손충당금 잔액 80,000,000원은
   이자수익이 아닌 모두 대출 채권 처분이익에 입금한다. 〈화면번호〉 6150

|사례분석 1|

대출원금(잔액)보다 더 높게 낙찰이 되었을 때 회계처리 방식이다. 첫 단계는 회계처리로. 이자는 감면해준다. 다음은 필자가 근무하는 금융기관에서 매각한 금액이다.

대출원금과 잔액: 300,000,000원

NPL 매각금액: 320,000,000원

대출금(원금): 300,000,000원(B/S차변)

대손충당금(20%): 60,000,000원(B/S 대변)

회계처리 내역

차변(DR): 320,000,000원(매각대금)/대손충당금: 60,000,000원

대변(CR): 대출금 300,000,000원/대출채권처분이익: 80,000,000원

두 번째 단계는 〈화면번호 1511〉 신용정보통합 조회 후에 〈화면번호 1505〉 연체거래정보 관리에서 3-연체정보 해제 〈해제구분-16〉 양도 비금융 기관으로 처리하면 매각 전산처리는 모두 완료된다.

|사례분석 2|

필자가 금융기관에 찾아와 채무인수를 요청했다. 원금 4억 8,000만 원에 채무인수하고 대출금이자를 감면하여 주면 소득증빙이 가능한 신용등급이 우량한 채무자로 채무인수 요청했으나 채권관리팀으로 이관된 채권이라며 거절했다.

차○○의 매각대금 회계처리를 살펴보자.

대출금 잔액: 480,000,000원

대출금이자: 17,552,785원

정상이자: 11,171,409(연 14.197%)

연체이자: 2,590,963원(연 15.197%)

연체이자: 3,790,413원

가지급금(경매비용): 5,163,570원

총 채권액: 502,716,355원

NPL 매각 금액: 395,000,000원

대출원금: 480,000,000원(B/S차변)

대손충당금: (20%)96,000,000원(B/S 대변)

회계처리 내역

차변(DR): 395,000,000원(매각 대금)/대손충당금: 96,000,000원

대변(CR): 대출금 480,000,000원/대출채권처분이익: 11,000,000원

그렇다면 NPL 매각채권 연체채무자는 불리할까? 유리할까?

첫째는 대출금이자(17,552,785원)가 감면되며, 둘째는 신용정보 등록이 해제된다. 그리고 셋째는 잔액 원금(85,000,000원)이 감면된다. 다시 말해 대출금 480,000,000원 - 매각대금 395,000,000원 = 85,000,000원이 감면된다.

연체채무자는 경매와 NPL 매각, 어느 쪽이 유리할까?

부실채권 매입자는 채권 원인서류 일체를 매각 금융기관으로부터 수령하고 채무자의 직업, 재산, 지방세 세목별 과세증명서, 직업으로 채무자의 인적상황을 파악할 수 있다.

이때 채무자의 인적사항을 채권원인 서류로부터 확인이 가능하다(직업, 연봉, 여타 재산, 그리고 채무자의 연락처 등). 연락 가능한 방법이나

최종주소지에 방문하여 면담 신청하여 협상에 들어간다.

"채권매입자입니다. 여기 선생님이 ○○ 금융기관 대출을 받은 채권입니다."라며 채무자에게 대출 당시 제출한 인감증명서와 자필 채권서류 일체를 보여준다. 그리고 협상에 들어 가보자.

채무자의 담보물이 경매가 종료되어 대출잔액 원금 85,000,000원과 이자(연체) 17,552,785원, 합계 1억 2,552,785원의 잔존채권이 남아 있음을 고지하고 협상에 들어가면 된다.

"선생님 총 대출 잔액이 연체이자 포함 17,552,785원, 원금 85,000,000원, 1억 2,552,785원입니다. 어떻게 하고 싶으세요?"라며 채무자의 생각을 들어본다.

'지금 당장 약을 먹고 죽고 싶지만 약을 살 돈도 없다.'라는 고객부터 '지금은 돈이 없지만 차후에 벌어서 갚겠다.'는 대답까지 채무자의 반응은 다양할 것이다.

이때, "NPL 매입 당시 금융기관에서 수령한 채권서류 원본을 채무자에게 돌려주고 원금과 이자감면 신용불량도 해제해드리겠습니다."고 설득하여 3,000~5,000만 원, 또는 적당히 합의를 하고 나머지 자금을 회수하는 방법을 찾아보면 또 다른 수익 창출이 가능할 것이다. 그러나 매각 금융기관에서 배당 이후 더 이상 채권추심을 하지 않도록 매입협약서 내용에 포함되니 조심해야 한다. 하지만 법적으로 문제는 없을 것이다. 단지 매각 금융기관에서 더 이상 NPL 매입은 하지 않을 각오는 해야 한다.

매각 금융기관에 민원이라도 발생한다면 매각 금융기관에서는 더 이상 민원을 발생시킨 AMC에는 매각하기를 원하지 않을 것이다. 그러나 본 채권이 NPL로 매각이 되지 않고 경매종료 후 잔존이 발생하면 해당 금융기관은 잔존채권에 대해 재산조사와 유체동산 압류, 재산관계 명시신청 등 채권관리로 추심한다. 그리고 더 이상 채권추심이 쉽지 않을 때는 주)신용정보회사에 매각을 하거나 추심협약을 한다. 회수금액의 20% 이상 회수수당을 주거나 채권을 매각한다.

NPL 투자 함정 피해가기

부실채권이 돈이 되는 것은 사실이다. 그러나 리스크를 줄이고 함정을 피하는 방법을 제대로 배우고 투자를 해야 한다. 저금리시대 새로운 투자처에 대한 NPL 경매시장에 문지방이 닳고 있다. 올해 경매시장은 전체적인 시세 조정으로 낙찰가율이 소폭 낮아지겠지만 응찰자 수 등 경쟁률은 더 높아지거나 현재 부동산 경매시장 이상의 수준을 유지할 것이다.

현재 부동산경매 시장에 나오는 경매 물건의 감정가는 5~8개월 전 시장이 가장 뜨거울 때 책정된 가격이다. 올해 시세가 떨어지면 낙찰가율은 일부 낮아지게 된다.작년 하반기부터 경매물건이 늘어나면서 실수요자에게도 또 다른 기회가 된다. 금리 인상으로 자금 운용에 부담을 느낀 개인 · 기업들이 양질의 물건을 내놓게 되면 하반기 경매에 뛰어드는 실수요자나 투자자들은 더 늘어나는 것이 자유 시장경제의 이치이기 때문이다.

법원경매 및 NPL 경매 학원을 찾는 젊은 층도 다시 늘고 있다. 필자의 연구소에도 전국 각지에서 다양한 직업군의 NPL 개미투자자와 금융위에 등록된 유자격 NPL 법인 수강생이 늘어나고 있다.

지난해 상반기 이후 주춤했던 3040 수강생 비율이 다시 늘어나

지금은 전체의 30% 정도 된다. 이어 이와 같은 영향으로 이번 달 수강생 수도 전달보다 20%가량 증가했다. NPL 경매에 각 기수별 소액투자자와 공동투자자의 관심을 가진 젊은 직장인들이 경매공부를 위해 만든 스터디 모임도 활발하다. 하지만 성공 사례만 믿고 무작정 법원경매에 뛰어들면 큰 피해를 볼 수 있다. 그렇다면 부실 채권 투자 함정 사례를 통해 리스크를 줄이는 방법을 알아보자.

며칠 전의 일이다. 필자와 함께 근무하는 동료가 걱정을 하고 있는 모습을 보았다.

"송 대리 무슨 일이 있어?"

"어휴, 제가 경기도 이천에 있는 노유자 시설(건물 523㎡ ; 158평, 토지 1,024㎡ ; 310평)을 담보로 대출을 했습니다. 감정가가 5억 46,273,520원이었는데 취급한 대출금이 2억 50,000,000원이었습니다. 그런데 이 물건의 소유자는 병원장으로 우량한 채무자라고 생각하였는데, 이자를 내지 못하고 부동산 임의경매를 신청했어요. 세상에 이런 일도 다 있네요."라며 한숨을 내쉬었다.

"채무자가 병원장에 노유자 시설이면 지속적인 수입이 발생하여 연체가 될 일이 있나?"

필자는 병원장의 물건이 경매에 들어간 일이 궁금했다.

"대출 당시 채무자는 병원원장으로 재직하고 있었는데 병원장은 본 물건은 병원원장의 다른 곳 소재 물건을 담보로 1순위 근저당권 3억 25,000,000원을 설정하여 대출을 했습니다. 이 병원장이 장기간 이자납입 지연 연체발생 되어 부동산 임의경매 신청으로 매각(낙찰)되었는데 매각가 2억 40,500,000원이었고 선순위 대항력은 없었습니다. 1순위 근저당권으로 당연히 배당 받아 제가 취급한 대

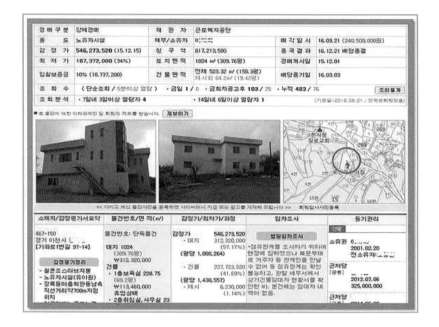

출금을 상환할 수 있겠다고 생각했는데 저희 금융기관은 무배당이
었습니다."라며 불안한 표정을 지었다.

무배당이라면 원금 2억 50,000,000원과 대출금이자 잔존채권이
발생되었고 취급자는 이 손실금에 대하여 책임을 져야 한다.

이 물건을 NPL로 내 놓았으나 다행히 매각되지는 않았다. 만약
초보자가 이런 사실을 모르고 이 채권이 2억 50,000,000원에 매각
된다고 권리분석을 하여 2억 원에 매입했다면 무배당이므로 고스
란히 2억 원의 투자금을 날리게 되었을 것이다.

배당표를 살펴보면, 매각가 2억 40,500,000원에서 최최우선변제
금 경매비용을 제하고, 받은 배당금 236,783,389원-503,678원(임금
채권-이○○)-96,962,960원(임금채권-제○○외)-139,316,751원-근로복
지공단)이었다.

그동안 병원원장이 다른 곳에서 병원을 운영하면서 병원 경영 부실로 임금채권을 지불하지 못하게 되었고 다른 물건지의 경매물건에 체불임금 배당 신청을 하여 선순위로 배당된 것이다. 강제경매 신청채권자 근로복지공단은 임금채권을 대위변제하고 구상권으로 강제경매 신청 후 선지불한 임금채권을 배당금으로 청구하였다.

만약 부실채권 투자자가 시세 5억 원의 NPL 채권을 2억 5,000만 원에 매각되리라 낙찰예상가를 산정하고 2억 원에 매입했는데 실제 2억 5,000만 원에 낙찰이 되어도 '무배당'이 될 수 있다. 이런 이유가 부실채권을 제대로 배워야 하는 이유이다. 법인대출은 크게 문제가 되지 않는다. 그러나 위 사례와 같이 병원장 같은 개인사업자는 임금채권 체불에 충분히 조사를 한 후 부실채권 매입을 해야 한다.

다른 사례를 예로 들어보자.

최근 인천 남구 도화동 지하 2층 지상 5층 근린상가 건물 전체에서 내과의원을 운영 중인 병원의 시세는 50억 원, 이 물건을 담보로 30억 원이 대출되었다. 그러나 6개월의 이자를 납입하지 못하고 이 병원의 병원장은 '파산신청'을 했다. 파산신청을 하면 부동산 임의경매 신청이 정지되고, 경매가 진행이 되면 취급한 금융기관은 20% 충당을 하게 된다. 대출금 30억 원의 20%인 6억 원의 대손충당을 하면 연체대출금 발생과 더불어 손실이 6억 원 이상 발생된다.

병원이 부도가 나게 되면 밀린 월급은 어떻게 될까? 부도가 되어 사실상의 도산상태가 되면 법인명의 재산에 대해서 가압류 및 경매를 개시하여 임금 및 퇴직금 부분은 우선변제 받을 수 있다. 그러나 법인명의 재산이 전혀 없고, 오히려 채무만 있다면 임금 및 퇴직금은 임금채권보장법 상 체당금제도(3개월분의 임금과 3년분의 퇴직금을 일정한 요건 하에 국가에서 대신 지급하는 제도)를 이용하는 것이 유일한 방법이다.

그렇다면 병원의 부도로 직원들이 병원에 빌려준 돈은 받을 수 있을까?

직원들이 빌려준 것은 임금채권이 아닌 일반채권이므로 체당금제도를 이용할 수는 없고, 법인명의 재산에 대한 강제집행만 가능하다. 다만 대표이사 등이 위 채무에 대해 연대보증 또는 단순보증 등을 한 경우에는 대표이사 등의 개인재산에 대해서도 강제집행이 가능할 것이다.

새로운 법인 이사장이 구조조정을 한다고 해고를 통지할 때 퇴직금은 받을 수 있을까?

근로기준법상 법정퇴직금은 퇴사 사유와 관계없이 지급받을 수 있다. 필자는 수십 년간 대출업무와 채권관리 업무를 보면서 변호사 또는 병원원장의 파산신청을 많이 보곤 한다.

개인은 개인회생, 신용회복의 신청이 많다. 그리고 신탁대출, 문중의 담보로 제공된 선산 등 임야 그리고 사단법인에 의해 설립된 학원(학교법)에 의해 설립된 대출 물건을 부실채권으로 매입하여 큰 손실을 입거나 결국 문을 닫는 AMC도 있다.

부실채권 투자 함정, 그리고 리스크를 줄이는 방법은 전문가의 도움 없이는 특수물건이나 큰 금액 투자를 절제하고 아파트 또는 주거용 오피스텔 등에 투자하여 과한 욕심을 버리면 부실채권 투자로 먹고사는 문제는 해결되리라 믿는다.

모든 투자에는 수익이 있는 곳에 리스크가 존재한다. 그러나 리스크를 줄이는 방법만 잘 배운다면 부실채권 투자만큼 큰 즐거움을 주는 투자는 없는 듯하다. 부동산경매로 많은 재미를 본 필자도 이제는 수고한 만큼 재미를 못보고 있다. 그러나 부실채권 투자로 연봉 외 연봉 이상의 수익이 가능하다는 것을 확인했다.

위험한 물건을 잘 선별하고 주거용 위주의 배당투자와 방어입찰, 그리고 모든 사람들의 로망인 수익형부동산을 유입으로 평생 월세를 받는 방법을 찾기 바란다. 경매 속의 돈豚맥脈인 NPL을 모르고 더 이상의 고수익을 내기는 쉽지 않게 된다. 기회는 도둑처럼 살포시 왔다가 눈 깜짝 할 사이 사라진다.

그 기회가 이 책을 읽는 독자 눈앞에 있다. 대중화된 경매 속 또 다른 기회가 있는 NPL 투자로 100세 시대 돈 걱정 없는 성공적인 재테크를 이루기를 기원한다.

불확실성의 시대
新 NPL,
GPL 플러스
투자법

1

NPL 연체 가산금리 인하에 따른
틈새 투자법 10가지

2020년 정부의 2,20대책과 2023년 5월 코로나 종식 선언에도 주택사업 전망치가 일제히 하락했다. 주택산업연구원이 발표한 주택사업경기 2023년 3월 주택산업연구원에 따르면 2023년 3월 전국 주택사업 경기실사지수 전망치는 73.1로 전원 대비 전국적으로 5.5p 가 상승했다. HBSI는 주택 사업자가 경기를 종합적으로 판단하는 지표다. 100 이상이면 사업 경기가 개선될 것이라고 응답한 업체가 많다는 것이고, 100 미만이면 그 반대다.

소비자와 직접 대면해야 하는 청약과 분양도 더 힘든 환경에 직면했으며, 인허가, 착공, 준공(입주) 단계까지 직 · 간접적인 영향이 불가피하기에 코로나 19가 진정된 이후에 발생할 수 있는 중장기적 영향에 대한 파악과 더불어 미리 대응할 수 있는 다각적인 전략 마련이 필요한 상황이다.

코로나 19 여파로 금융기관도 타격이 크다. 근린상가 및 음식점, 숙박시설, 교회 대출에 연체가 다량으로 발생하고 있기 때문이다. 필자가 재직 중인 금융기관에서는 2023년 6월 제 3차 NPL 매각리스트 홈페이지를 통해 NPL 매각 공고했다(2020년 NPL 매각리스트 165건 / 39,332,971,633원). 그러나 돈 되는 NPL 매각리스트에도 불구하고 매입하려는 AMC가 없어 고민이 많다.

위기가 아니라 기회다

금융기관의 입장에서는 연체 대출금을 3% 이하로 줄여야 셧다운(Shutdown)[36]이 해제되어 더 많은 다양한 대출을 풀 수 있다. 현재 셧다운 제도로 인해 대출금 방공제 없이 대출할 수 있는 다세대주택 신탁 대출이 금지되어 대출 증대에 문제가 발생하고 있다. 신탁(수익권증서담보대출)으로 대출을 증대할 수 있지만 연체가 3% 이상으로 대출 규제에 걸리는 경우가 많기 때문이다. 그래서 요즘 회의가 잦다. 필자는 매각심사 위원이기 때문에 어떻게 하면 NPL 법인에게 더 많은 NPL를 매각할 수 있을지 다양한 회의를 진행하고 있다.

화두는 "NPL 전업권 연체 가산금리 3%P 인하에 따른 연체대출금을 어떻게 해결할 것인가?"이다. 현재 연체 비율은 4.8%. 그러나 금융감독원 자료를 기반으로 시뮬레이션을 돌려보니 NPL 채권이 매각되지 않을 경우 원금유예, 경매신청 1~3년 유예시 연체율이 6% 이상 된다. 이렇게 되면 전 금융기관이 큰 문제이다.

NPL 법인은 금융위원회가 발표한 '대부업법시행령 제9조 제3항 제2호에 따른 연체이자율 규정' 개정안 의결을 따르고 있다. 2019년 6월 25일 이전에는 개인도 NPL 채권을 매입하여 투자하고 수익을 얻을 수 있었지만, 이제는 자기자본 3억 원(현재 5억 원)으로 금

---

36 대출취급 과목 중 연체대출금이 3%를 초과할 때 대출 취급을 중단시키는 내부적 조치를 말한다. 예컨대 아이들이 일정 시간 이상 컴퓨터를 사용할 시 컴퓨터가 자동으로 꺼지게 해 접속하지 못하게 하는 것처럼 말이다. 이 셧다운을 해제해야 더 많은 대출을 할 수 있다.

융위원회에 등록된 NPL 법인만 채권 매입이 가능하다(무자격 매도자: 3년 이하 징역, 3천만 원 이하 벌금 / 무자격 매수인: 5년 이하 징역 5천만 원이하 벌금). 이는 '취약·연체차주 지원방안' 후속 조치의 하나다.

필자가 몸담고 있는 금융기관도 예외는 아니다. 2018년 4월 30일부터 대부업을 제외한 금융권의 연체이자율 상한이 '약정금리+최대 3%P 이내'로 제한되기 때문에 어떻게든 경매 진행 중인 연체대출금을 떨어내야 하는 상황에 직면해 있다.

연체 가산금리(약정금리+3%P)로 질권대출 이자와 근저당권 이전비용(채권최고액 1% 법무 비용 포함)을 제하면 역마진이라 NPL 채권을 매입하려는 AMC는 없을 것이기 때문이다. 결국은 쌓아놓은 이자를 고스란히 NPL 법인에 넘겨주거나 원금 일부를 할인해서라도 매각해야 하기 때문에 매각 금융기관 역시 손해를 감수해야 한다.

그동안 NPL(주거용 부동산) 원금과 당일까지의 이자를 받았지만 정상(연체)이자는 NPL 법인에 내주어야 BIS 비율 8~14.5%(모멘텀 바젤 Ⅲ) 규정을 맞출 수 있게 되었기에, 필자의 판단으로 개인 투자자들에게 이는 오히려 위험이 아니라 기회가 아닐까 싶다.

이번 조치로 부동산 경매와 밀접한 관계가 있는 NPL 투자시장에는 부정적인 영향을 미칠 수 있다고 내다보고 있다. 연체 가산금리가 높을수록 NPL, 특히 1순위 근저당권의 부동산 임의경매를 통한 배당가치가 단기간 늘어나게 되고, 이는 곧 투자수익에 반영되기 때문이다. 즉 이번 조치가 실수요 중심 경매시장에 있어서는 오히려 기회가 될 수 있는 것이다.

채권자인 AMC는 그동안 채권최고액 범위 내에서 연 17~24% 연체 가산금리로 높은 채권투자수익을 얻어왔지만 연체 가산금리

3% 소급적용을 받으므로 연체이자 회수를 노렸던 론세일에서는 입찰가격 상승폭과 채권최고액까지 채워서 이자 수익 얻으려는 기간 연장(변경) 위한 취하 후 재경매 또는 대위변제에 따른 실익이 현저히 줄어드는 것이다. AMC 입장에서는 고민이 이만저만이 아닐 것이다.

NPL로 매입한 채권(담보부 물건)에 대한 낙찰 가격 또한 하락할 것이고, 실수요자들은 부동산 경매에 오히려 플러스 효과를 기대하고 있기에 연기 신청이 줄어들 것이다. 또한 정상채권을 회수하여 우수 중소기업에 지원하는 정상대출이 증가하기에 새로운 경매시장의 룰은 그 전망이 낙관적이다.

新 NPL 고수익 비법

필자는 이런 위험과 기회가 공존하는 NPL 시장에서 연체 가산금리 인하에 따른 틈새 투자법 10가지를 공개하고자 한다.

첫째, 개인 투자자도 가능한 신탁 수입권증서 담보대출 수의계약 매입으로 시세 차익을 얻자. 근저당권 담보대출 아닌 신탁 수익권증서 담보대출에 대해 수의계약으로 매입해 잔금을 치른 후 재매각 차익을 얻는 방법이다. 이 방법은 법인이 아니더라도 수의계약 매매계약서로 투자가 가능하다.

둘째, 토지 할인가(15%) 활용 전략을 이용하자. MRP(매각최저예상가)로 토지 매입 후 재매각 또는 건축주와 협력해 개발 호재를 누리거나 임대수익을 얻을 목적으로 토지를 매입하여 분양해 수익을 얻는 방법이다. 예를 들어, 매각가율 60.01%, 현 시세 6억 5천만 원, 감정가 6억 원인 땅이 있다고 하자. 앞서 설명했듯 최저매각예상가격(MRP) 공식은 MRP=감정가*매각가율/1.15이다. 따라서 이 토지의 MRP는 6,000,000,000원*60.01%/1.15=360,120,000/1.15 =313,095,652원이다. 즉 감정가 6억 원인 토지를 313,095,652원에 매입한 후 그동안 쌓은 이자를 얻거나 재매각함으로써 시세차익을 얻는 방법이다.

셋째, 단독주택 또는 토지 매입으로 재건축 분양수익을 얻자. 대출원금으로 단독주택이나 토지를 매입한 후 신축하여 재분양하는 건축주에게 수수료와 컨설팅비를 받고 넘기는 것이다. 건축주도 부동산 시세의 30~40%로 저렴하게 매입할 수 있고, 신축 분양으로 또 다른 수익을 얻을 수 있으므로 일거양득인 방법이다.

넷째, 특수물건을 저렴하게 매입 후 시세 차익을 얻자. 필자는 28년간 금융기관에 근무하고 있다. 금융 업무를 하고 대출을 취급하면서 '진성 유치권'이 1건 성립하였다. 대지지분 없는 공동주택의 구분소유자가 대지권을 취득하고, 법정 지상권의 성립 여부를 다투는 부동산을 시세 40~50%에 매입한 후 유치권 배제 신청 등을 함으로써 수익을 얻을 수 있다.

다섯째, 수익형 부동산을 대출원금에 매입한 후 직영 방법 등 다양한 틈새시장을 공략하자. 대출원금에 NPL로 매각되는 수익형 부동산(고시원, 원룸텔, 근린상가 등)을 유입, 직영하는 방법을 찾아 임대수익을 확보하는 방법이다. 수익형 부동산은 경매 진행시 감정가 이상으로 매각되는 경우를 많이 보게 된다.

여섯째, NPL 채권을 원금에 매입한 후 그동안 쌓여 있는 연체이자 배당수익을 얻자. 감정가 726,000,000원인 나대지가 담보비율 60%로 대출 435,000,0000원(채권최고액-522,000,000원)이 지원되었다. NPL 매각 물건으로 원금 435,000,000원, 대출금이자 13,562,231원으로 이 물건을 401,000,000원에 NPL 채권 매입하여 421,000,000원에 매각하였다. 금융기관이 연체대출금을 털어내야 해서 포기한 13,562,231원은 채권 매입자의 수입이다. 이는 가산금리 인하와는 아무런 상관이 없는 수익이다.

일곱째, 대출 고금리 저축은행 채권 매입으로 이자 배당을 받자. 저축은행의 금리는 연 7.5~8.5%이다. 이 채권을 매입한 후 연체 가산금리를 받으면 연 10.5~11.5%는 받을 수 있다.

여덟째, GPL, 후순위 담보대출 2순위 근저당 매입 또는 2순위 대출로 고수익을 얻자. 초보자들도 쉽게 따라 할 수 있는 다양한 투자법이 있으며, 이 책에 안내되어 있다.

아홉째, 신탁 수익권 증서 담보대출 수의계약 투자를 하자. 근저당권 설정 계약서 담보가 아닌 신탁(생보, 아시아, 국제, 무궁화) 수익권 증서 담보대출이 연체가 되면 신탁사에 공매를 의뢰하게 되는데 급매가보다 3천만 원 정도 저렴하게 구매하여 재매각 차익을 낼 수 있다.

열 번째, GPL 후순위 담보대출 투자 또는 2순위 아파트 대출 채권을 매입 후 투자 수익을 얻자. 아파트 담보 선순위 대출 후 2순위 대출한도 85% 대출로 원금 손실 없이 고수익을 낼 수 있다. 서울 소재 시세 10억 원 아파트를 예로 들어보자.

> 1순위 국민은행 대출 4억 원 / 추가대출 4억 5천만 원(85%) / 24% 이자
>
> 108,000,000원-18,000,000원=90,000,000원/450,000,000원 =20%(월 750만 원)

현재 필자가 재직하고 있는 금융기관은 전년도(15% 할인) 대비 5% 정도 할인폭을 높여 원금 20%에 NPL을 매각하려 하고 있으나, 매입하려는 AMC에서는 원금의 58~70%에 매입 요청하고 있는 실정이다. 그렇게 되면 금융기관 입장에서는 추가 충당으로 38~50%를 쌓아야 하기 때문에 손실이 이만저만이 아니다. 그럼에도 연체를 줄이고 순이익을 늘리기 위해 NPL을 매각할 수밖에 없는 것이 금융기관의 현실이다.

따라서 필자는 현 금리+3%P 제한금리와 상관없이 원금 이하로 매입할 수 있는 NPL 투자가 새로운 투자처라고 확신하고 있다.

과거의 위대한 혁신은 모두 위기를 통해 탄생했다. TV, 복사기, 전기면도기, 라디오 등의 제품은 모두 대공황 시절에 개발되었다.

"모두가 걱정에 사로잡혀 같은 길을 가지 않을 때 새로운 기회가 있다. 역사적으로 위대한 성공 거둔 인물은 모두 커다란 위기를 겪으면서 조직의 효율성을 극대화하고 과감한 도전을 통해 가치 창조의 기회를 만들어 냈다. 기업 역시 마찬가지이다. 위기가 혁신을 불러온다."

알리바바 마윈 회장의 말이 새롭게 다가오는 요즈음이다. 모두가 NPL 투자법은 재미가 없다고 할 때 제대로 된 학습(이론, 실무, 실전, 성공사례, 실패사례)이 뒷받침된다면 NPL 투자로 불황 속에서 더 큰 부를 축적할 수 있다고 확신한다.

2

실패사례에서 배우는
NPL 투자

양날의 검과 같은 것이 NPL 권리분석 실패사례이다. 실패사례만 잘 알아도 NPL 투자 반은 성공한 것이나 다름없다.

최근의 부동산 하락세는 2003년 11월 노무현 정부 10 · 29 대책과 2008년 여름 글로벌 경제위기 이후 처음이다. 낙찰가율은 한 달만에 반등, 2개월 연속 상승하여 이내 이전 수준을 회복했으나, 수익형 부동산과 달리 돈 안 되는 부동산 가격은 급격히 하락하고 있다. 경매 시장은 지난 2~3년 부동산 활황세에 힘입어 투자 수요가 몰리고 있는 실정이다. 그러나 NPL 경매투자에 있어 자금 여력과 권리분석은 여전히 중요하다.

감정가와 실제 거래 시세의 차이

거듭 설명하지만 NPL 투자는 수익기반이 보장되는 우량 물건을 골라낼 수 있는 능력만 있다면 고수익이 가능하다. 그러나 NPL 투자 또한 경매과정을 거쳐 낙찰 후 잔금을 치르고 배당 받아야 수익이 확정되므로 법원 경매에 대한 기초지식 없이 NPL 투자시장에 뛰어드는 것은 위험한 일이다. 일반 경매와 마찬가지로 권리분석이 필수적이다. 특히 NPL 매입은 감정가와 실제 거래 시세가 중요하다.

우선 NPL은 대상채권의 질이 중요하다. 대출 당시 감정가와 경매 진행 당시에 나온 감정평가 금액이 상이한 경우도 있다. 대출 취급 후 곧바로 경매시장에 나오거나 부실채권으로 분류되지 않고 정상적으로 이자 납입을 잘하다 경매로 나와 부실채권으로 분류되어 매각하는 경우 인근 지역 낙찰 사례와 거래 사례 유사물건 비교, 임대 사례 등 물건지 시장조사를 꼼꼼하게 해야 한다.

필자의 금융기관에서 매각한 충남 배당면 회룡리 토지(답)의 경우, 1,200평방미터 감정가 6억 원이었으며 매각가율이 최근 1년 60.02%이었다.

$$MRP = 600,000,000원 * 60.02\% / 1.15 = 313,147,826원$$

즉 이 토지의 최저매각예상가, MRP는 313,147,826원인 것이다. 그러나 이 NPL을 매입한 법인이 매수의향서에 적어낸 금액은 395,000,000원이었다. MRP 산정 방법만 알았어도 8천만 원 정도 더 저렴하게 매입할 수 있었을 것이다.

본 채권의 경우 3차 경매에서 4억 2천만 원에 매각(낙찰)되었으나 잔금 치르지 못하고 계약금만 몰수되었고, 4차 재경매에서 3억 3천만 원 최고가 입찰자에게 매각되었다. NPL 매입자 손실은 수천만 원에 달했다.

2020년 3월에 매각한 NPL 매각 단독주택이다.

충남 당진시 송악읍 오곡리 335-11[구억말길 67-12] [일괄]
335-21번지
건물 153㎡(46평) | 토지 770㎡(233평)

감정가액 193,556,800원
설정금액 117,000,000원
대출잔액 90,000,000원
경매비용 3,275,611원
이전비용 1,170,000원=설정금액(채권최고액) 117,000,000 원＊1%
대출이자 9,540,231원(미수이자), 금리 연 4.5%+3%P=7.5%(최고이
        자)

MRP 가격 142,864,274원(193,556,800원＊73.81%) / 1.15=124,229,803원 (MRP)

MRP 가격 142,864,274원(193,556,800원＊73.81%)-3,275,611원 / 1.15
=121,38,446원 (MRP❶)

MRP 가격 90,000,000원+3,275,611원+9,540,231원=102,815,842원(MRP❷)

MRP 가격 90,000,000원+3,275,611원=93,275,611원(MRP❸)

얼마에 매각(낙찰)될지 필자도 궁금하다. 대부분 매입가보다 낮게
될 경우 방어입찰(유입-직접낙찰)을 받아 재매각하는 경우가 많다. 이
런 노하우를 많이 경험하고 다양한 부동산 투자법을 배워야 고수
익을 얻을 수 있다.

질권대출과 경락잔금대출이 가능한가

다른 실패사례도 살펴보자. 서울 송파구 신천동 아파트의 경우, 건물 $407m^2$, 토지 $249m^2$로 감정가가 29억이 넘고, NPL 매입금액이 16억 2천만 원에 달했다. 이렇듯 채권 매입금액이 클수록 충분한 자금력을 확보하는 것이 필요하다. NPL 근저당권부 질권대출이 되지 않을 경우를 대비해야 하기 때문이다.

사진	매각기일 용도	물건기본내역	감정가 최저가	상태	조회수	추가정보
아파트상가	2014.11.24	동부1계 서울 송파구 신천동 7 장미 A상가동 3층 6호 [올림픽로35길 124] [일괄]7호, 13호, 14호, -5, -6, 외1 [대지권미등기] 건물 407㎡ (123평) | 토지 249㎡ (75평)	2,934,000,000 1,877,760,000 (64%)	취하	336	

감 정 평 가 전 례

■ 기본정보

건 명	서울특별시 송파구 신천동 7 장미에이상가동 1동 3층 14호 외		
평가기관	(주)가람감정평가법인 본사	평가 목적	담보
평가서번호	0110-05-00405	가격 시점	2010-5-20(목)
평가자	김분석	발송 일자	2010-5-26(수)
평가액	2,900,000,000	등록 일자	2010-8-3(화) 오전 1:00:00
의뢰기관	신용협동조합 개포지점	수정 일자	
의뢰번호			
비 고			

■ 세부정보

지번	지목 건물명 구분 구조 용도 동 층 호	명형	면적	단가 금액
송파구 신천동				
7	장미에이상가동			(ta1003)
	집합 3층 6호		1.00	540,000,000
7	장미에이상가동			(ta1003)
	집합 3층 7호		1.00	540,000,000
7	장미에이상가동			(ta1003)
	집합 3층 13호		1.00	1,050,000,000
7	장미에이상가동			(ta1003)
	집합 3층 14호		1.00	770,000,000

감정가액 2,934,000,000원

최저가액 1,877,760,000 원

설정금액 2,392,000,000원(○○울신협, ○○신협, ○락신협) 2010.06.08-
말소기준등기일

낙찰예상 2,934,000,000원*60%=1,760,400,000원-9,007,940원
[지방세8,668,130원(당해세)+339,810원(건강보험 등 조세채권)]

=1,296,000,000원(예상배당액)

NPL매입 1,620,000,000원

이전비용 14,352,000원

대출이자 76,951,509원

총투자금 1,711,303,509원

NPL대출 1,296,000,000원,*5.557%, 390/365 =76,951,509원

현금투자 415,303,509원

낙찰예상 1,760,400,000원 - 9,007,940원[지방세 8,668,130원(당해
세)+339,810원(건강보험 등 조세채권)]-1,711,303,509원=40,088,551원

순이익금 40,088,551원[1,751,392,060원(예상배당금) - 1,711,303,509원(총
투자금)]

수익률 40,088,551원/415,303,509원 = 9.65% (순수익/현금투자)

필자가 NPL 근저당권부 질권대출 1,296,000,000원 대출금 승인 신청하였으나 '부결'되었다. 공실이 많고 관리비가 많이 밀려 있다는 것이 그 이유였다.

NPL 계약금 10% 지불 후 당연히 NPL 대출이 가능하리라 생각하고 대출 가능 여부를 확인하지 않고 계약했으나, NPL 질권대출 금융기관에서 높은 관리비 체납율과 공실율을 염려한 탓에 NPL 근저당권부 질권대출을 내주지 않은 것이다. 결국 잔금을 치르지 못하고 계약금만 몰수당하고만 권리분석 실패사례라 할 수 있다.

이와 함께 반드시 확인해야 하는 것이 경락잔금대출 가능 여부다.

양도인과 양수인이 양도, 양수할 대상 채권은 기준일 현재 채권원금, 정상이자와 연체이자일부 및 법적비용을 기준으로 하며 [붙임] 1. 대상채권 총괄명세표에 따른다.

제3조 (대상채권의 적격)

① 대상채권이 기준일 현재 적법, 유효하게 존속하며 무효, 취소, 해제등의 사유가 없을 것

② 대상채권이 기준일 현재 제3자에게 질권, 기타담보권의 목적이 되어 있거나 상계적상에 있지 아니하며, 대상채권의 양도를 제한하는 특약이나 법적인 제한이 존재하지 아니할 것.

제4조 (대금 및 지급방법)

① 제2조 양도 대상 채권의 매매대금은 금 일십육억이천만원정 (₩ 1,620,000,000) 이다.

② 양수인은 제2조 양도 대상 채권 매매계약금으로 금 일억육천이백만원정 (₩ 162,000,000)를 ○일에 양도인에게 지급하기로 한다.

③ 양수인은 제2조 상도대상 채권의 잔금으로 금 일십사억오천팔백만원정 (₩ 1,458,000,000)을 2014년 3월 28일까지 지급하기로 한다.

④ 계약금 및 잔금 입금계좌는 양도인이 지정하는 "양도인"명의의 예금계좌(신협 01:   신협)에 입금하기로 한다.

⑤ 양수인이 양도인에게 본조 제2항의 금원을 모두 지급함과 동시에 대상채권은 양수인에게 귀속한다.

제5조 (계약의 해제 등)

양수인이 본 계약 제4조에서 정한 잔금지급기일 이내에 매매대금전액을

본 물건이 경매 낙찰된다 해도 경락잔금대출을 일으키지 못하면 모든 자금을 융자 없이 자부담으로 치러야 한다. 잔금을 치르지 못하고 입찰보증금 최저가 10%를 날리는 경우가 생길 수 있으므로 '경락잔금대출 가능여부'도 반드시 확인해야 한다.

결국 ○○감정(주)는 계약금 10%(162,000,000원)를 신협에 몰수당했다.

소 재 지	서울 송파구 신천동 7 장미 A상가동 3층 6호 [일괄]7호, 13호, 14호, -5, -6, 외1 (05504) 서울 송파구 올림픽로35길 124				
경매구분	임의경매	채 권 자	법인(변경전: 신용협동조합)		
용 도	아파트상가	채무/소유자	홍우근/풍춘기	매 각 기 일	14.11.24 변경
감 정 가	2,934,000,000 (14.06.03)	청 구 액	727,787,779	종 국 결 과	15.02.25 취하
최 저 가	1,877,760,000 (64%)	토 지 면 적	248.7 m² (76.2평)	경매개시일	14.05.01
입찰보증금	10% (187,776,000)	건 물 면 적	406.6 m² (123.0평)	배당종기일	14.08.11
주 의 사 항	· 대지권미등기 [특수件분석신청]				

조 회 수	· 금일조회 1 (0) · 금회차공고후조회 173 (21) · 누적조회 337 (34) · 7일내 3일이상 열람자 1 · 14일내 6일이상 열람자 1	( )는 5분이상 열람 [조회통계] (기준일-2014.11.24 / 한국연회원전용)

■ 본 출건에 대한 이해관계인 및 회원의 제보를 받습니다. [제보하기]

소재지/감정평가서요약	물건번호/면 적(m²)	감정가/최저가/과정	임차조사	등기권리
(05504) 서울 송파구 신천동 7 장미 A상가동 3층 6호 (통 형:306호) 【올림픽로35길 124】 감정평가액 토지:220,400,000 건물:330,600,000 **감정평가서요약** - 벽진옥수학학원" - 공공성사저축,공원저 축,도로저축 - 도로(폐지입안)접함 - 도시기타용도지역지구 기타(종교시설용지) - 각각집합건축물대장변 동사항(란)에2005.12.30 자료에식장(76.36m²) 을교육연구및복지시설 (76.36m²)토용도변경 표기되어있음 - 일괄입찰 - 잠동초등교남측인근 - 주위대단위아파트단지 (장미아파트1,2차),단 지내상가,주상복합건 물,업무용빌딩,오피스 텔,각종근린시설,홈플 러스,교육시설(학원 등),공공기관,학교등 혼재 - 제반차량출입가능 - 버스(정),잠실역(2,8호 선),잠실나루역(2호 선)인근소재 - 제반교통사정비교적양 호 - 부정형등고평탄지 - 남동측신천동길(도로) 접함 - 도시지역 - 1종일반주거지역	물건번호: 단독물건 대지 239/143,954 (72.19평) ₩220,400,000 143953.8(248.65/150 015) 대지권미등기 건물 · 교육연구및복지시 설 76 (23.10평) ₩330,600,000 현:학원 (예식장70.38) 공용:2.29 - 총5층 - 보존:2001.12.27	감정가 2,934,000,000 · 대지 1,173,600,000 (40%) (평당 15,598,086) · 건물 1,760,400,000 (60%) (평당 14,313,359) 최저가 1,877,760,000 (64.0%) **경매진행과정** ① 2,934,000,000 2014-09-15 유찰 ② 20%↓ 2,347,200,000 2014-10-20 유찰 ③ 20%↓ 1,877,760,000 2014-11-24 변경 2015-02-25 취하	**법원임차조사** 벽진옥수 점포/6호전부 학학원 점유기간 미상 *6호,7호,14호는 구분됨이 없이 벽진옥 수학학원이 점 유하고 있음.13호는 현대자 동차 신천머리점이 점유하 고 있음	근저당 남 ·신협 2010.06.08 672,100,000 근저당 강 신협 2010.06.08 1,092,000,000 근저당 가 신협 2010.06.08 650,000,000 소유권 홍 2010.10.22 전소유자:김 임 의 남서올신협 2014.05.01 *청구액:727,787,779원 채권총액 2,414,100,000원 열람일자 : 2014.06.24

이 사례는 앞서 설명한 바와 같이 NPL 대출을 받지 못하게 된 NPL 법인이 계약금을 몰수당했다. 이렇듯 채권평가 보고서상 수익이 얼마인지, 낙찰 예상가와 예상배당표, 재매각시 시세차익도 중요하지만 NPL 대출(계약금 10%, 이후 70~90% NPL대출 가능여부 반드시 확인)이 가능한지, 그리고 경락대출(매각-낙찰되고 잔금을 치러야 배당 받을 수 있기 때문)이 가능한지 꼭 사전 확인한 후 NPL 채권을 매입해야 한다.

혹시 NPL 가르치는 학원 강사들이 돈 되는 물건이라 추천해 주어도 신중히 접근해야 한다. 뒷짐 진 채권평가 보고서만 믿고서 투자했다가 막대한 손실을 입고서 뒤늦게 투자자들 간에 손해배당 청구소송 및 고소 고발이 벌어져 장기간 스트레스 받는 일이 없도록 해야 할 것이다.

NPL 투자에서 실패하지 않는 다섯 가지 원칙은 다음과 같다.

첫째, 충분한 자금력을 확보하라.

NPL 채권 매입금액이 5~10억 원이 넘는 경우 서울, 경기,수도권 제외한 지방은 질권대출이 되지 않을 수 있다. 자금력 부족으로 계약금이 몰수되지 않으려면 부족자금을 확보해야 한다.

둘째, 방어입찰에 대비한 유입(직접낙찰)으로 재매각 차익을 계산할 줄 알아야 한다.

셋째, 유입으로 자산가치 상승 투자법을 고려해보자.

넷째, 자금력이 부족하고 사업초기 수익 실현 어려운 경우 적기 재매각 차익도 생각하자.

다섯째, NPL 질권대출, 경락대출 동시 가능한 NPL을 매입해야 안전한 채권이다.

3
안전한 P2P 투자 전략

샐러리맨 최 모 씨(49세)는 새로운 재테크 투자처에 관심이 많다. 호모 헌드레드 시대를 맞아 퇴직을 앞두고 미래가 불안한 것이다. 최근 직장에서 신입으로부터 P2P(Peer to Peer) 투자 수익률이 높다는 것을 듣고 귀가 솔깃해졌다. P2P 투자란 본인의 신용도에 맞는 적정 수준의 금리를 찾는 대출자와 중위험-중수익을 추구하는 투자자를 연결하는 온라인 투자 방식이다. P2P 투자는 기대 수익률이 높고 투자 절차가 편리해 큰 인기를 끌고 있다. P2P 투자시장은 2015년부터 본격적으로 급성장하기 시작해 5년여 만에 시장 규모 6조원을 돌파했다.

NPL 투자도 그렇지만 P2P 투자도 리스크와 함정만 피할 줄 하는 방법만 터득한다면 최고의 재테크임에 틀림없다, 그러나 '누구나' 가능한 재테크이지만 '아무나' 수익을 얻지 못하는 이유는 무엇일까? 제대로 된 멘토를 만나 배우지 못했기 때문이다.

최근 잘나가던 P2P업체들이 회사를 정리해 많은 개미 투자자들에게 피해를 주었다는 안타까운 이야기를 많이 듣는다. 실제 필자가 방문했던 P2P 회사에는 젊은 20~40대 직원들이 30명 이상 근무하고 있었다. 그러나 이들은 금융과 경제지식 수준은 높을지 모르겠지만 '리스크와 함정'을 피하는 선제적 채권 관리와 사후관리 여신 심사에 대해서는 제대로 배우지 못한 듯했다.

필자는 근 30년 금융기관에서 근무하며 다양한 금융과 여신을 접하고 사후관리를 하고 나서야 그 경험으로 바탕으로 안전장치를 찾을 수 있었다. 이 책을 통해 독자들도 그 해법을 찾았으면 하는 것이 필자의 바람이다.

최 모 씨의 직장 신입이 들려준 P2P 수익률은 아파트는 연 8~12%, 근린상가는 최고 15%에 달했다. 하지만 실제 수익금은 더 꼼꼼히 살펴볼 필요가 있다. 가상계좌 입금시 플랫폼 수수료를 1~2% 지불해야 하며, 소득세법령 제26조에 따라 비영업대금 이자 소득세는 27.5%(15.4%로 인하 예정)에 달하므로 수령이자에 대한 세금을 제하면 수익금은 더 내려간다.

예금자보호 대상이 아니라는 것도 기억해야 한다. 원금 손실이 발행하더라도 '원리금수취증' 종이 한 장이 전부이므로 손실은 모두 투자자의 몫이 되는 것이다. 또한 P2P 운영자의 '도덕적 해이'가 있을 경우 투자자의 자금을 가지고 도산할 수 있는 위험 또한 존재한다.

P2P법(온라인투자연계금융업 및 이용자 보호에 관한 법률)의 국회 입법 후 정부가 P2P 투자 가이드라인을 통해 투자자를 보호하고 우량 업체를 선별하는 기준을 마련했지만 선뜻 투자를 결정하기가 쉽지 않은 실정이다. P2P의 안전장치는 미흡하고 원리금 수취증 외에 절대적으로 P2P 회사만 믿어야 하기 때문에 요즘 같은 불경기에 주

식투자와 마찬가지로 P2P 투자는 주의를 요한다.

P2P, GPL의 금융투자 구조

우선 P2P의 금융투자 구조에 대해 살펴보자. 대출신청자가 대출신청을 하면 P2P업체는 상품의 안정성과 수익률을 검토하고 플랫폼에 상품화를 시켜 투자자를 모집한다. 투자자는 P2P업체의 상품설명을 보고 투자를 하고, 이 투자금은 가상계좌에 입금된다. 이후 약속된 날짜에 대출신청자는 원리금을 상환하고, 상환된 원리금은 투자자에게 지급된다. P2P업체는 차입자와 투자자에게 플랫폼 이용료를 받는다.

아래의 도표에서 GPL(Good Performing Loan, 정상채권 아파트 후순위 담보대출)은 NPL과 유사하나 NPL이 이미 부실화된 채권을 사와서 회수하는 것이라면, GPL은 P2P처럼 돈 필요한 사람들에게 빌려준 뒤 부실이 나면 경매나 채권을 매각함으로써 투자를 회수하는 것이다. GPL 투자에 대해서는 뒤에서 상세히 소개할 예정이다.

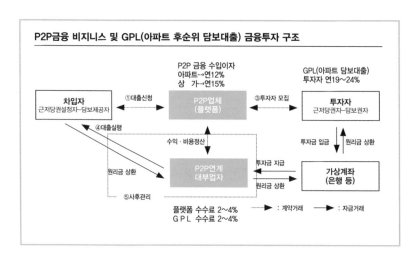

P2P금융 비지니스 및 GPL(아파트 후순위 담보대출) 금융투자 구조

제도금융권의 대출규제가 강화될수록 대부업체 및 P2P업체에는 더 많은 대출 기회가 생기므로, P2P대출은 더욱 증가할 것으로 전망된다. 대출 수요자들이 대부업체에서 주택담보 대출을 많이 받게 되면, 대부업체에서 정상적으로 부동산 GPL 담보대출 후 GPL에 질권을 설정해서 자금을 조달하는 이들도 증가할 것이다.

|사례 분석|

정상이자 연 20%(연체이자 연 24%) 중 개인투자자 지급이자는 연 15%(9%는 광고비 모집인 수수료, 법인세 등)가 지급된다. 2년 이내 상환시 중도상환 수수료 2%를 받는다.

경기도 화성시 병점동 858번지 정든마을아파트 204동 ＊01호
아파트 123㎡(45평형)
감정가액 350,000,000원
1순위 우리은행 254,000,000원(잔액 211,750,000원)
2순위 GPL 대출 78,000,000원(잔액 52,000,000원)
150% 근저당권 설정
월 이자 1,040,000원, 1년 이자 12,480,000원
연체이자 '기한의 이익 상실' 시점 연 24% 월이자 1,580,000원, 1년 이자 18,960,000원

우리은행 1순위 근저당권 법정 대위변제시 연체이자 연 17% 이자 월이자 2,999,791원, 1년이자 35,997,500원으로 고수익이 가능하다.

P2P 투자의 장점은 높은 수익을 올릴 수 있는 안전한 투자처라는 것이다. 게다가 법정대위변제로 더 높은 수익과 수익률을 기대할 수 있다. 금융위는 기존 대부업과 P2P 대출업의 특성 차이를 고려해 P2P 대출업체에게는 총자산한도 적용을 완화하기로 했다. 기존 대부업체는 총자산을 자기자본의 10배 이내로 운영해야 하지만, P2P업체는 대출채권을 모두 자금 제공자에게 넘길 경우 해당 규제를 적용받지 않는다. 대출자와 투자자를 연결해 주는 역할만 하는 P2P업체 입장에서는 대출채권으로 얻는 수익이나 신용위험이 없기 때문이다.

P2P 투자의 단점은 예금자보호 적용 대상이 아니라는 것이다. 그리고 금융 사각지대로 불법이 자행될 수 있다. P2P업체는 금융회사가 아니라 통신판매업자로 분류된다. 온라인상에서 돈이 필요한 사람과 돈 빌려주는(투자하는) 사람을 중개해 주는 형태이기 때문이다. 하지만 실제 하는 일은 금융회사나 다름없다. 금융당국은 이들을 금융회사의 테두리 안에 넣기 위해 연계 회사로 대부업체를 두게 했다. 대부업체가 저축은행이나 캐피탈 회사에 비해 설립이 가장 쉽기 때문이다.

따라서 P2P 대출에 투자하거나 P2P 대출을 이용하려면 해당 업체가 금융위 등록업체인지 면밀히 확인해야 한다. 업체의 등록 여부는 금감원 금융소비자정보포털 파인(fine.fss.or.kr)에서 '등록 대부업체 통합 조회'를 이용하면 된다.

문제는 대부업체라 해도 전부 금융당국의 감독 관할은 아니라는 점이다. 현재 개인 및 소형 대부업체는 지방자치단체에 등록하면 된다. 자산 100억 원 이상의 대형업체만 금융위 등록 대상이다. 그래서 개정안에서는 P2P 연계 대부업체를 '온라인 대출정보 연계 대부업자'로 따로 규정하고 금융위 등록을 의무화했다. 대신 기존 대부업체가 P2P 대출 끼고 규제를 피해 편법 영업하는 것을 막기 위해 대부업과 P2P 대출업간 겸업은 막기로 했다. P2P 투자자를 위한 안전장치는 무엇이 있을까?

첫째, 담보 취득시 국세 · 지방세, 부가가치세 납부증명서와 지방세 세목별과세증명원을 받고, 국세청 발급 '사실증명서'를 받아 근저당권자보다 먼저 배당받는 선순위 체납 사실 여부를 파악해야 한다.

둘째, 무상거주확인서 및 인감증명서를 받고 대출거래약정서에 자필로 "'개인회생 또는 파산' 전입자 발생 시 '기한의 이익 상실' 됩니다"라는 조항을 넣게 한다.

셋째, 정상이자(연 20%)를 기한의 이익 상실 또는 선순위(후순위) 3개월 이상 이자납입 지연 시 연 24% 연체이자 받을 수 있다.

넷째, 연체 및 기한의 이익 상실로 피담보권 확정 시점 선순위 채권 법정 대위변제 한다.

다섯째, 법인 근저당권 설정자로 투자한도 높이고 근저당권 설정서 원본은 투자자가 보관해야 한다. 법인은 한도 제한이 없다.

P2P 이자소득은 과세표준 확정신고 대상이 아니므로 5월에 종합소득세(소득세법 제55조 1항)를 통하여 과세하고 종료한다. 대부법인은 자기자본 5천만 원 지자체 신고법인과 1천만 원 개인사업자이면 신청이 가능하다. 1천만 원 개인대부 사업자는 종합소득세 신고 대상이다.

P2P금융 이자소득은 소득세법상 비영업대금의 이익으로 간주되므로 27.5%(2020년 8월 15.4%로 인하 예정)의 세율이 적용되며, '분리과세', '종합과세' 시에 세율이 변동된다.

개인 투자자가 세금으로 내는 돈을 한 푼으로 더 줄이기 위해서는 투자금을 소액으로 쪼개 여러 채권에 분산 투자해야 한다. 분산 투자시 절세 효과가 커지는 이유는 과세할 때 원 단위 금액은 버려지기 때문이다. 투자를 잘게 쪼개면 쪼갤수록 이런 '절사 이익'을 여러 번 누리게 된다. 예를 들어 100만 원을 채권 1개에 모두 투자할 경우 실효세율은 약 27.3%이다. 하지만 20건에 투자하면 실효세율이 약 23%로 떨어진다.

투자 금액이 크다면(2억 원 이상) 법인이나 대부업 등록을 고려해야 한다. 법인의 경우에는 법인세율 11%만 적용을 받으므로 개인의 경우보다 훨씬 낮다(연소득 2억 이하인 경우). 법인인 경우 법인 세율 구간과 인건비 경비, 그리고 임원과 직원에 한 '퇴직금 지급률' 증대 정관 변경으로 세금을 줄이는 방법이 있다.

4
저금리 시대 GPL에 주목하라

지금껏 NPL, 경매, 펀드, 파생상품 등 다양한 곳에 투자해왔지만 이만한 투자처는 없었다. 이제 더 이상 재테크 투자처 찾으러 이곳 저곳 기웃거리거나 방황하고 고민할 필요가 없다. 누구나 '돈 걱정 없는 삶'을 원하지만 부동산 경매와 경매보다 한발 앞선 NPL의 현실이 그리 녹록지만은 않다. 돈 될 만한 NPL 채권은 발 빠른 AMC 가 수의계약으로 가져가고, 은행 연체이자와 질권 대출이자를 제하고 나면 실제 수익은 12% 미만이다. 이런 상황에서 모두가 경제 적으로 자유로워지는 터닝포인트가 되는 것이 'GPL 투자'이다. 재테크에 관심 있는 사람이라면 누구든 꼭 알아둬야 할 내용이다.

NPL은 금융기관에 담보로 잡힌 부동산 근저당권 설정계약서(채권최고액 범위 내-채권계산서)를 NPL 법인이 매입 후 배당받아 수익을 내는 방법이다. 채무자의 대출이자 납입 지연으로 연체가 지속되면 담보로 설정된 근저당권 설정계약서(채권 최고액)를 근저당권자인 금융기관이 경매 신청 후 일정한 자격요건을 갖춘 NPL 법인(자기자본 5억 이상) AMC에게 매각한다. NPL 채권을 매입한 AMC는 해당 부동산이 매각(낙찰)되고 낙찰자가 경락잔금을 법원에 납입하면 근저당권 설정계약서(채권계산서)를 법원에 제출하고 금융기관에서 받아가야 할 배당금을 받아 수익을 얻는다.

NPL은 경매 개시 결정이 되고 배당 요구 종기일 이후 금융기관에 매수의향서를 제출한 뒤 근저당권을 매입해서 배당 수익이나 시세 차익을 얻는 만큼 경매 투자와 밀접한 관계가 있다. 그렇기 때문에 성공적인 부실채권 투자를 위해서는 배당표 작성하는 방법과 민법 기초 및 등기업무를 배우고 공법을 학습해야 한다. 또한 매입한 채권이 경매 절차에서 선순위 최우선 변제금과 당해세 등을 공제하면 얼마나 배당을 받는지도 분석할 수 있어야 한다.

이에 반해 GPL 투자는 아파트만 위주로 담보 취득하기 때문에 권리분석이나 현장조사(임장) 활동을 하지 않아도 된다. KB시세와 국세청 실거래가 조회로 시세 파악이 되고, 동종 지역 물건의 아파트 매각가율로 권리분석이 되기 때문이다.

GPL 후순위 담보대출 전에 국세, 지방세 완납증명서, 전입세대 열람확인서, 지방세 세목별과세증명원, 신용정보활용동의서, 대위변제신청서, 대위변제동의서, 질권설정동의서 등 필요 서류를 받고, 선순위 임차인과 당해세 체납이 없다는 사실을 확인한 후 대출이 이뤄지기 때문에 고수익이 나는 것은 물론 안전하다고 할 수 있다.

GPL 투자, 저금리 시대 최고의 재테크 전략

이러한 GPL 투자는 크게 두 가지로 나눌 수 있다.

첫째, 저축은행 또는 P2P연체 발생 예정 채권 매입으로 연 13~24%의 수익을 얻는 방법이다.

둘째, 상환기일 '기한의 이익 상실'이 되지 않은, 이자 납입이 잘 되고 있는 정상채권을 매입하는 것이다. 2순위 근저당채권 매입 후 1순위가 연체가 되어 '피담보채권 확정'이 되면 1순위 연체 이자를 얻기 위해 하는 것으로, 1순위 대위변제를 목적으로 하는 채권매입이다.

2순위 근저당권 유동화 순환 대출 사례의 예는 다음과 같다. 유동화는 '근저당권 설정' 기초자산을 담보로 질권대출 받아 또 다른 아파트에 투자하는 '재테크 황금법칙'으로 또 다른 자금을 확보하여 재투자(유동화순환투자)하는 방법이다. 필자는 이 모든 투자를 진행하고 있다.

첫 투자는 인천에 있는 아파트 근저당권 설정으로 후순위에 2천만 원 투자 후 월 40만 원, 두 번째 투자는 안산 아파트 후순위 담보 설정하고 3천만 원 투자 후 월 366,666원, 세 번째는 용인수지 아파트 후순위 담보 설정하고 5천만 원 투자 후 월 916,666원, 네 번째 투자는 수원에 있는 아파트 후순위에 1억 원 투자 후 근저당권 설정으로 월 1,833,333원의 이자를 받는다.

현재 같은 제로 금리 시대에 2억 원을 은행에 예치하면 이자율이 연 1.6%일 때 연 328만 원, 월 266,666원의 이자(세전)를 받게 되지만, GPL에 2억 원을 투자하면 연 4,400만 원, 월 3,666,666원의 이자를 수령하게 된다.

근저당권 설정으로 연체시 부동산 임의경매가 진행되었을 때 수익률을 확인하면 GPL 투자의 안전성을 검증할 수 있다. 낙찰 받을 경우 부동산 미래가치를 판단하여 소유하고 있다가 재매각하면 시세차익은 더 클 수 있다.

필자가 만난 부자들은 특별한 언어를 사용하거나 감각적인 투자처를 알고 있는 사람들이 아니었다. 평범한 삶 속에 숨겨져 있는 결코 평범하지 않은 노하우로 재테크 방법을 찾고 물가상승률보다 높은 투자 수익처를 찾아 이를 실천한 사람들이었다. 이처럼 물가상승률 대비 더 높은 고수익을 얻을 수 있는 투자처가 있다면 당연히 알아봐야 하지 않을까? 필자는 저금리 시대 고수익 실천 전략은 그 답이 GPL에 있다고 말하고 싶다.

연 20%의 수익률을 자랑하는 GPL 투자 방법은 다음과 같다.

첫째, 서울, 수도권 500세대 이상 아파트 담보에 대해서 GPL 론 세일 매입 및 확정된 시점에 법정대위변제로 고수익 아파트 담보비율 1순위 근저당권 설정(담보비율 85% 범위 내) 또는 2순위 근저당권 설정 선순위 설정(잔액 포함 KB시세 85% 범위 내) 아파트 담보대출이다.

둘째, 다른 GPL 투자 방법은 처음부터 2순위 대출에 후순위 담보대출로 자금 투자하고, 연 20~24% 법정이자를 받는 것이다. 해당 부동산의 1순위 또는 2순위 대출금이 연체되면 1순위 임의(법정)대위변제와 2순위 근저당권으로 경매 신청 후 못 받았던 연체이자를 받아 연 24% 수익을 얻게 된다.

셋째, 1순위 근저당권 대출이 연체되면 법정대위변제로 더 많은 수익을 얻을 수 있다.

넷째, 대한대부협회에서 온라인으로 8시간 대부교육 + 3시간 중

개교육을 받은 후 오프라인에서 8시간 집합교육을 받고 5천만 원 대부 법인 설립하면, 절세 효과 얻을 수 있다.(대부등록 총비용 40만 원: 교육비 10만 원, 서울보증보험 20만 원, 대부등록비 10만 원)

GPL 투자 매뉴얼

이제 구체적으로 어떤 프로세스로 GPL 투자가 이루어지는지 그 흐름을 알아보자.

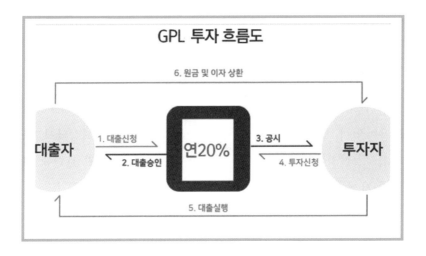

첫째, 대출자와 투자자 간의 의사결정(Peer To Peer 또는 Person To Person)으로 이루어진다. 돈을 빌리고 아파트 담보제공 하겠다는 채무자가 대출 모집인을 통해 의뢰하고 투자자가 그에게 돈 빌려 주겠다는 의사 결정을 할 경우 GPL 투자는 진행된다. 이때 GPL 투자자는 신분증(근저당권자 초본 발급용)과 통장계좌번호(매월 이자 받을 통장)를 발송하게 된다.

둘째, 필요서류를 징구한다. 대출자 필요서류를 징구하고 채권 보전에 필요한 대출 구비서류를 받는다.

❶ 채무자에게 필요서류 요청 :

인감증명서 3통, 인감도장, 등기권리증, 재직증명서, 근로소득원 천징수영수증, 사업자등록증, 사업소득금액 증명원, 금융거래확인 서, 주민등록등본, 가족관계증명원, 국세지방세 완납증명서, 지방세세목별 과세증명원, 기타서류를 징구하게 된다.

❷ 대출채권 보전조치 서류 징구 :

징구서류에 이상 없을 경우 대출 자서 : 금전소비대차 약정서, 대부거래 표준약정서, 근저당권설정계약서, 위임장, 개인신용정보 활용동의서, 질권설정승낙서, 대위변제동의서, 대위변제승낙서, 확약서 〈기한의이익상실〉, 각서 〈임대차 확인서〉 등 채권 보전에 필요한 자서가 이루어진다.

셋째, GPL 투자자가 자금을 송금한다(법무사에서 등기소 근저당권 접수 번호 문자 수신시). 이후 협약된 법무사에서 채무자(근저당권설정자) 인감 도장이 날인된 근저당권 설정계약서, 위임장, 인감증명서, 등기권리증을 가지고 근저당권설정 등기를 접수하고, 접수번호가 나오면 투자자에게 문자를 발송하게 된다.

이때 투자자는 채무자 통장 또는 채무자가 요청한 상환위임장 계좌에 입금하고 2~3일 후 설정서와 필요서류를 등기로 또는 직접 수령하면 채무자는 매월 이자를 수납하게 된다.

넷째, 사후관리 방법은 다음과 같다.

1) 문자발송: 이자납입일 2~3일 전에 문자로 이자 금액과 계좌 번호를 문자로 발송한다.
2) 2차 문자발송: 이자납입일이 경과했으나 이자 수납이 안 된 경우 두 번째 문자를 보낸다, 3~5일이 지나도 이자가 들어오지 않은 경우, 연결 대부업체에 이 사실을 고지하고 전화 상담을 요청한다.
3) 기한의 이익 상실 및 경매실행예정 통지서 발송(3개월 이자 체납시): 1~2개월 이자가 납입되지 않을 경우 기한의 이익 상실 및 경매실행예정 통지서를 발송한다. 3개월째도 이자가 제 날짜에 들어오지 않을 경우 최종 주소지 또는 직장을 방문해 상담하고 정상 가능성이 희박하다고 판단되는 경우 법무사에 위임하여 법원에 부동산 임의경매 신청한다.
4) 법원경매 입찰기일에 입찰 참여 : 이후 입찰기일에 맞춰 1순위 원금+이자(3%P 가산금리), 2순위 원금+이자(연 24%-최고이자) 금액에 맞게 입찰에 참여 후 법원 배당 또는 유입 낙찰시 재매각 시세차익을 얻을 수 있다.

자금에 여유가 있는 GPL 투자자는 1~5억 원을 한 건에 투자해도 괜찮겠지만, GPL 투자 이자 수입을 생활자금으로 활용하는 투자자라면 2천만 원, 5천만 원, 1억 원, 3억 원, 5억 원 분산투자 하는 방법이 좋을 듯하다. 채무자가 직업이 없는 무직이나 계약직 또는 일용직인 경우, 이자 상환능력을 보고 투자해야 한다. 또한 경매

투자를 해본 투자자는 법원 경매 진행까지 고려하고 투자하는 것이 좋다.

그러나 통상적으로 채무자는 급매로 채권자 돈을 갚게 될 때 최소 10%까지는 손에 쥐게 되므로 경매까지 들어가는 경우는 드물다. 법원 경매까지 진행하여 배당으로 대출금을 회수하는 수고를 덜려면 대출 요청자가 정상적인 직장인, 자영업자 또는 사업소득이 있는 사람인 경우에만 투자하는 것이 현명하다고 할 수 있다. 요즘처럼 다양한 스펙을 갖춰도 취직하기가 쉽지 않은 때에 본인의 급여에 채권 압류가 들어온다고 생각하면 편안해할 샐러리맨은 없을 것이기 때문이다.

GPL 투자의 절세 전략

GPL 투자자의 절세 전략은 P2P 투자의 그것과 같다. 분산 투자로 최대한 세 부담을 줄여야 하고, 투자 금액이 클 경우(2억 원 이상)에는 법인이나 대부업 등록을 고려하여야 한다.

대부업 등록방법

법인설립 신고, 법인 등기 완료 후	1 한국대부협회 8시간 교육
관할 세무서 방문 사업자등록 신청	2 수령증, 시군구 세무과 대부업 신고
관할 시군구청 대부업 등록세 납부	3 시군구에서 등록 후 금융위원회 통보
세무서 → 대부 사업자등록증 수령	4 금융기관 방문 NPL매입 협약
대부업 창업에 필요한 서류 완료	5 매각리스트 메일 발송
금융기관 물색	6 매각리스트 매수물건 검색
AM 담당자 전화 약속	7 권리분석, 임장활동 → 매수의향서 제출
NPL매각금융기관 방문 양도양수계약	8 매수협약 → 배당 또는 유입 직접낙찰

대부업 등록 방법은 한국대부금융협회(www.clfa.or.kr) 홈페이지에 들어가면 확인이 가능하다. 대표전화 02-6710-0814, 3으로 전화하면 교육일정을 잡을 수 있으며 교육을 수료해야 사업자등록을 낼 수 있다. 지인 중 현금 50억 원이 있는 친구에게 GPL 후순위 아파트 담보대출에 대해 설명했더니, 대부금융업 등록을 위해 교육을 신청하였다. 교육은 통상 신청 후 한 달 정도 뒤에 받을 수 있으나, 지방으로 신청하면 더 빨리 진행이 가능하다. 대부업이라기 보다는 1인 금융업으로 새로운 사업을 한다고 보면 좋을 듯하다.

또 다른 절세 전략으로 영업직 위촉계약서를 활용하는 방법이 있다. '영업직 위촉계약서'를 활용해 27.5% 대신 3.3% 사업소득세를 적용 공제 후 5월 종합소득세 신고 후 기준경비 인정으로 납입 사업소득세를 환급받는 것도 좋을 듯하다. 대부업 등록을 하지 않아도 되므로 사무실 임대료, 기장료, 법인세, 4대 보험 등의 비용을 절약할 수 있다.

본격적으로 GPL 투자를 하려는 사람은 자기자본 5천만 원으로 대부업 사업자 등록을 내고 근저당권자(아파트 담보권 설정) 투자를 하면 된다. 직장인의 경우에는 믿을 만한 사업자를 이용하여 근저당권자설정에 대한 질권설정으로 안전한 담보권으로 투자가 가능하며 근저당권부 질권대출(유동화)로 재투자도 가능하다.

1억 원으로 GPL 투자를 할 경우, 5단계 유동화(질권대출) 순환 투자시 투자원금은 386,000,000원이고, 순수 수입이자는 38,600,000원이 가능하다. 즉 수익률이 38%에 달하는 것이다. 유동화 단계를 10단계로 나누었을 때 각 단계별 유동화(질권대출) 투자 수익률은 다음과 같다.

유동화 단계	대출금액	수수료 4%	연이자 18% (개별 수령)	유동화 이후 12% (질권 6% 이자)
초기	100,000,000	4,000,000	18,000,000	
1단계 시작	90,000,000	3,600,000		10,800,000
2단계	81,000,000	3,240,000		9,720,000
3단계	72,900,000	2,916,000		8,748,000
4단계	65,610,000	2,624,400		7,873,200
5단계	59,049,000	2,361,960		7,085,880
6단계	53,144,100	2,125,764		6,377,292
7단계	47,829,690	1,913,188		5,739,563
8단계	43,046,721	1,721,869		5,165,607
9단계	38,742,049	1,549,682		4,649,046
10단계	34,867,844	1,394,714		4,184,141
총합	686,189,404	27,447,576	18,000,000	70,342,728
			이자 합	88,342,728
			순익	60,895,152
			수익률	60.9%

초기 GPL 투자원금 1억 원을 기초자산으로 투자금 채권원금을 90%씩(근저당권부 질권대출) 10단계로 파생시키면 총 투자금은 686,189,404원, 총 수입이자는 88,342,728원이다. 여기에 대출모집인 수수료 4%(27,447,576원)를 제외한 순수 수입이자 60,895,152원으로, 수익률은 60.9%(월 수입이자 5,074,596원)이 된다.

5

왜 신의 재테크 GPL 투자일까?

지금까지 우리는 부자가 되기 위해 다양한 재테크 책을 읽고 공부했으며, 돈 된다는 재테크 강좌를 찾아서 수강해왔다. 하지만 바로 수익으로 이어지는 경우는 많지 않았다. 대부분 이론과 실무를 통해 스스로 물건을 찾고 도전하고 실천하며 재테크 도구를 찾아야만 했다. 하지만 앞서 살펴보았듯 GPL 투자는 모든 물건을 제공해 주며 실제 아파트를 담보로 잡아 근저당권설정 또는 질권설정 대출을 해준다.

재테크에 다양한 투자 방법이 있지만 필자는 은행금리보다 10배 이상 고수익이 가능한 GPL 투자를 우선 추천한다. 불안한 미래를 대비하고 시간적, 경제적 자유로 가는 가장 빠른 길이라고 여기기 때문이다. 재테크의 3원칙은 안전성, 수익성, 환금성이다. GPL 투자는 여기에 '시세차익'까지 가능한, 1석 4조의 효과를 거둘 수 있는 검증된 재테크이다.

실제 가능한 재테크인지 다음에 소개하는 사례를 통해 진지하게 '확인' 또는 '검증'해보기 바란다.

GPL(정상채권–후순위 아파트 담보대출)

안전성 서울, 수도권 200~500세대 이상 아파트에 투자
DSR(1순위 담보대출 원리금 균등상환), 3%P 제한 가산금리

수익성 수입이자 연20~24%, 평균 수익률 연 18~22%
연 2% 초반의 은행 정기예금보다 8.6~10.5배 고수익

유동성 투자자가 투자금을 환급하고자 할 때 수수료 없이 근저당권 이전
투자금 회수가 용이해 환금성이 높음

+ 시세 차익 경매입찰 88~92% 참여, 8~12% 차익 가능

투자 순서

투자물건 권리분석 ⇒ 투자자 결정 ⇒ 대출자 구비서류 징구 ⇒ 대출자서 ⇒ 스캔 발송 ⇒ 접수번호 ⇒ 채무자 통장 자금 송금 ⇒ 2~3일 후 등기소 근저당권 설정계약서 및 대출자서 등기로 인수

이자 독촉 및 사후관리

이자 납입 1~2일 전날 채무자, 투자자 양쪽에 문자 발송
2개월 이자 연체시 유선 독촉 및 경매 예정 통보
3개월 이자 납입 지연시 기한의 이익 상실 및 부동산 임의경매 실행예정 통지서 발송 ⇒ 경매입찰 참여

사례 분석 1(수익률 105.5%)

[GPL 투자 물건]

인천광역시 연수구 송도동 15-11 송도코오롱더프라운2단지 제210동 6층

아파트 148.308㎡, KB시세 560,000,000원/상한가 585,000,000원

현재 아파트 담보제공자 가족 거주, 1순위 대출 GPL 4억 7천만 원 요청

470,000,000원/560,000,000원=83%(담보비율LTV)

대출금리 연 20%, 최고이자 연 23%(약정금리+3%P)[2018. 4. 30. 이후]

채무자(아파트 담보제공자)는 인력 사무소를 운영하며 12~20억의 매출을 올리고 있으며(순수익은 매출액 10~15%), 송도신도시 아파트 1순위 근저당권 설정으로 GPL 4억 7천만 원(월이자 7,833,333원, 연20%)을 요청했다. 당일 근저당권부 부기등기 동시진행 근저당권부 질권대출 금액은 4억 2천3백 만 원(연5.5%)이므로, 실투자금은 4억 7천만 원의 10%, 4천7백만 원이다.

대출수수료는 4%(대출모집인 수수료3%, 사후관리 수수료 1%)이며 저금리 질권대출 연결 PM사에 수수료로 1%를 지급해야 한다.

[수익률 분석]

GPL 투자 대출원금 470,000,000원×20%=94,000,000원(1년 수입이자)

질권대출 지급이자 423,000,000원×연5.5%=23,265,000원

대출모집인 수수료 470,000,000원×4%=18,800,000원(대출 당시 1회)

PM사 질권대출 수수료 423,000,000원×1%=4,230,000원

94,000,000원-23,265,000원-18,800,000원-4,230,000원

=47,705,000원

47,705,000원/47,000,000원(현금투자)=101.5%(월이자 3,975,416원)

　본 물건 GPL 투자자는 교육공무원(71세)으로 수원 삼성전자 앞 원룸(실평수 6평)를 1억 6천5백만 원에 분양받아 매월 60만 원 임대 수입을 얻는 분이었다. 하지만 이 물건에 4천 7백 만 원을 투자해 얻은 연수입이자가 47,705,000원(월수입이자 3,975,416원)에 달한다. 신의 재테크라 할 만하지 않은가?

　현재 법정 최고 이자는 연 20%이다 2021.7.6까지 만 해도 법정 최고 이자율 연 24%였지만 2021.7.7 이후 법정 최고 이자율은 연 20%로 낮아졌다.

　현재 법정 최고 이자율 연 20%(2021.7.7 이전)로 이자 제한 법고 대부업법 모두 연 20%이다.

　필자가 2021.7.7 이전에 연 24% 이자 받을 때만 해도 수익률이 높았지만 현재 연 20%라 해도 충분히 투자할 만한 가치가 있다.

GPL 후순위 담보대출 내역

□ 물건현황 : | 김 | 고객님 | 투자금(대출) | 47,000 | 만원

KB시세가①	56,000	만원	매매가액 (월세가액)			
선순위대출② (설정금액)	현재 원금		선순위 이율	연 3.5% 최고이자(연6.5%)		
		만원 (1금융권)		이자제한법 3%P 가산금리 인하		
	설정금액	- 만원		18.4.30 전 금융기관 시행중		
후순위 대출③ (설정금액)	47,000	만원	후순위 이자	년	20.0%	중도 3%
	설정금액	70,500 만원		연24% (최고이자) 18.2.8 시행		
				월	7,833,333	원
담보비율(LTV) ②+③ / ①	47,000 / 56,000		자금용도	기대출금 대환 차금 및 사업자금		
	= 83.93 %					
담보물 소재지	인천시 연수구 송도동 15-11 송도코오롱더프라우2단지 201동 15층 중 6층					
면적	대지권	53.35 ㎡ 16.1384	전용	148.308	㎡ 44.86평	
세대수	104	세대	매각가율(최근3개월)		%	

□ 아파트시세

공급/ 전용면적(㎡)	■ 매매가액(만원)			■ 전세가액(만원)		
	하위평균가	일반평균가	상위평균가	하위평균가	일반평균가	상위평균가
	53,500	56,000	58,500	41,000	42,000	43,000
실거래가	계약월	매매가액	층수	계약월	매매가액	층수
	20.01월	57,500	6층			
채권보전방법	☒ 국세납부증명원, 지방세납부 증명원, 전입세대 열람확인원, 　지방세세목별과세증명원, 사실증명원(당해세 체납여부확인), ☒ 여신품의서, 대출거래약정서(금전소비대자약정서), 전입세대확인서, 　근저당권설정계약서, 대위변제신청서, 대위변제동의서, 개인신용정보활용동의서, 　가등기설정계약서, 기타					

[GPL 수익률 분석]

	원 금	년이자율	년 이자	월 이자
GPL 투자수익	470,000,000	20%	94,000,000	7,833,333
정기예금수익	470,000,000	1.80%	8,460,000	705,000

[낙찰예상가 및 예상배당표]

KB시세	낙찰가율	선순위 원금	선순위 11개월 이자	후순위 원금	후순위 11개월 이자
560,000,000	543,200,000	-	-	470,000,000	97,734,247

잉여금 소유자 배당	
- 24,534,247	

[배당일까지 이자] 11개월

선순위 원금	이자 6.5% (이자+ 연체이자)		후순위 원금	후순위 이자
-	-		470,000,000	97,734,247

[입찰참가 금액 및 시세차익 분석]

채무자가 이자연체 3개월 이상 지연된다면 "기한의 이익 상실 및 부동산 임의경매" 신청된다.
경매진행시 2차 낙찰 된다고 예상한다면 배당일까지 11개월(330일) 정도 소요된다.
그러나 대부분 채무자는 급매로 인근 부동산에 내놓아 2순위 대출의 원금과 이자 상환하게 된다.

[직접입찰 참여시 수익률 비교]

선순위 원금	선순위 11개월 연체이자 6.5%	후순위 원금	후순위 11개월 연체이자	입찰가
-	-	470,000,000	97,734,247	567,734,247
입찰률 %	101			

결론) 입찰 참여 (방어입찰 참여)

결론) 입찰 참여 (방어입찰 참여)		방어입찰(직접 경매참여)로 낙찰 받아 매매시 시세차익
방어 입찰 참여	101 %	
방어입찰 시세차익	-	7,734,247

질권유동화 수익률계산   단위:만원

질권대출 가능액

1)	50,400	3400 =	**47,000**	(KB시세 90%-최우선변제금)
2)			**42,300**	(채권금액*90%)
	1), 2) 중적은금액 =		**42,300**	(질권대출가능금액) *1순위 년5.5%, 후순위 년6.5%

GPL 질권유동화 수익률분석   년 운영수익

1) GPL 년 투자수익 =		**9,400**	
2) 질권 년 납부이자			
선순위일경우 =		2,327	7,074
후순위일경우 =		2,750	6,651

결론	실 투자금액	선순위 년수익	후순위 년수익
	4,700	**7,074**	**6,651**
년수익률		**151** %	**142** %

수수료 별도		
중개수료	4%	1,880
PM 수료	1.50%	635
합계		2,515

사례 분석 2(수익률 112%)

[GPL 투자 물건]

> 서울특별시 강남구 도곡동 895-8외 61필지 도곡한신아파트 제3동 6층
>
> 아파트 84.74㎡, KB시세 1,500,000,000원, 양재역/매봉역 더블역 세권
>
> 현재 전세보증금 3억 원(친누나 거주), 후순위 GPL 8억 원 요청
>
> 1,100,000,000원/1,500,000,000원=73%(담보비율LTV)
>
> 대출금리 연22%, 최고이자 연24%, 금융위원회 기준 금리(2018년 2월 8일 이후)

　채무자(아파트 담보제공자-근저당권 설정자)는 월 2천만 원의 임대수입이 있는 부모님의 건물(감정가 36억 원)을 관리하며 매달 생활비로 1천만 원 이상을 받고 있다. 담보제공 아파트에는 친누나가 전세보증금 3억 원에 임차하여 거주하고 있으며, GPL(정상채권-아파트 담보대출) 아파트 담보제공(근저당권 설정)으로 대출금 8억 원을 요청하였다.

　자금 용도는 본 담보제공 아파트의 기대출 대환자금으로, 대출금 담보비율은 73%(LTV)이다. 동시진행(투자자 근저당권설정 및 유동화 질권대출 금융기관 근저당권부 질권 동시설정 대출-유동화) 질권대출 금액은 채권 원금인 8억 원의 90%인 7억 2천만 원(연 6.5%)이므로 실투자금은 8천만 원이다.

　사례 1과 마찬가지로 대출수수료로 4%, 질권대출 연결 PM사 수수료로 1%를 지급해야 한다. 근저당권부 질권대출금 7억 2천만 원의 후순위 대출금리는 연 6.5%로 1년 지급이자는 46,800,000원이

고, PM사(1%)와 대출모집인(4%)에게 주는 총 수수료 5%까지 계산하면 순수 수익률은 매월 10.5%이다.

GPL 투자 대출원금 800,000,000원×22%=176,000,000원(1년 수입 이자)

질권대출 지급이자 720,000,000원×연 6.5%=46,800,000원

대출수수료 800,000,000원×4%=32,000,000원(대출당시 1회)

PM사 질권대출 수수료 720,000,000원×1%=7,200,000원

대출원금 8억 원×연 10.5%=84,000,000원

84,000.000원/80,000.000원(현금투자)=105%(월이자 7,000,000원)

[유동화(질권대출) 한도 산정법] (질권대출 금리 1순위 연 5.5%, 2순위 연 6.5~8.5%)

KB시세×90%-1순위 채권최고액-(방1개-지역별 최우선 변제금) = ①

또는 채권원금×90% = ②

① 또는 ② 중 적은 금액이 근저당권부 질권대출(유동화) 한도이다.

따라서 해당 물건 GPL 투자 한도를 산정해 보면,

KB시세 1,500,000,000원×90%-300,000,000원(1순위)-37,000,000원
=1,013,000,000원 ①
GPL 투자금 800,000,000원×90%=720,000,000원 ②
① 또는 ② 중 적은 금액은 720,000,000원(질권대출 한도 및 동시진행 한도)

만약 GPL 1순위로 동시진행 한다면 1,013,000,000원이 최고한도이며 금리는 연 5.5%로 1순위 동시진행시 수익은 더 극대화된다.

결국 GPL 근저당권 설정(대부사)과 근저당권부 질권대출(동시진행 금융기관)을 동시 진행할 때, 한도는 8억 원×90%=7억 2천만 원으로로 현금투자는 8천만 원이다.

−동시진행 질권대출 받을 경우

176,000.000원−32,000,000원−46,800,000원−7,200,000원

=90,000,000원

90,000,000원/80,000,000원=112%

GPL 8억 원 투자시 수수료 공제 후 순수이자는 90,000,000원(월이자 7,500,000원)

−동시진행 질권대출 받지 않을 경우

176,000.000원−32,000,000원=144,000,000원

144,000,000원/800,000,000원=18%

GPL 8억 원 투자시 연수입이자는 144,000,000원(월이자 12,000,000원)

저금리 시대 수입은 일정한데 자산관리하지 않으면 가난도 대물림될 수 있다.

재테크 수익률 정답일까? 수익률 보다 더 먼저 생각해 보아야될 일이 있다.

본 투자(GPL)는
첫째, 안전성-수도권 아파트, 약정금리 + 3%p 가산금리 제한)
둘째, 수익성(연 20%) 법정 최고 이자
셋째, 환금성(유동성 - 자금 회수 용이)
넷째, 시세차익(1순위 원리금 12개월 이자 + 2순위 원리금 방어 입찰)
다섯째, 선순위 법정대위변제 수익
여섯째, 유동화(질권 대출) 순환 투자
일곱째, NPL 유입 리모델링 자산 가치 상승 디벨롭 투자 1석 7조 투자 가능한 대한민국에 존재하는 재테크 중 최고 투자법이다.

아파트 담보대출에 대한 경락가율 및 부동산 시세 하락으로 담보비율 65% 수준으로 대출한다, 왜? 1순위 아파트 담보대출을 금융기관 저금리로 대출받지 못하고 고금리로 대출받을까? 그것은 LTV(담보비율), DTI(총부채 상환비율), DSR(총부채 원리금 상환비율)을 맞출 수 없기 때문이다.

금융위원회 결정으로 금융감독원에서 전 금융기관에 지침을 내려보냈고 현재는 많이 완화되었지만 DSR(총부채 원리금 상환비율) 은 묶어 놓았기 때문이다.

다음은 GPL(아파트담보대출) 담보물건 내역이다.

채무자 개인자영업으로 연순소득 1천만원 역세권 1순위 GPL투자금 8천만원(월이자1,200,000원 연18%) 1순위 아파트 담보대출 신청자(LTV-담보비율 66%)

GPL(아파트담보대출) 물건내역서

□ 물건현황 : 성＊현 고객님

KB시세가①	12,000만원 매매가액	매매가액	12,000만원 ~ 13,000만원
1순위대출② (설정금액)	8,000만원 (12,000만원)	1순위 이율	– 연3.5% 최고이자(연6.5%) – 이자제한법 3%P가산금리 제한 – 2018.4.30 전금융기관 시행중
2순위 대출③ (설정금액)		2순위 이자	연 18% / 중도상환수수료 2% 연20% (최고이자) 21.7.7 시행 월이자 1,200,000원
담보비율(LTV) ②+③ / ①	8,000만원/ 12,000만원=66%	자금용도	1순위 아파트 담보대출 신청자
담보물소재지	경기도 포천시 영중면 양문리770–7외1필지 제5층		
면적	공급면적 1562m² 40평형	전용	84.42m² 33평형
세대수	350	매각가율 (최근3개월)	89%

공급/ 전용면적(㎡) 156/132	매매가액(만원)			전세가액(만원)		
	하위평균가	일반평균가	상위평균가	하위평균가	일반평균가	상위평균가
	11,000만원	12,000만원	13,000만원	8,000만원	9,000만원	10,000만원
실거래가	계약월	매매가액	층수	계약월	매매가액	층수
	2022.2	12,000만원	5	2022.1	11,000만원	5
상위평균가	□ 조사업체 : 공인중개사 □ 주변여건 : 양문농협, 복지센터, 하나로 마트 가나안재가복지센터, 영중농협, 주민센터등					
채권보전 방법	□ 국세납부증명원, 지방세납부증명원, 전입세대 열람확인원, 지방세세목별과세증명원, 사실증명원(당해세 체납여부확인), 건강보험료 및 의료료 납부확인서, 재직증명서, 근로원천징수 영수증, 기타 구비서류 □ 여신품의서, 대출거래약정서(금전소비대차약정서), 전입세대확인서, 근저당권설정계약서, 대위변제신청서 대위변제 동의서, 개인신용정보활용동의서, 가등기설정계약서, 질권설정 동 의서 및 승낙서					
비고	※채무자 자영업 월 순소득 1천만 원					

　　다음도 수강생에게 제공하는 GPL(아파트담보대출) 담보물건 내역이다.

　　채무자 4대보험 가입 직장인 연 소득 6천만 원 연세권 1순위 GPL 투자금 2억 원(월 이자 3,000,000원 연 18%) 1순위 아파트 담보대출 신청자(LTV-담보비율 44%) 34층 중 7층이다. 본건은 8개월 이자 연체로 부동산에 매매로 유도하여 연 20% 이자 수익금으로 처리하였다.

GPL(아파트담보대출) 물건내역서

□ 물건현황 : 성*현 고객님

KB시세가①	45,000만원 매매가액	매매가액	45,000만원 ~ 46,000만원
1순위대출② (설정금액)	20,000만원(본건)	1순위 이율	연3.5% 최고이자(연6.5%) - 이자제한법 3%P가산금리 제한 - 2018.4.30 전금융기관 시행중
2순위 대출③ (설정금액)		2순위 이자	연 18% / 중도 2% 연20% (최고이자) 21.7.7 시행 월이자 3,000,000원
담보비율(LTV) ②+③ / ①	20,000만원/ 45,000만원=44%	자금용도	1순위 아파트 담보대출
담보물소재지	대구광역시 북구 매천동 750한신더휴웨스턴팰리스제106동[34층 중 7층]		
면적		m² 40평형	전용 69.98m² 27평형
세대수	919 세대	매각가율 (최근3개월)	93% 최근 매각가 418,500,000원

□ 아파트시세

공급/ 전용면적(m²) 156/132	매매가액(만원)			전세가액(만원)		
	하위평균가	일반평균가	상위평균가	하위평균가	일반평균가	상위평균가
	44,000만원	45,000만원	46,000만원	38,000만원	40,000만원	39,00 0만원
실거래가	계약월	매매가액	층수	계약월	매매가액	층수
	2022.2	45,000만원	5	2022.1	44,000만원	5
상위평균가	□ 조사업체 : 공인중개사 □ 주변여건 : 매천시장역, 대구 농수산물 센터, 롯데마트,					

채권보전 방법	▣ 국세납부증명원, 지방세납부증명원, 전입세대 열람확인원, 지방세세목별과세증명원, 사실증명원(당해세 체납여부확인), 건강보험료 및 의료료 납부확인서, 재직증명서, 근로원천징수 영수증, 기타 구비서류 ▣ 여신품의서, 대출거래약정서(금전소비대차약정서), 전입세대확인서, 근저당권설정계약서, 대위변제신청서 대위변제 동의서, 개인신용정보활용동의서, 가등기설정계약서, 질권설정 동의서 및 승낙서
비고	※채무자 4대 보험 가입직장인 ⇨ 직장명 ○○ 핀테크놀리지주식회사(서울) 월소득 500만원이상, 아파트 2채(1가구2주택) 소유로 은행권 대출 불가함

GPL(아파트담보대출)은 필자가 최초로 탄생시킨 용어이다.

처음 GPL(후순위 아파트담보대출)이라고 하였더니 인터넷에는 후순위 담보대출이라고 용어 정립이 되었지만 실제는 위 사례와 같이 아파트 담보대출 1순위도 있고 2순위도 있다.

GPL(아파트담보대출) 은 안전성이 있다. 투자의 귀재 워렌 버핏의 투자의 제1원칙 원금을 지키는 것, 제2원칙도 원금을 지키고 제3원칙도 원금을 잃지 않는 것이다.

첫째, 안전성의 이유는 아파트이고 담보비율 65% 미만 담보비율로 대출이 이루어진다는 것이다. 또한 채무자 직업이 있고, 경매로 원금손실이 있다면 채무자의 직장에 급여 압류로 손실금을 채울 수 있다.

그리고 2순위(후순위 대출)로 취급한다 해도 1순위 대출 약정금리 +3% P 제한금리로 묶여 있어서 과거처럼 연 17%~연 19.5%를 배당받지 못한다. 최근에는 근저당권 설정을 금융기관에서 대출금액의 110% 설정한다. (과거 120~130% 금융기관 근저당권-채권 최고액 설정)

둘째, 수익성이다. 연 20% 대출금이자 받는다면 은행금리 보다 10배 이상 수익이 있다.

셋째, 유동화 순환투자(근저당권부 질권)시 수익률은 162% 수익률도 가능하다.

넷째, 시세차익이 가능하다. 인천 송도 신도시 1순위 아파트 담보대출 GPL 담보대출 후 근저당권부 질권대출 송도 신협에서 연 5.5% 대출받아서 수익률 162%이었다. 그러나 연체가 된 채무자를 찾아가 부동산 임의경매 신청을 부동산 매매가 7억 1천만 원으로 인수하여 아파트를 가지고 있었다 1년 6개월 만에 14억 원이 되었다. 현재는 시세 하락으로 11억~12억 원이다. 그래도 시세차익 5~6억 원의 순이익을 얻었다.

다섯째, 유동성(환금성)이다. 필자의 수강생이 투자한 아파트 담보대출에 대하여 긴급하게 자금 사용할 일이 있다 하여 필자가 근저당권 설정(채권 최고액)을 등기이전 부기등기 후 투자금을 돌려주었다. 그리고 지금까지 필자가 원채무자 대신 대출금 이자를 받고 있다. 근저당권 이전 투자는 수수료를 절약할 수 있다.

여섯째, 리모델링 투자법도 있으며 기타 수익을 얻을 수 있는 방법이 다양하다.

일곱째, 법정대위변제가 가능하다. 2순위 대출자는 1순위에 대하여 부동산 임의경매 기입등기되었을 때 임의대위변제가 아닌 이해관계인이므로 법정대위변제 후 배당수익으로 1순위 2순위 수익이 가능하다.

물론 이때도 선순위 채권에 대하여 약정금리+3% P 제한 가산금리에 해당되므로 채무자를 찾아가 대위변제 후 연 18% 금전소비대차 및 대위변제 증서에 공증을 받아 놓아 배당 이의신청에 대비하여야 한다. 채무자는 신불자로부터 자유로울 수 있고 이사 비용 등으로 경제적 이익이 가능하므로 대위변제를 수락하고 공증까지도 받을 수 있다.

수원지방법원 성남지원 배 당 표

사 건 ████7921 부동산임의경매 (경매6계)

명세			
배당할금액	금	262,315,955	
매각대금	금	262,222,222	
지연이자 및 절차비용	금	0	
전경매보증금	금	0	
매각대금이자	금	93,733	
항고보증금	금	0	
집행비용	금	3,609,436	
실제배당할금액	금	258,706,519	

매각부동산 : 경기도 광주시 오포읍 양벌리 343-1 대주파크빌1차씨블럭 113동 4층

		채권자	광주시	████	김████
채권금액	원 금		94,810	160,000,000	34,949,244
	이 자		0	63,662,465	0
	비 용		0	0	0
	계		94,810	223,662,465	34,949,244
배당순위			1	2	3
이 유			교부권자(당해세 등)	근저당권부질권자	채무자겸소유자(잉여금)
채권최고액			0	240,000,000	0
배 당 액			94,810	223,662,465	34,949,244
잔 여 액			258,611,709	34,949,244	0
배당비율			100 %	100 %	100 %
공탁번호 (공탁일)			(금제 . . 호)	(금제 . . 호)	(금제 . . 호)

2022. 11. 24.

사법보좌관   박준의   (인)

1-1

다음은 송도 1순위 아파트 담보로 대출 후 연체가 되어 경매로 낙찰된 후 배당받은 배당표 사례이다.

아파트 소유자는 부산에 거주하면서 갭투자로 송도 아파트에 투자하였고 투자는 적중하였지만 코로나로 마스크 사업에 잘못 투자하게 되면서 경매까지 신청하게 되었다. 당초 매입 아파트 시세는 6억 5천만 원이었고 필자가 대출 당시 KB 시세는 7억 1천만 원이었고, 1순위 아파트담보대출(GPL)로 5억 8천만 원(채권 최고액 870,000,000원) 이었으나 경매 신청 당시 아파트 시세가 13억 원까지 오르게 되었고 최고가 입찰자 1,217,224,665원에 매각되어 배당받은 금액은 185,766,587원 배당받아 수익을 얻었다.

즉 580,000,000원 투자 배당수익 185,766,587원 = 32.02% 수익률 이었다.

인 천 지 방 법 원
배 당 표

사 건		0610 부동산임의경매 (경매16계)	
배당할금액	금	1,217,224,665	
명 세	매 각 대 금	금	1,217,100,000
	지연이자 및 절차비용	금	0
	전경매보증금	금	0
	매각대금이자	금	124,665
	항고보증금	금	0
집 행 비 용		금	7,655,046
실제배당할금액		금	1,209,569,619

매각부동산	1. 인천광역시 연수구 송도동 16-6 더삼엑스포 902동 23층		
채 권 자	국민건강보험공단 부진질투자자	대부	국민건강보험공단 부진질투자자
채권금액	원 금	442,730	580,000,000	663,950
	이 자	0	185,766,587	0
	비 용	0	0	0
	계	442,730	765,766,587	663,950
배당순위		1	2	3
이 유		교부권자(공과금)	신청채권자 (근저당권자, 제299115, 543960호)	교부권자(공과금)
채권최고액		0	870,000,000	0
배 당 액		442,730	765,766,587	663,950
잔 여 액		1,209,126,889	443,360,302	442,696,352
배당비율		100 %	100 %	100 %
공탁번호 (공탁일)		금제 호 (. .)	금제 호 (. .)	금제 호 (. .)

우리의 빛나는 노후를 책임질 GPL 실전 투자, 은행 금리 보다 10배 이상 안전한데 고수익까지 가능하다

NPL은 None Performing Loan이라 하여 우리말로 '부실채권' 은 보통 금융기관에서 대출을 해준 후 채무자가 이자를 5개월 이상 납입하지 않으면 부실채권으로 분류하여 별도 관리하게 되고 최종적으로 경매를 통해 담보물건을 매각하여 채권을 회수하는 것입니다.

그런데, 이런 과정은 시간이 꽤 많이 걸리기 때문에 은행에서는 자기자본비율(BIS) 8% 이상을 맞추기 위해 채권을 매각하여 일부 손실을 보더라도 원금을 회수하려 하기 때문에 그 채권이 유동화되는 것입니다.

과거에는 개인도 이 부실채권을 매입할 수 있었으나 법률 개정으로 현재는 개인이 이 채권을 직접 금융회사를 통해 매입하는 것은 불가능합니다만 방법은 있습니다.

여기에 더해 NPL이 아닌 GPL(Good Performing Loan)이 더욱 가치가 있다고 한다.

부실화되기 이전의 정상채권을 매입하여 이자를 수령하거나 부실화되었을 때 NPL로써 훨씬 높은 연체이자를 받을 수 있습니다.

GPL 후순위 담보대출 내역

□ 물건현황 :	차 고객님		**투자금(대출)**	**80,000** 만원

KB시세가①	150,000	만원	매매가액 (월세가액)	
선순위전세권② (설정금액)	현재 원금 30,000 만원 (1금융권) 설정금액 36,000 만원		선순위 이율	연 3.5% 최고이자(연6.5%) 이자제한법 3%P 가산금리 인하 18.4.30 전 금융기관 시행증
후순위 대출③ (설정금액)	**80,000** 만원 설정금액 120,000 만원		후순위 이자	년 **22.0%** 중도 **2%** 연24% (최고이자) 18.2.8 시행 월 **14,666,667** 원
담보비율(LTV) ②+③ / ①	110,000 / 150,000 = **73.33** %		자금용도	기 대출 대환자금 대출
담보물 소재지	서울특별시 강남구 도곡동 895-8외 61필지 도곡한신아파트 제3동 15층 중 6층			
면적	대지권 31.52 ㎡ 9.5348 전용		84.74 ㎡ 25.63 평	
세대수	421 세대 매각가율(최근3개월)		%	

□ 아파트시세

공급/ 전용면적(㎡)	▣ 매매가액(만원)			▣ 전세가액(만원)		
	하위평균가	일반평균가	상위평균가	하위평균가	일반평균가	상위평균가
	140,000	150,000	150,000	62,500	65,500	69,000
실거래가	계약월	매매가액	층수	계약월	매매가액	층수
				20. 04	47,000	9

채권보전방법	▣ 국세납부증명원, 지방세납부 증명원, 전입세대 열람확인원, 지방세세목별과세증명원, 사실증명원(당해세 체납여부확인), ▣ 여신품의서, 대출거래약정서(금전소비대차약정서), 전입세대확약서, 근저당권설정계약서, 대위변제신청서, 대위변제동의서, 개인신용정보활용동의서, 가등기설정계약서, 기타

[GPL 수익률 분석]

	원 금	년이자율	년 이자	월 이자
GPL 투자수익	800,000,000	22%	176,000,000	**14,666,667**
정기예금수익	800,000,000	1.80%	14,400,000	**1,200,000**

[낙찰예상가 및 예상배당표]

KB시세	낙찰가율	선순위 원금	선순위 11개월 이자	후순위 원금	후순위 11개월 이자
1,500,000,000	1,455,000,000	300,000,000	17,630,137	800,000,000	173,589,041

잉여금 소유자 배당	
163,780,822	

[배당일까지 이자] 11개월

선순위 원금	이자 6.5% (이자+ 연체이자)		후순위 원금	후순위 이자
300,000,000	17,630,137		800,000,000	173,589,041

[입찰참가 금액 및 시세차익 분석]

채무자가 이자연체 3개월 이상 지연된다면 "기한의 이익 상실 및 부동산 임의경매" 신청된다.
경매진행시 2차 낙찰 된다고 예상한다면 배당일까지 11개월(330일) 정도 소요된다.
그러나 대부분 채무자는 급매로 인근 부동산에 내놓아 2순위 대출의 원금과 이자 상환하게 된다.

[직접입찰 참여시 수익률 비교]

선순위 원금	선순위 11개월 연체이자 6.5%	후순위 원금	후순위 11개월 연체이자	입찰가
300,000,000	17,630,137	800,000,000	173,589,041	1,291,219,178
입찰률 %	86			

결론) 입찰 참여 (방어입찰 참여)	방어입찰(직접 경매참여)로 낙찰 받아 매매시 시세차익
방어 입찰 참여	86 %
방어입찰 시세차익	208,780,822

질권유동화 수익률계산

단위:만원

질권대출 가능액

1)	135,000	0	=	135,000	(KB시세 90%-최우선변제금)
2)				72,000	(채권금액*90%)
	1), 2) 중적은금액		=	72,000	(질권대출가능금액)
					*1순위 년5.5%, 후순위 년6.5%

GPL 질권유동화 수익률분석		년 운영수익	
1) GPL 년 투자수익	=	17,600	
2) 질권 년 납부이자			
선순위일경우	=	3,960	13,640
후순위일경우	=	4,680	12,920

결론	실 투자금액	선순위 년수익	후순위 년수익
	8,000	13,640	12,920
년수익률		171 %	162 %

수수료 별도			
중개수수료	4%		3,200
PM 수수료	1.5%		1,080
합계			4,280

수강생들이 자주 하는 질문 Q&A

Q : 종자돈이 얼마나 있어야 GPL 투자가 가능할까요?

A : GPL 투자는 KB시세 80~83%가 한도입니다. 예를 들어 인천광역시 부평구 소재 24평형 아파트의 KB시세가 2억 원이고 현재 우리은행 1순위 대출금 1억 4천만 원 선순위 대출이 있다면, 이때 GPL 한도는 KB시세 2억 원의 80%인 1억 6천에서 1순위 대출금 1억 4천만 원을 뺀 2천 만 원(월수입이자 366,666원, 연 22%)입니다. 이렇게 한도가 산정되므로 최소 단위는 1천만 원 이상입니다. 종자돈으로 1천만 원(월수입이자 183,333원, 연 22%) 이상 준비되면 아파트 담보(근저당권 설정)를 잡고 연 20~24%까지 대출금 수입이자를 받는 것이 가능합니다.

Q : 직장인이나 공무원, 가정주부도 GPL 투자가 가능한가요?

A : 현재 GPL 투자를 하여 안정적으로 대출금 수입이자를 받고 계시는 분들 중에는 공무원과 직장인들이 많이 있습니다. 전업주부도 있으며 사업하며 투잡, 쓰리잡 하시는 분도 있습니다. 대다수가 다양한 직업군에 속해 있으며, 퇴직하신 분들도 많은 시간 들이지 않고 좋은 결과를 내고 계십니다.

Q : GPL 투자 후 이자 납입 지연이나 장기간 이자 체납으로 경매 진행시 이자 납입 독촉이나 경매 입찰은 어떻게 진행되나요?

A : 이자 체납에 대한 사후관리는 주관업체에서 해주고 있습니다. 부득이하게 경매 진행될 경우에는 1순위 원리금(원금+약정이자 +3%P, 11개월 연체이자)+2순위 원리금(원금+약정이자+3%P, 11개월 연체이

자) 평균 입찰가 93%에 방어 입찰하여 원금과 이자는 모두 회수 가능합니다.

Q : GPL 투자 후 아파트 가격 하락으로 손실 위험은 없을까요?

A : 1997년 IMF금융위기와 2008년 리먼브라더스 사태 때도 아파트 가격이 10% 이상 하락한 경우는 없었습니다. GPL은 KB시세 80%까지가 한도입니다. 1층 또는 2층인 경우 하한가로 한도를 산정합니다. 또한 KB시세는 매주 금요일 업데이트되므로 현 시세를 적용한 담보비율로 한도가 산정됩니다. 간혹 여타 재산이 많거나 연봉이 높은 직업을 가진 채무자(아파트 담보제공-근저당권 설정자)인 경우는 83%까지도 대출이 지원되고 있습니다. 부득이한 사정으로 경매진행 잔존채권이 발생해도 채무자 여타 재산 가압류 및 급여 압류(직장인인 경우)로 채권 확보가 가능합니다. 또한 유체동산 경매, '재산관례명시신청', '채무불이행자 명부등재신청' 등 다양한 사후관리가 진행되고 있으며, 지금까지 300건 이상 200억 원 GPL 투자했지만 원금 손실은 단 한 건도 없었습니다.

Q : GPL 유동화 순환투자(질권대출)는 어떻게 진행이 되나요?

A : 지자체 등록 대부사업자가 GPL 투자 후 필요시 유동화(질권대출)가 가능한 금융기관(키움저축은행, 예가람저축은행, 대신저축은행, 한화저축은행, BNK캐피탈, DGB캐피탈 등)에서 근저당권 질권대출(다음의 등기부등본 부기등기 참조)를 받으면 재투자(유동화순환투자)가 가능합니다. 동시진행도 가능한데, 최근 사례를 소개하면 다음과 같습니다.

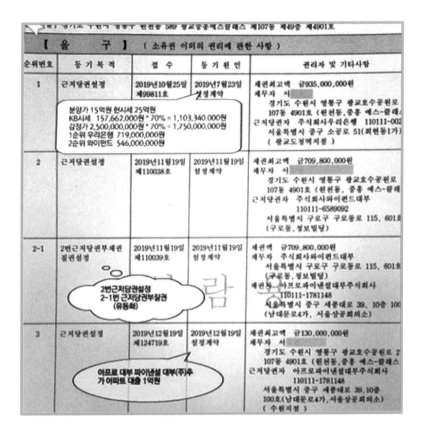

경기도 용인시 풍덕천동1018 신정마을 아파트 제301동 6층 아파트 101.647㎡

KB시세 676,000,000원 / 상한가 703,000,000원

1순위 GPL 560,000,000원 / 상한가 676,000,000원

=82%(LTV담보비율)

위 건에 대하여 2020년 4월 9일 당일 근저당권 설정 및 근저당권

부 질권대출로 1순위 대출금 560,000,000원(근저당권 설정-728,000,000
원)을 받고 1순위 근저당권부(728,000,000원) 질권대출을 동시진행하
였습니다. 즉 대출금 560,000,000원(연18%)에 당일 동시진행된 질
권대출로 90%(504,000,000원)를 대출받아, 실투자금은 10% 5천6백만
원이었습니다.

Q : GPL 투자 후 채무자의 개인회생이나 파산신청시 이후 진행은
    어떻게 되나요?

A : 개인회생 신청시 채권자 2/3의 동의를 얻어야 합니다. 채권자
    모두 '동의'로 '개인회생 폐지결정' 또는 '개인회생 확정판결'이
    나는 6~10개월 이후에는 '별제권'으로 근저당권을 실행하여
    자금 회수가 가능합니다.

100세 시대, NPL/GPL로 준비하자

샘물은 퍼서 마실수록 더욱더 깨끗한 물이 지속적으로 샘솟습니다. 마찬가지로 우리의 목표도 이루면 이룰수록 불타는 욕구와 강렬한 자신감이 샘솟고, 확실한 결정을 내릴 수 있게 됩니다. 이 세상에서 가장 중요한 것은 내가 어디에 있는가가 아니라 어느 쪽을 향해 가고 있는가를 파악하는 것입니다. 실천은 생각에서 나오는 것이 아니라 잘 준비된 때라야 나옵니다.

모든 투자에는 리스크가 따르기 마련이니 전문가로부터 조언을 듣고 권리분석을 배워야 합니다. 서울 부자들의 돈 잔치는 어떻게 이루어지고 있는지 진화된, 실패 없는 방법으로 실전투자를 하며 이론과 실무를 통해 터득해야 합니다.

NPL/GPL 고수가 되어 고수익을 얻으려면, 리스크와 함정 피하는 법, 특수물건 활용전략, 유치권, 법정지상권, 지분경매물건, 공사도급 부도물건, 선순위 대항력 있는 임차물건, 그리고 부동산 투자와 개발, 그리고 분양권 투자, 돈 될 만한 낙찰된 물건 매각 금융기관에 원리금 지급 후 취하 후 유입 직영 및 재매각 차익 투자법 등 NPL 권리분석을 제대로 배워야 합니다.

바야흐로, 100세 시대입니다. 100세 시대는 수익형, 연금형 부동산으로 준비해야 합니다. 매달 1천 만 원 이상 순수익이 창출되는

숙박시설·주거용 오피스텔·중소형 상가·고시원·도시형 생활
주택. 다가구 원룸 투자법, 수익형 토지 투자법을 배우고 직접 실천
하여 결과를 얻을 수 있습니다.

모든 투자의 기본은 종자돈입니다. 샐러리맨의 경우 통상적으로
3천 만 원이나 5천 만 원, 많게는 1억을 시발점으로 투자하게 됩니
다. 1억 원을 만들려면 얼마나 검소하고 절약해야 하는지, 3년 또
는 5년간 매달 얼마의 적금을 부어야 하는지 고민해봐야 합니다.

매달 월 400만 원의 순수익 내는 법을 발견했다면 이미 그 사
람은 성공한 사람입니다. 필자는 경락잔금대출을 많이 취급하게
되는데 최근에는 대기업에 근무하는 30대가 부천과 인천 부개동
일대 전용면적 27~38m^2의 주거용 오피스텔(감정가 135,000,000원)을
103,000,000원 선에서 경매로 낙찰 받아 월 60만 원 임대료 받는
것을 보았습니다.

이 젊은이가 투자한 돈은 연 8.3% 84,000,000원 경락잔금
대출을 받은 것으로, 실투자금은 2,500만 원에 불과합니다.
7,200,000~3,192,000원의 대출금 이자를 제하면 4,008,000원의
연 임대료(월 334,000원)가 순수익입니다. 그는 이런 물건을 2건 더
소유하고 있으며, 이번 주 또 하나의 물건을 경매로 낙찰받으려고
입찰 준비하고 있었습니다.

목표는 10개라고 하더군요. 10개면 2억 5천만 원. 그 돈을 투
자해 월 3,340,000원 정도 수익을 얻으면 웬만한 샐러리맨 수
입과 같게 되고, 은퇴해도 아무 걱정 없는 노년을 맞이하게 됩
니다. 그리고 일정한 투자자금이 쌓이면 자산 가치 상승으로
재매각 차익을 노려 고수익도 얻을 수 있습니다. 월급 2배 이상

수익 창출법을 배워 투자하면 됩니다.

NPL/GPL 투자의 결과는 독자 여러분의 열정적인 실천에 달려 있습니다. 살다 보면 노력하지 않아도 얻어지는 일도 있을 수 있습니다. 그러나 그 어느 것도 열정을 가지고 진심을 다해 지속적으로 노력하지 않으면 얻을 수 없음을 알게 됩니다.

우리 인생은 자신이 만들어가는 것입니다. 도전하기 싫은 사람은 도구를 바꾸거나 직장을 옮긴다고 문제가 해결되지 않으며, 건강을 모르는 사람은 비싼 약 먹는다고 병이 낫지 않습니다. 모든 문제의 근원은 나 자신에게 있습니다. 내 마음에 긍정과 희망 그리고 열정이 있다면 원하는 것은 무엇이든 얻을 수 있게 될 것입니다.

필자는 열두 살에 아버지를 잃었습니다. 사업 부도와 동업자의 배신으로 59세라는 젊은 나이에 세상을 떠난 아버지를 처음엔 원망도 많이 했습니다. 배고프고 가난했던 시절의 원망은 독이 되어 다시 우리에게 다가옵니다. 이 책의 내용대로 재테크를 실천한다면 '흙수저'로 태어나 '금수저'를 물려줄 준비가 된 것입니다. 결혼해서 빌라 지하에서 살아야만 했던 그 힘든 시기를 함께해준 사랑하는 딸 쌍둥이 수지, 수민이에게 이 책을 바칩니다.

이 책에서 다루지 못한 다양한 정보는 다음카페 http://cafe.daum. net/happy-banker(이상준 박사의 NPL 투자연구소)에 가입하시고 정보 얻으시기 바랍니다. 부자가 되는 특별한 비법은 없습니다. 올바른 정보와 그 정보를 전달해주는 멘토를 만나는 것입니다. 이 책의 사례들을 통해 여러분이 원하는 답을 찾기를 바랍니다.

은행금리 보다 10배 높은 숨은 재테크의 발견 GPL(아파트담보대출) 상위 1% 따라잡는 가장 빠른 길로 안내하는 책입니다.

필자의 강의를 듣는 수강생 모두 만족하고 있다 과거 담보비율 80%대출당시 위험한 부분이 있었다. 집값이 많이 하락했기 때문입니다.

현재 아파트담보대출은 담보비율 65% 미만만 취급하고 있습니다.

은행에서도 아파트 담보대출 70% ~ 사업자금 80% 대출 해주고 있습니다.

그에 비하여 필자가 제공하는 아파트담보대출(GPL)은 담보비율 65%에 채무자의 소득과 아파트 평형과 층수 세대수, 진수연월까지 보면서 투자합니다

그러므로 안전하고 수익도 높고 유동화순환투자(질권대출) 환금성(유동성)도 있습니다.

독자 여러분! 아무것도 하지 않으면 아무일도 일어나지 않습니다.

모든 문제의 근원은 우리 자신에게 있다. 우리 마음에 긍정과 희망 그리고 열정이 있다면 원하는 것은 무엇이든 얻을 수 있을 것입니다.

부정 대신에 긍정을! 절망 대신에 희망을!

독자 여러분!!! 행복한 인생을 위하여 자기 최면을 걸면서, 富(부)의 인문학으로 모두 희망과 감동이 있는 삶을 살아가시길 간절히 소망합니다. 감사합니다.